지방자치와 행정
Local Autonomy and Government

도서출판 윤성사 105
지방자치와 행정

초판 1쇄 2021년 5월 21일

지 은 이 하상군 · 주운현 · 김영재
펴 낸 이 정재훈
디 자 인 (주)디자인뜰

펴 낸 곳 도서출판 윤성사
주   소 서울특별시 서대문구 서소문로 27, 충정리시온 제지층 제비116호
전   화 대표번호_02)313-3814 / 영업부_02)313-3813 / 팩스_02)313-3812
전자우편 yspublish@daum.net
등   록 2017. 1. 23

ISBN 979-11-91503-13-5 (93350)
값 20,000원

ⓒ 하상군 · 주운현 · 김영재, 2021

저자와의 협의에 따라 인지를 생략합니다.

이 책의 전부 또는 일부 내용을 재사용하려면 반드시 사전에 저작권자와
도서출판 윤성사의 동의를 받아야 합니다.

잘못 만들어진 책은 구입하신 서점에서 교환 가능합니다.

지방자치와 행정

LOCAL AUTONOMY AND GOVERNMENT

하상군·주운현·김영재

지방자치와 행정
머리말

　지방자치의 중요성은 "풀뿌리 민주주의"로 표현하며 수많은 사람이 자치를 이루는데 노력해왔다는 사실을 알고 있다. 대한민국 정부 수립 이후 초기 지방자치가 실시되다가 오랜 기간 중단되었고 1990년대를 지나서 "전국지방동시선거"를 계기로 다시 발달하기에 이른다. 마찬가지로 지방행정도 중앙집권적 모습에서 점차 지방분권 흐름이 가속화되면서 법률과 제도적 차원에서 지방으로 권한이 이양 시작되고 분권이 자리 잡았다. 지방자치나 지방행정은 정치 행정 변화에 따라 달라졌고 국민의 교육수준과 의식이 향상되면서 그 필요성과 발전에 관심을 가졌다.

　행정학 전공 수업에서 지방자치나 지방행정은 행정학개론 시간에 일부를 할애하거나 독립된 교과목으로 다루는 경우가 대부분이다. 이때 배우는 기본적인 이론과 사례를 바탕으로 지방자치와 지방행정을 이해할 수 있는데 실제 주민 일상에 직결되는 법률, 정책, 제도가 매우 복잡하고 다양하다는 점을 체감하기는 쉽지 않다. 특히, 지방마다 특색이 있고 고유한 역사와 특수성이 존재하기 때문에 이를 일률적으로 파악하기는 어렵다. "중앙정부와 법률"이 모든 지방자치단체에 직간접적으로 영향을 준다는 사실과 지방의회와 지방자치단체장이 제정하는 "조례와 규칙"이 지역 주민에게 얼마나 영향을 주는지 가늠하기도 힘들다. 그만큼 "지방"은 다양하고 복잡하면서도 자신과 이웃의 삶에 중요하다.

　주민센터에서 주민등록등본을 발급받는 것부터 해결하기 어려운 민원을 제기하는 모습까지 주민은 일정한 구역 안에서 많은 행동을 할 수 있고 "지방"에 관련된 권리와 의무를 가지고 있다. 자신의 일상에서 아무렇지 않게 여겼던 행동, 시설, 서비스 등이 지방에 관한 법률, 정책, 제도 등에 얽혀 있다는 점을 알면 내가 사는 동네와 지역을 새로운 눈으로 살펴볼 수 있다.

　"풀뿌리 민주주의"를 실현하려면 일단 지방자치와 지방행정에 관심을 기울여야 하고 지역에서 벌어지는 다양한 문제를 알아보려는 노력도 필요하다. 대체로 사람들이 국회에서 의

논하는 중앙 정치나 중앙부처의 정책에 많은 관심을 가지고 있지만 상대적으로 지역 정치나 지방자치단체에 별다른 관심이 없는 경우를 어렵지 않게 알 수 있다. 그런데 민주주의의 시험장이자 생활 불편을 해소하고 개선할 수 있는 곳은 바로 지방이다. 이에 이 책은 지방자치와 지방행정에 관련된 각종 이론, 법률, 정책, 제도, 현황 등을 폭넓게 소개하려는 목적으로 작성했다.

처음 책의 내용 구상했을 때보다 지방자치와 지방행정에 관련된 내용이 광범위하다는 점을 새삼 알 수 있었다. 그러한 내용이 서로 그물처럼 엮여 있어서 어느 정도까지 내용을 정리해야할지 고민도 많았다. 중앙정부와 지방자치단체, 지방자치단체와 지방자치단체, 지방자치단체와 지방의회, 지방자치단체와 주민, 지방의원과 주민의 관계 등이 법령이나 조례에 규정되어 있었고 그에 따르는 권리, 의무, 수단, 기회 등이 곳곳에 숨어 있었다. 몇 줄 밖에 안 되는 내용이더라도 조례와 규칙은 지방자치단체와 지방의회에서 근무하는 모든 공직자를 포함해 지역 주민에게 직결되는 내용이었다. 이른바 "생활정치"의 현장이자 "지역현안"을 해결하려는 노력을 알 수 있었다.

이처럼 광범위한 내용을 교과서 형태로 정리하는데 어려움이 있지만 이 책은 아직까지 잘 모르고 있었던 지방자치와 지방행정 영역을 소개하려는 교육적인 의도를 같이 가지고 있다. 자신이 살고 있는 일상에 지방자치와 지방행정이 연결된 점이 많다는 것을 아는 자체가 일종의 교육이며 그렇게 얻은 지식은 교양 있는 시민이 되는 지름길이다.

이 책은 지방자치와 지방행정이 밀접하다는 전제 아래, 제목을 지방자치와 행정으로 정하고 내용에서는 지방자치와 지방행정을 합해서 지방자치행정이라는 용어를 자주 사용했다. 제1장 지방자치행정의 개념, 가치, 필요성을 제시했다. 제2장 환경에서 반나절 생활권, 4차 산업혁명, 코로나19 바이러스, 저출산 고령화라는 시대 변화를 서술했다. 제3장 역사 부문에서 외국, 과거와 현재 한국의 모습을 설명했고 제4장 지방자치행정에서 다루는 기본적인 이론과 체계를 살펴보면서 최근 개정된 특례시 관련 내용을 언급했다. 제5장 지방선거와 제6장 지방의회에서 정당, 의원, 의회사무국, 자치법규에 관한 사항을 제시했다. 제7장 지방자치단체와 제8장 지방공기업에서 지방자치단체장, 지방공무원, 지방공기업이 어떤 역할을 하는지 정리했다. 제9장 지방재정은 건전성, 예산 정치, 지방세 부문을 다루었으며 제10장 지방교육자치는 교육청을 중심으로 지방자치단체의 지원 사항을 검토하고 제11장 자치경찰과 소방본부를 국가경찰과 국가소방과 연결해서 정리했다. 제12장 주민자치에서는 주민의 권리와 의무, 역할과 한계를 논의하고 제13장 거버넌스는 지방 거버넌스의 개념화, 사례, 발전 방향을 제시했다.

이 책은 각 장 전반에 걸쳐서 법령, 조례, 규칙을 인용했는데 지방자치법 전부 개정 등 지방자치행정에 관련된 조항이 많았기 때문이다. 아울러 정부에서 공개한 최신 자료를 활용했는데 최근 정부는 홈페이지마다 지방자치, 지방행정, 지방재정 등 거의 모든 자료를 알기 쉽게 정리해 게시한 덕분에 법률이나 제도를 이해하는데 커다란 도움이 되었다. 덧붙여서 지방자치단체 우수 활동 사례, 각 영역과 기능마다 전국 현황을 일목요연하게 정리한 자료를 검토 후 반영했다.

코로나-19 바이러스 상황에서도 어려움이 많으셨지만 이번 책을 집필하는데 크게 도움을 주신 도서출판 윤성사 정재훈 대표님을 비롯해 직원 여러분께 깊이 감사드린다. 이 책에서 부족하거나 미진한 부분은 온전히 저자의 책임이며 앞으로도 지속적으로 보완할 것을 약속드린다.

2021년 5월
저자 씀

일러두기

1. 이 책의 표지에서 "저울"은 균형을 상징하며 균형 발전, 지역 간 균등과 같은 의미도 있다.

2. 내용에서 각종 법령은 현재 진행 중인 것과 머지않은 미래에 개정되는 것이 혼용되어 있다. 이는 책의 발간 시점에 따른 혼동(제정과 개정 여부)을 최대한 줄이고자 하는 이유다.

3. 언론보도, 각 지방자치단체에 관련된 내용에서 성명(姓名)은 언급하지 않았는데 지방의원과 지방자치단체장이 등장하기 때문에 자칫 공직선거법 등에 저촉될 우려가 있다.

4. 홈페이지 주소, 홈페이지 내 자료는 주기적으로 달라질 수 있기에 수시로 확인이 필요하다.

5. 내용 전개에서 저자의 경험을 바탕으로 서술한 예시는 더 적합한 예로 바꾸어도 무방하다.

목차

LOCAL AUTONOMY

머리말 / 4

일러두기 / 7

제1장 지방자치행정의 개념과 중요성 · 15
    제1절 지방자치행정의 개념 / 16
    제2절 지방자치행정의 가치와 필요성 / 17
    제3절 지방자치행정의 특징 / 21

제2장 지방자치행정의 환경 · 25
    제1절 반나절 생활권 / 26
    제2절 4차 산업혁명 / 31
    제3절 코로나19 바이러스 / 34
    제4절 저출산 고령화 / 38

제3장 지방자치행정의 역사 · 45
    제1절 외국의 지방자치행정 / 47
    제2절 과거 한국의 지방자치행정 / 52
    제3절 현재 한국의 지방자치행정 / 59

제4장 지방자치행정의 이론 · 65

제1절 지방자치행정 이론의 등장 배경 / 66
제2절 지방자치행정에 관한 다양한 이론 / 71
제3절 구역 개편과 광역 행정 / 77
제4절 지방자치단체 간 협력과 분쟁조정 / 87

제5장 지방선거 · 99

제1절 지방선거의 의의와 특징 / 100
제2절 지방선거에 관한 법률과 제도 / 102
제3절 지방선거와 정당 활동 / 104

제6장 지방의회 · 111

제1절 지방의회의 의의와 특징 / 112
제2절 지방의회에 관한 법률과 제도 / 113
제3절 지방의회 의원과 의회사무국의 활동 / 117
제4절 자치법규 제정 절차 / 122

제7장 지방자치단체 · 135

제1절 지방자치단체의 의의와 특징 / 136
제2절 지방자치단체에 관한 법률과 제도 / 138
제3절 지방자치단체장의 위상과 역할 / 151

제8장 지방공기업 · 163

제1절 지방공기업의 개념과 특징 / 164

제2절 지방공기업에 관한 법률과 제도 / 166

제3절 지방공기업과 유관기관의 기능 / 168

제9장 지방재정 · 177

제1절 지방재정의 개념과 특징 / 178

제2절 지방재정에 관한 법률과 제도 / 182

제3절 지방재정 건전성과 예산 정치 / 193

제10장 지방교육자치 · 201

제1절 지방교육자치의 개념과 범위 / 202

제2절 지방교육자치에 관한 법률과 제도 / 203

제3절 지방교육자치의 실현과 사례 / 205

제11장 자치경찰과 소방본부 · 211

제1절 자치경찰과 소방본부의 개념과 범위 / 212

제2절 국가경찰과 자치경찰의 임무 / 213

제3절 국가소방과 소방본부의 임무 / 216

제12장 주민자치 · 223

제1절 주민자치의 의미와 역할 / 225

제2절 주민자치에 관한 법률과 제도 / 229

제3절 주민자치의 역할과 한계 / 242

제13장 거버넌스 · 251
 제1절 거버넌스의 개념화와 등장 배경 / 252
 제2절 거버넌스에 관한 법률과 조례 / 253
 제3절 지방 거버넌스 사례와 발전 방향 / 255

맺음말 / 261

참고문헌 / 267

찾아보기 / 273

LOCAL AUTONOMY AND GOVERNMENT

지방자치와 행정

LOCAL AUTONOMY AND GOVERNMENT

하상군 · 주운현 · 김영재

제1장

지방자치행정의 개념과 중요성

지방자치행정의 개념과 중요성을 미리 알아보기

● **대한민국 행정안전부 네이버 블로그**
국민과 함께 하는 대한민국 행정안전부 공식 블로그는 지방행정만이 아니라 전반적인 정부 소식을 알 수 있다.
https://blog.naver.com/mopaspr

● **정부혁신지방분권위원회**
국정 전반 혁신과 지방 분권 관련 사항을 심의하는 대통령 직속 국가 기관이다.
http://innovation.pa.go.kr

● **지방자치단체 인터넷원서접수센터**
지방자치단체 시행 지방공무원 임용, 시험 응시 등 행정기관별 시험정보를 제공한다.
https://local.gosi.go.kr

지방자치는 풀뿌리 민주주의의 상징이면서 현실이고 지방행정은 일선 공무원을 중심으로 일상에 직결되는 다양한 업무를 처리한다는 점에서 매우 중요하다. 지방자치와 지방행정이 어느 정도 중복되는 부분이 있는 만큼 아래에서는 지방자치행정의 개념, 가치와 필요성, 특징을 살펴보도록 한다.

|제1절| 지방자치행정의 개념

현대 민주주의 국가는 국민의 사회적 욕구의 확대와 급변하는 환경에 대응해 각종 노력을 기울이고 있다. 그 가운데 국민의 일상에 가장 밀접하고 자주 마주치는 지방행정이 중요하다는 사실은 새삼 강조할 필요가 없다. 한국에서는 사회복지와 고용노동 분야가 정치적으로나 행정적 측면에서 많은 비중을 차지하고 있으며 정부는 적극적으로 국민에게 서비스를 실시해오고 있다. 지방자치도 1980년대 민주화 이후 1995년 6월 27일 실질적으로 지방자치제도가 시행된 이래 이제 지방자치 30년을 향해 가고 있다.

대한민국이 아닌 서양 역사에서도 지방자치나 행정에 관심을 기울였던 시기는 그리 길지 않다. 어떤 이는 행정 과정을 지방, 주, 연방으로 구분하는 것 자체가 존재하지 않는 것을 구분하는 것이라고 말했다. 그렇지만 지방의 특수성, 각 국가마다 지역의 정체성 등을 고려할 때 국가에 대한 연구와 별도로 지방자치나 행정에 대한 연구는 필요하다. 지방자치행정은 국가의 정치 행정과 공통점이 있으면서도 별도의 시각과 방법으로 연구해오고 있으며 현재 지방 행정은 (지방) 자율성, 주민(고객) 지향성, 서비스 제공의 효율성 등을 지향하고 있다.

지방행정은 다양하게 정의할 수 있으며 국가나 지방 역사나 상황에 따라 다르게 인식할 수 있다. 지방행정은 지방자치단체가 지역 주민 복리 증진과 편의 제공을 목적으로 하는 모든 행정 작용을 말한다. 지방자치 또는 지방분권도 일정 지역에서 공공의 복리를 실현하는데 필요한 정치적 권력이나 행정적 권한을 행사할 수 있는 모든 행위다. 그 특성으로는 스스로 뜻에 따라 처리하고 책임지는 행정, 지역에서 종합적으로 처리하는 행정, 주민의 요구를 수용하고 시행하는 행정, 현장성이 강한 생활 행정, 주민과 공직자가 서로 교류하는 소통 등이 있고 지방자치행정을 둘러싼 환경의 변화가 심할수록 할 일은 더욱 늘어날 것이다. 고도 압축 성장을 거둔 대한민국이 이제는 정보통신기술의 향상으로 매순간 영역마다 상호 교류하는 일이 발생하고 있다.

지방자치는 지방(지역)을 스스로 다스린다는 사전적 의미로 독립성과 자율성을 담고 있다. 정치와 행정을 그 지방 사람이 자주적으로 처리한다는 뜻으로 "일정한 지역을 기초로 주민의 의사에 따라서 지역 행정을 독자적으로 수행하는 행위"라고 정의할 수 있다. 여기서 일정한 지역은 작을 수도 있으며 매우 클 수도 있다. 그 지역 행정 사무를 독자적으로 처리하고 책임을 진다. 주민이 내는 세금을 바탕으로 재정을 가지고 주민의 의사를 반영할 수 있는 조직이 행정업무를 수행한다.

이렇게 지방자치 존재 형태를 세 가지로 구분할 수 있다. 첫째, 완전 자치는 지역 주민의 의사가 지역에 맞게 자주적으로 처리되는 유형이다. 지방자치의 전통이 깊은 국가에서 드러나며 폭넓게 지방행정도 이루어진다. 둘째, 반(半) 자치는 지방 사무는 직접 처리하고 특정 사무는 중앙 정부에서 처리하는 경우다. 중앙 정부가 지방 정부에 대한 감독이 비교적 강한 편이 이러한 형태에 해당된다. 셋째, 완전 관치(官治)는 지방행정이나 지방자치가 안 되는 경우로 지역 주민이 중앙 정부에 참여·자문하는 수준에 해당되며 국가와 지방의 업무를 나누기가 어려울 때 지방의 혼란이 심한 상황에서 찾아볼 수 있다.

이는 주민자치 개념과도 연계되며 주로 중앙정부 수준에서 이루어지는 대의민주주의를 보완해 정치적 차원의 자치를 실현하려는 것이다. 또한 "단체자치" 개념에서 지방분권으로 법률적 차원의 자치도 아울러 추구한다는 의미다. 이에 지방자치행정의 건전한 발전은 주민자치와 단체자치 두 가지 측면을 모두 고려해야 한다(이종수·윤영진·곽채기·이재원, 2020).

| 제2절 | 지방자치행정의 가치와 필요성

지방자치와 지방행정에서 가치는 모든 사무 처리의 방향이나 지향점과 관련된다. 이는 행정학에서 제시된 본질적 가치(자유, 형평, 공익 등)와 수단적 가치(효율성, 민주성, 합법성 등)와 같은 의미로 기본 이념이라고 할 수도 있다.

먼저 본질적 가치에서도 자유의 확보와 관련이 있다. 현재 민주주의 국가에서 소수를 보호하고 권력의 횡보를 방지하는 방안으로 삼권분립이 실시되고 있다. 자치는 권력 분립의 의미도 담고 있는데 만약 자유민주주의가 성숙하지 못한 국가라면 자치가 개인의 자유와 인권을 보장하는데 중요하다.

공익 추구는 지방자치행정에서 마찬가지며 오히려 매우 세밀한 수준까지 공공의 이익을 추구하고 유지해야 한다. 정의, 형평, 평등과 같은 가치도 국가와 마찬가지로 지방에서도 반드시 지향해야만 하며 지역 주민이 체감할 수 있는 정의와 형평에 관련된 사례도 적지 않다. 특히, 같은 구역 안에서 동네(마을)끼리 비교되는 일이 적지 않으며 "어느 동네는 해당되는데 왜 우리 동네는 안 되는가?"라는 의문을 제기하기도 한다. 법률, 조례, 규칙을 해석하거나 실무에 적용할 때 주민 복리를 우선 보장할 수 있도록 각종 정책을 집행해야 하는데 "어떤 사람은 잘 해주고 어떤 사람은 안 해주는" 일이 생기면 안 된다는 의미로도 이해할 수 있다. 이렇게 행정학에서 말하는 본질적 가치는 당연히 지방자치행정에도 적용된다.

본질적 가치의 달성을 목표로 수단적 가치도 매우 중요하다. 첫째, "민주성"은 지역 주민의 뜻을 지방행정에 반영한다는 뜻으로 대응성과 관련된다. 예를 들어, 사업이나 프로그램 결정에 주민의 의사를 묻거나 주민이 직간접적으로 참여하도록 유도하는 경우, 정책 과정의 공개, 지방의회에서 공청회나 감사할 때 주민의 의견을 수렴하는 모습이 대표적이다. 정부 내부에서 민주성 추구는 지방의회 내, 지방정부 내에서 구성원의 의견을 폭넓게 수렴 반영하는 과정을 말한다. 예전에는 일방적 지시와 보고가 주류를 이루었지만 이제는 각 부서 내에서 많은 의견 조율을 거치고 주민(자문)위원 등과 여러 가지 내용을 교환하는 모습을 볼 수 있는데 이것이 민주성 추구와 연결된다.

둘째, "합법성"은 법률에 근거한 행정을 해야 하며 조례와 규칙을 준수해야 한다는 의미다. 모든 공직자는 이를 준수해야만 하며 위법·불법을 가늠하는 기준이다. "행정법"이라고 부르는 영역은 모두 합법성을 전제하고 있으며 정부 내에서 이루어지는 대부분 활동은 법이나 "내부 기준"에 근거하고 있다. 법조문, 판례, "공문서"가 중요한 한국 행정에서 합법성은 실무적으로 매우 중요하다.

셋째, "효율성"은 투입과 산출의 비율로 가능하다면 최소 투입해서 최대 산출을 얻어야 한다. 그렇지만 현실적으로 이것이 어렵기 때문에 얼마나 시간, 비용, 노력, 인력 등을 투입해서 얼마나 재화와 용역(서비스)을 산출할지가 중요하다. 대체적으로 중앙정부나 지방정부에서 일하는 공직자는 업무처리의 효율성을 고려할 수밖에 없다.

넷째, "효과성"은 투입과 산출의 비율이 아니라 목표의 달성도를 말한다. 투입이 과다해도 꼭 달성해야만 하는 목표가 있다면 이 개념을 적용할 수 있다. 주민과 직결된 업무처리에서는 시간, 노력, 비용이 많이 들더라도 꼭 해야만 하는 일이 있다. 예를 들어, "재해 복구", "재난 관리"는 피해 주민에게 물질적으로나 정신적으로 커다란 손상을 입히기 때문에 지방정부 입장에서는 무조건 처리해야 한다.

다섯째, "합리성"은 어떤 행동의 궁극적 목표 달성의 최적 수단인지 여부를 가리는 개념이다. 이것은 지방자치행정에서도 그대로 적용되는데 "연간 계획", "다년도 계획"이 대표적이다. 그러한 계획은 여러 차례 수정되기도 하지만 기본적으로 목표를 설정하는 행위며 그것에 맞춰서 사업이나 프로그램이 전개된다. 여기서 합리성은 체계적이라는 말과 비슷하다고 볼 수 있다.

여섯째, "책임성"은 제도적 차원과 자율적 책임성으로 나눌 수 있다. 전자는 각종 법률이나 제도에 근거를 두고 공직자가 일을 처리하는 책임을 말하며 후자는 공직자가 전문가의식을 발휘해 임무를 수행할 때를 말한다. 지역 단위에서 상시 볼 수 있는 교육, 소방, 경찰 등의 업무 처리가 대표적이다.

마지막으로 "가외성(중복성)"은 정치 행정에서 나타날 수 있는 불확실 상황에서 시행착오나 오류 발생 가능성을 최소화하는데 목적이 있다. "제설 장비 확보", "재난 안전 장비

(소화기나 방독면)", "공공 차원에서 마스크 확보", "민방위(민방위대장은 지방자치단체장)" 등이 좋은 사례라고 할 수 있다. 이밖에도 여분을 가지고 있어야 한다는 상식이 가외성(중복성)이라고 할 수 있다. 다양한 행정 이념의 우선순위는 개별적·구체적 사안마다 차이가 있으며 순간적인 "상황 판단" 능력이 필요하기도 하다.

행정 가치 또는 이념은 "지표"와 연결되기도 한다. 지표는 이념보다 현실적이며 측정 가능하다. 일단 지방행정에서 구체적인 목표가 정해지면 지표는 선택 기준이 되거나 객관적 기준이 된다. 지표가 기준으로 사용된다면 이른바 "평가"할 때도 적용된다. 예를 들어, 각 과목마다 채점할 수 있듯이 지표에 따라 점수(100점, 최우수, A등급 등)를 부여할 수 있다. 지표는 다양하게 활용되며 그 결과는 보통 "최우수 지방자치단체", "OOO상 수상" 또는 "최하 등급", "관리 부실"와 같이 정반대로 나타나기도 한다.

그밖에도 참여를 유도해 지방자치행정에 대한 시민교육의 필요성도 있다. 전국 단위의 정치나 행정을 이해하기보다 자신의 일상에 비교적 가까운 지방자치행정을 이해하는 차원에서 교육적 의미는 매우 중요하다. 약 10년 전부터 주민이 지방자치단체 운영에 참여하는 기회가 넓어지면서 주민은 책임감과 봉사정신을 기를 수 있다. 지방자치는 "풀뿌리 민주주의", "민주주의 학교" 등으로 표현하는 이유이기도 하며 지역 정치 엘리트 배출 역할도 수행한다. 행정 차원에서 정책 실험장의 역할도 있다. 전국적으로 시행하기 어려운 정책을 지역에서 "시범" 실시할 수 있다. 이른바 "시범학교" 등으로 지정 시행할 수 있으며 부작용을 신속하게 확인하고 고칠 수 있다는 점에서 실용적이다. 어떤 경우는 시범 단계에서 종결되기도 하지만 주민(서비스 제공이라면 고객) 반응이 좋다면 확산될 수 있다(이종수·윤영진·곽채기·이재원, 2020).

|제3절| 지방자치행정의 특징

　일단 국민의 교육 수준이 높아졌고 과거 다양한 사건사고에 대한 "경험"이 있다는 점에서 어느 지역 주민이나 기본적으로 자신의 뜻을 정부에 표현할 수 있는 역량을 가지고 있다. 수도권과 비수도권, 대도시와 중소도시 등과 같이 구분할 수 있는 기준은 매우 많다. 현재 한국은 반나절 생활권으로 전국의 교통망이 연결된 상태며 시간이 지나갈수록 아파트가 세워지는 등 풍경(landscape)이 달라진다는 점에서 생활양식의 변화는 꾸준히 일어나고 있다.

　특히, 정부와 주민 모두 "신속"한 처리·결과를 강조하고 있기에 과거와 비교할 수 없을 정도로 행정과 자치가 움직이고 있다. 이렇게 신속하면서도 "다른 지역만큼 모든 것을 갖추어야 한다", "옆 동네처럼 우리도 해야 한다"는 의식이 자리 잡고 있기에 주민의 "욕구(needs)"도 적지 않다. 불과 10년 전과 다르게 사람이나 지역 간 차이점을 너무 쉽게 비교할 수 있기 때문에 주민이 정부에 요구할 것은 많고 그것이 신속하게 반영되기를 바라기도 한다.

　이렇게 환경 변화는 다각도에서 논의할 부분이 많고 그것은 어떤 형태로든지 이어진다. 그렇지만 예산이나 행정력의 낭비, 합리적 해결보다 정치적 해결에 치중, 일을 미루려는 관행 등은 여전히 해결할 과제라고 할 수 있다. 또한 중앙 정부와 지방자치단체, 지방자치단체 간, 같은 지역 내에서 주민 사이의 갈등 문제는 크고 작은 형태로 일상에서 찾을 수 있다. 관공서 앞에 걸려 있는 "현수막", 이권(利權) 다툼 등은 어렵지 않게 보고 들을 수 있다. 이와 같은 현상은 모두 지방자치·지방행정과 연관되며 환경 변화에 따라서 과정이나 결과도 달라진다는 점에서 유동적이다.

　현재 정보통신기술은 사실상 체화(體化, 인체와 한 몸이라고 할 수 있는 스마트폰을 생각할 것)된 상태라서 정부가 이와 관련된 각종 정책, 사업, 프로그램을 관리하는데 재원을 많이 투입해야 한다. 재원의 투입은 인력과 시설을 동반하며 그것은 시대 변화에 따라 꾸준하게 갱신(update)해야 하므로 정부 입장에서는 꼼꼼하게 신경 써야할 부분이 많다. 그런데 이러한 기술을 제대로 활용하지 못하거나 활용할 수 없는 사람에 대해서 관심을 기울여야 하며 예전에 사용했었던 업무 처리 방식을 갑자기 없앨 수도 없다. 이는 지방자치나 행정이 계속 확대되는 이유이기도 하다.

유행이나 여론에 민감한 현재 한국 사회의 분위기를 고려할 때 사건이나 사고가 생기면 언제든지 주민이 숨겨두었던 욕구가 분출될 수 있다. 잠재적 욕구까지 지방행정과 자치에서 파악해야 하는데 매우 어려운 일이다. 예를 들어, 과거에는 개나 고양이를 키우는 사람을 제외하고 별다른 관심이 없었지만 어느 순간부터 동물병원이 생기고 "애완동물"로 생각했다. 이러한 흐름은 현재 의인화된 "반려동물", 버려진 개나 고양이 보호에 관심을 가지는 개인이나 단체가 늘어나면서 지방자치단체는 이를 관리하는 담당 공무원이 배치된 상태다. 예전에는 집에서 키우는 동물에 정부가 관심이 없었지만 지금은 그렇지 않으며 어떤 사건이 생기면 사회문제로 번지고 정부가 개입해서 이를 처리한다.

일단 지방자치행정의 공통적 특징은 지역 주민 요청에 부응하도록 일을 처리해야 하는 일선(Street-Level) 행정이면서 생활행정(Living administration)이다. 대한민국의 중앙-지방행정은 자치뿐만 아니라 중앙정부에서 위임한 업무까지 처리해야 하므로 종합적 사무 처리 능력이 필요하다. 최근 지방정부에서 중앙정부의 각종 사업에 응모해서 사실상 "사업비를 지원받는" 일도 흔해서 적극적으로 사업을 실시할 수도 있다는 점에서 지방자치행정은 과거보다 훨씬 복잡하고 할 일이 많다는 것이 특징이다.

생각해보기

우리나라 지방자치의 시작은 1949년 '지방자치법'이 제정되고 1952년 지방의원 선거를 통해 의회가 구성되면서부터라고 할 수 있다. 이후 1961년 5·16 군사정변으로 잠시 중단되었지만 1988년 지방자치법이 전부 개정되고, 1991년 지방의회 선거를 치르면서 현재의 모습을 갖추게 되었다. 따라서 이번 지방자치법 전부개정은 1988년 지방자치법 전부개정 이후 32년 만에 이루어진 것이니 오랜 인고의 과정을 거친 값진 결과가 아닐 수 없다.

하지만 자치입법권에 대한 근본적인 제약조항은 그대로 유지되었다는 점과 자치조직권에 대한 내용이 전혀 반영되지 않은 점 등은 아쉽다. 특히 풀뿌리 민주주의의 근간이 될 수 있는 주민자치회 조항의 삭제는 오히려 '지방자치의 후퇴'라는 우려를 나타내고 있다.

반면 개정안에는 현재의 지방자치제도가 가진 한계를 뛰어넘을 수 있는 긍정적 요소들이 다수 포함되어 있다.

첫째, 정책 결정과 집행 과정에 주민 참여권을 신설하는 등 획기적인 주민 주권을 구현할 수 있게 되었다. 현재의 지방자치제도는 주민 참여의 폭이 너무나 협소하여 지방선거가 아니면 참여할 기회가 극히 적은 것이 현실이다. 하지만 이번 전부개정안에는 정책 결정과 집행 과정에 주민 참여권을 신설했으며, 주민조례발안법도 별도로 제정하여 주민의 참여 창구를 다양화하였다. 이에 따라 앞으로는 주민이 단체장을 거치지 않고 직접 의회에 조례를 발의할 수 있게 되었다. 또한 주민감사 청구 요건 기준은 기존 500명에서 300명 이내로, 연령도 19세 이상에서 18세 이상으로 완화하는 등 주민 감시 기능에 힘을 실어주었다.

둘째, 지방자치단체의 기관 구성을 다양하게 할 수 있는 근거를 마련하였다. 지방자치단체는 조직마다 규모의 차이가 상당하다. 지금까지는 규모의 차이에도 불구하고 단체장과 의회의 기관대립형 구조로만 운영할 수밖에 없었고, 이는 다양성의 결여를 가져왔다. 이번 전부개정을 통해 지방자치단체의 기관 구성을 다양화할 수 있는 근거를 마련하게 되었고, 이를 통해 주민 수요를 효과적으로 반영할 수 있는 토대를 마련한 것은 큰 성과라고 할 수 있다.

셋째, 중앙지방협력회 신설 근거 조항을 둠으로써 중앙과 지방의 협력관계 정립 및 행정 능률 향상을 제고했다. 중앙지방협력회의는 지방에 영향을 미치는 정책에 관하여 대통령을 의장으로 중앙행정기관의 장과 시·도지사, 지방 4대 협의체의 장이 모여서 협의를 통해 정책을 결정하는 회의체이다. 따라서 지방의 의사를 수렴하는 기구 중에서는 최상위 기구라고 할 수 있지만 지방자치법에는 근거만 두는 것이었다. 이는 법률을 제정해야 하는 입법 의무가 생김으로써 중앙정부와 지방의 협력과 이를 통한 능률 향상을 기대할 수 있게 된 것은 값진 수확이다.

이외에도 이번 지방자치법 전부개정안에는 자치단체의 역량 강화 및 자치권 확대, 지방자치단체의 국제교류와 협력에 관한 사무를 지방의 사무로 명시, 자치입법권에 관한 규정 일부 보완, 특별지방자치단체에 관한 세부 규정 확립 등의 내용이 담겨 있다. 이것은 우리나라 지방자치제도의 미래를 새롭게 그려나갈 수 있는 유의미한 것들로, 앞서 언급한 것과 같이 다소

아쉬움이 있지만 희망을 가져 본다.

출처 : 세계일보(2021.02.18.). "개정 '지방자치법' 아쉬움 속 희망 본다".

질문) 지방자치법이라는 단어를 들었을 때 머리 속에 떠오르는 이미지는 무엇인가?

제2장
지방자치행정의 환경

지방자치행정의 환경을 미리 알아보기

● **대통령직속 4차산업혁명위원회**
4차 산업혁명 종합적 국가전략 등을 심의 조정하는 기관이다.
www.4th-ir.go.kr

● **대통령직속 저출산 고령사회 위원회**
인구 변화에 대응하고 미래를 전망하고 분석하며 범부처 계획을 심의하는 기관이다.
www.betterfuture.go.kr

● **로드플러스(한국도로공사 교통안내)**
한국도로공사에서 고속도로 교통정보, 도로상황 등을 보여주는 곳이다.
www.roadplus.co.kr

　지방자치행정에 관련된 환경은 매우 다양하다. 그 환경의 범위를 무엇으로 정하는지에 따라 차이가 있을 수 있는데 이 책에서는 반나절 생활권, 4차 산업혁명, 코로나19 바이러스, 저출산 고령화 네 가지로 정했다. 과거 1일 생활권에서 반나절 생활권으로 편리해졌고 컴퓨터를 기초로 하는 정보혁명에서 스마트폰을 중심으로 4차 산업혁명의 기술이 일상에 점차 적용되고 있다. 2020년 코로나19 바이러스는 대한민국과 세계 전체에 영향을 주었고 저출산 고령화는 한국 사회의 현재와 미래에 커다란 영향을 준다는 점에서 살펴볼 필요가 있다.

|제1절| 반나절 생활권

1 국가통합교통체계효율화 수행

    국가통합교통체계효율화법에 의거 전국 대중교통정보의 안정적 연계·통합·제공을 목적으로 대중교통정보 표준화 기반시스템 운영관리, 전국단위 고속·시외·시내버스, 마을버스, 항공, 철도, 해운, 지하철 등 대중교통정보의 효율적인 상시 운영을 수행하는 기관과 체계가 갖추어져 있다(국가대중교통정보센터 홈페이지, 2020). 국가통합교통체계효율화법의 목적을 비롯해 지방자치단체도 해당 지역의 기본계획을 수립할 수 있으며 공청회에서 제시된 국민의 타당한 의견은 교통계획이나 정책에 반영해야 한다.

국가통합교통체계효율화법(약칭: 통합교통체계법)
[시행 2020. 7. 30.] [법률 제16902호, 2020. 1. 29., 타법개정]

제1조(목적) 이 법은 교통체계의 효율성·통합성 및 연계성을 향상하기 위하여 육상교통·해상교통·항공교통정책에 대한 종합적인 조정과 각종 교통시설 및 교통수단 등 국가교통체계의 효율적인 개발·운영 및 관리 등에 필요한 사항을 정함으로써 국민생활의 편의를 증진하고 국가경제 발전에 이바지함을 목적으로 한다.
제74조(지방자치단체의 지능형교통체계계획 수립 등) ① 시·도지사 또는 시장·군수(광역시에 있는 군수는 제외한다. 이하 "시장등"이라 한다)는 지능형교통체계기본계획 및 분야별 계획을 반영하여 해당 지역의 지능형교통체계에 관한 기본계획(이하 "지능형교통체계지방계획"이라 한다)을 수립할 수 있다.
제111조(국민 등의 의견 수렴) 다음 각 호의 구분에 따라 교통계획 등을 수립하려는 경우에는 공청회를 열어 국민 및 관계 전문가 등으로부터 의견을 들을 수 있으며, 공청회에서 제시된 의견이 타당하다고 인정되는 경우에는 그 의견을 교통계획 또는 교통정책의 수립에 반영하여야 한다.

    지속적인 효율화 작업은 정보 연계를 기초로 대중교통통합정보시스템, 대중교통요금전자지불시스템, 버스정보센터, 협조기관이 연결되어 있다. 여기서 다루는 정보는 광범위한데 버스위치정보, 도착예정정보, 운행계획정보, 운행지시정보, 운행관리정보, 긴급상

황정보가 있다. 이에 차량마다 ID 부여를 시작으로 정류장 ID, 버스잔여좌석정보, 차간거리조정, 막차정보, 막차 종점 정류장 ID, 차량위치 정도 등이 포함되며 이미 일상에서 당연시 여기는 것이 많다.

❷ 지능형 교통 체계의 발전

지능형 교통 체계(Intelligent Transport Systems, ITS)는 전국에서 교통 혼잡으로 발생하는 비용이 2008년부터 26조 원을 넘었고 절반이 승용차 보급 확대에 따른 것이다. 정부의 한정된 재원과 토지로 교통시설 공급은 수요에 미치지 못하고 있으며 자동차 등록대수도 꾸준히 증가하고 있기에 교통 혼잡은 피할 수 없다. 이처럼 늘어나는 혼잡 상황에서 교통은 우리 일상과 직결되는 중요한 위치를 차지한다(국가교통정보센터 홈페이지, 2020).

누구나 사람은 안전하고 편리하게 이동하기를 원하며 대한민국의 교통 체계는 날이 갈수록 발전하는 첨단 기술과 접목해 이용자의 안전과 편의를 도모하고 교통 효율성을 극대화할 수 있도록 발전하고 있다. 지능형 교통 체계는 교통수단, 교통시설에 전자·제어·통신 등 첨단 기술을 접목해 교통 정보 등을 제공하고 활용한다. 이로서 교통 체계 운영과 관리는 과학화·자동화, 교통 효율성과 안정성을 높이는 체계다. 예를 들어, 이미 일상화된 버스정류장 버스 도착 안내, 교차로에서 교통량에 따라 자동으로 차량 신호가 바뀌는 체제, 내비게이션의 실시간 교통정보, 하이패스가 대표적이다.

교통 혼잡을 조금이나마 피할 수 있도록 정부는 실시간 교통상황과 우회경로 정보 제공을 하고 있으며 복잡한 환경에서도 다소나마 빠른 길로 운행할 수 있도록 체계가 갖추어진 상태다. 이렇게 지능형 교통 체계는 넓게는 저탄소 녹색성장에 부응하는데 일조하면서도 교통관리 서비스(도로 이동성과 안전성 제공, 대중교통 운행정보 수집), 교통요금 전자 지불(자동화에 따른 정체와 불편 해소), 전국 교통정보 서비스(전국 모든 정보 공유, 최적 경로 등 여행정보 안내), 차량 지능화(차량이 스스로 위험을 감지, 화물과 위험물을 실은 차량의 이동정보를 실시간 제공), 아키텍처(Architecture, 서비스의 효율적 구현, 상호 운영성, 호환성을 확보하는데 사업시행자가 따라야 하는 국가 차원의 밑그림으로 논리·물리·사업적 관점 등을 고려)가 있다.

③ 교통수단 발달과 도로 확장

교통수단은 항공기부터 도보까지 다양하며 한 가지만 이용하기보다 여러 가지를 반복적으로 이용하는 경우가 대부분이다. 교통수단이 발달하면 자연히 도로를 신설, 유지, 보수, 확장하는 일이 생기고 반대로 도로가 확장되면 교통수단이 더 발달하기도 한다. 교통수단 발달과 도로 확장은 일상적 의미에서 지방자치행정의 경계를 모호하게 하며 지역 간 이동이 편리해지면서 공간적 어려움을 극복할 수 있다는데 의미가 크다.

2019년 기준 항공여객은 1억 2,337만 명으로 2018년 대비 5% 증가했다. 이는 역대 최고치로 노선의 다변화, 내국인과 외국인 여행수요가 늘었으며 대형항공사와 저비용항공사 모두 증가했다. 국내선만 보면 제주도 여행 수요 상승, 청주와 여수 공항의 실적이 많이 늘었고 공항에서 연계되는 각종 교통 서비스(주차예약, 고속버스 등)의 확충으로 항공편을 이용하기가 편리해졌다.

2019년 기준 고속철도(Korea Train eXpress, KTX)는 전국을 반나절 생활권으로 만들었다. 총 100만 회를 운행했고 누적 이용객은 7억 2천 만 명이며 15년 동안 4억 2천 만 킬로미터를 달렸다. 한국은 세계에서 5번째 고속철도 운영 국가로 전국 15개 시, 광역지방자치단체 48개 역을 잇고 있다. 여행이나 출장 등에서 시간이 크게 단축되고 고속철도가 정차하는 도시와 역 주변의 지역 경제에 활력이 생겼다. 특히, 초기와 다르게 창구 매표소에서 발권하는 사람보다 "코레일톡" 앱을 활용한 발권이 압도적으로 많다(철도산업정보센터 홈페이지, 2020). 2017년 기준으로 지하철의 수송량은 36억 명이며 전체 교통 분담률에서 약 10.8%를 차지하고 있다. 지하철의 수송량 추이는 2012년부터 2017년까지 일정하게 유지되고 있다(e-나라지표 홈페이지, 2020).

2016년 기준으로 여객운송사업 차량 보유대수는 개인택시(약 16만 대), 일반택시(약 8만

대), 전세버스(약 4만 대), 시내버스(약 3만 대), 시외버스(약 7천 대), 고속버스(약 1천 8백 대), 농어촌버스(약 1천 8백 대)로 집계되었다. 자동차 등록대수도 2016년 하반기 기준 전체 2천만 대를 넘어섰으며 승용자동차(약 1천 700만 대), 화물자동차(약 3백 40만 대), 승합자동차(약 90만 대), 특수자동차(약 7만 9천 대)로 자동차등록대수가 대한민국 전체 인구의 절반에 이르고 있다는 사실을 알 수 있다.

마찬가지로 여객선 수송실적은 여객연안선(약 1천 4백만 명)을 비롯해 많은 화물을 수송하고 있다. 연안 여객선은 목포, 완도, 통영, 여수, 제주, 인천, 대산, 포항, 동해, 군산, 부산에서 수송하고 있으며 크고 작은 섬으로 이루어진 도서지역(島嶼地域)의 가장 중요한 교통수단이며 관광 등과 밀접하다(국가교통DB 홈페이지, 2020).

자전거도로도 각 시도마다 이미 설치된 곳이 많으며 경기도가 가장 노선이 길고 전국의 공공자전거 보관소(약 1천 개소), 자전거(약 2만 대) 정도로 추산하고 있다(국가교통DB 홈페이지, 2020). 공공자전거는 보통 정부에서 대여 · 반납 체계를 갖춰 지역 주민 또는 방문객에게 빌려주는 자전거를 말한다. 이를 자전거 "공유" 서비스, "공유자전거"로 부르기도 한다.

자전거 이용 활성화에 관한 법률(약칭: 자전거법)
[시행 2021. 1. 1.] [법률 제17689호, 2020. 12. 22., 타법개정]

제1조(목적) 이 법은 자전거 이용자의 안전과 편의를 도모하고 자전거 이용의 활성화에 이바지함을 목적으로 한다.
제4조(국가와 지방자치단체의 책무) ① 국가와 지방지치단체는 자전거이용시설의 정비 및 자전거 이용자의 안전과 편리를 도모하는 등 자전거 이용 활성화를 위한 종합적인 시책을 마련하여야 한다.
제7조의2(개인형 이동장치 통행제한구간의 지정) ① 도로관리청은 자전거도로에서 안전하고 원활하게 소통하기 위하여 자전거도로의 일정 구간을 지정하여 개인형 이동장치의 통행을 금지하거나 제한할 수 있다.
제10조의2(공영자전거 운영사업) ① 시 · 도지사 또는 시장 · 군수 · 구청장은 자전거 이용 편의를 증진하기 위하여 공영자전거 운영사업(공중의 이용에 제공하기 위하여 지방자치단체가 소유 또는 관리하는 자전거를 이용자로부터 사용료를 받고 대여하는 사업을 말한다)을 할 수 있다.

「자전거 이용 활성화에 관한 법률」에 지방자치단체의 책무가 명시되어 있고 공영자전거 운영사업도 지방자치단체에서 할 수 있다. 최근 유행하고 있는 "전동보드(개인형 이동장치)"도 일정한 조건 아래 자전거도로로 통행할 수 있다는 점에서 교통수단이라고 볼 수 있다(경찰청 홈페이지, 2020). 2018년 자전거 이용 현황에 따르면 전국 자전거도로는 15,172개 노선(23,000㎞)이며 자전거 전용도로, 자전거보행자 겸용도로, 자전거전용차로, 자전거우선도로로 나눌 수 있다. 지방자치단체에서 자전거 주차장을 관리하고 있으며 전체 37,623개소(약 67만 대 주차 가능)이며 자전거 안전시설(자전거 신호기, 안전 표시판, 횡단도)가 있다. 자전거 수리센터는 전국에 96곳이 있으며 자전거 관련 단체보험 가입 현황에서 103곳(지방자치단체 기준) 2천 7백만 명을 넘고 있으며 자전거 안전교육시설도 적지 않다(행정안전부 생활공간정책과, 2018).

특히, "보행(걷기)"도 도시에 위치한 지방자치단체에 중요하다. 도시에서는 횡단보도, 교차로를 건너면 구역이 달라지는 경우가 흔하다. 또는 자동차를 운전하면서 볼 수 있는 "경계표지판(예 : 어서 오십시오 000구입니다)"을 지나면 구역이 달라지기에 "보행"은 의외로 중요하다. "보행안전법"에 따르면 보행자가 안전하고 편리하게 걸을 수 있는 쾌적한 보행환경을 조성하고 각종 위험으로부터 국민의 생명과 신체를 보호하고 국민의 삶의 질을 높여 공공복리 증진에 이바지하는 것을 목적으로 한다. 지방자치단체는 보행권을 보장해야 하고 "교통약자"의 이동 편의를 증진하는데 노력해야 한다. 이에 보행환경을 개선하고 불법시설물을 우선 정비하며 "보행자전용길"을 만들기도 한다.

교통수단마다 수많은 사람이 왕래하고 있으며 전국 각 지역을 통행하고 있다. 도로도 2019년 기준 전국 도로 연장은 111,314㎞로 2018년 대비 600㎞ 증가했고 포장률도 93%를 넘고 있으며 서울·광주·대전·세종은 100%를 달성했다. 아울러 전국의 터널은 2,682개, 교량은 35,902개가 있으며 중앙정부에서는 "광역교통" 체제를 강화하는 편으로 정책을 추진하고 있다(국토교통부·국토교통부 통계누리 홈페이지, 2020). 이렇게 교통수단 발달과 도로의 확장은 광역행정으로 나아가는 밑바탕이라고 할 수 있다.

|제2절| 4차 산업혁명

1 4차 산업혁명의 등장

4차 산업혁명은 2016년 세계경제포럼 중심 의제로 채택되었고 클라우스 슈밥(Klaus Schwab)이 각종 강연과 저서에서 이 용어를 사용하면서 세계적으로 널리 유행했다. 1차 산업혁명은 증기기관 발명, 2차 산업혁명은 대량생산, 3차 산업혁명은 컴퓨터와 정보통신기술의 개발과 일상으로 보급이 되면서 나타났다.

아직 4차 산업혁명의 실체는 아직 불분명하고 분야별 주장이 다양하지만 기술 융합, 인공지능이 주도하는 흐름이라는데 공감대가 형성되고 있다. 4차 산업혁명 기술은 유비쿼터스 인터넷 기술, 저렴하고 강력한 기능을 가진 센서, 인공지능이 대표적이며 물리학, 유전학, 생물학 등이 융합하고 있다.

일반인에게도 널리 알려진 사물인터넷, 빅데이터, 3D 프린팅이 있다. 이는 직업의 변화를 가져오고 있는데 그 예로 사물인터넷 전문가, 인공지능 전문가, 빅데이터 전문가, 가상현실·증강현실 전문가, 정보보호 전문가, 자율주행자동차 전문가, 드론 전문가, 응용 소프트웨어 전문가, 신재생에너지 전문가 등이다. 또한 독일을 중심으로 세계적으로 널리 주목받고 있는 스마트 공장(Smart Factory, 생산 전체 과정에 정보통신기술을 적용하는 지능형 공장) 등은 현재 한국에도 적용 중이며 일종의 새로운 도시 형태라도 봐도 크게 틀리지 않다.

2 4차 산업혁명 정책과 조례

4차 산업혁명을 준비하는 정부의 노력은 몇 년 전부터 활발하다. 정부 인공지능 준비지수 2020(Gov't AI Readiness Index 2020, 英 옥스퍼드 인사이트) 기준 조사대상 172개국 중

7위로 작년(26위) 대비 19단계 상승했다. 이에 대통령직속 4차 산업혁명위원회는 산업과 사회 대부분에 넓게 영향을 미치는 범용기술(GPT, General Purpose Technology)을 개발하는데 주력하고 있다. 2020년 12월 인공지능 국가전략 수립을 일환으로 사람이 중심이 되는 인공지능 윤리기준을 의결했다. 국민 누구나 온라인 지식정보에 쉽게 접근하고 활용할 수 있는 온라인 통합 플랫폼인 "디지털 집현전 추진계획"을 심의·의결하고, 규제·제도 혁신 추진 성과를 논의하기도 했다. 디지털 집현전으로 지식정보를 통합·확충해 검색·활용할 수 있고 개방형 통합 플랫폼으로 구축 추진이 주요 내용이다. 각 개별 사이트에 별도 로그인 없이 통합 플랫폼 인증으로 활용이 가능하도록 사용자 편의를 제공할 계획이다.

사람이 중심이 되는 인공지능(AI) 윤리 기준은 인공지능이 지향하는 최고 가치를 인간성(Humanity)으로 설정, '인간성을 위한 인공지능(AI for Humanity)' 3대 원칙·10대 요건을 제시했다. 3대 원칙은 인공지능 개발 활용 과정에서 인간의 존엄성 원칙, 사회의 공공선 원칙, 기술의 합목적성 원칙을 지켜야 한다는 것이다. 10대 핵심요건은 3대 기본원칙을 실천하고 이행할 수 있도록 인공지능 개발부터 활용까지 전 과정에서 인권 보장, 사생활 보호, 다양성 존중, 침해금지, 공공성, 연대성, 데이터 관리, 책임성, 안전성, 투명성의 요건을 충족해야 한다(대통령직속 4차산업혁명위원회 홈페이지, 2020).

지방자치단체도 4차 산업혁명 관련 조례를 이미 만들고 시행 중이다. 2018년 3월 26일 제정한 순천시를 시작으로 강원도, 경기도, 충청북도, 충청남도, 경상북도, 제주특별자치도, 광주광역시, 대구광역시, 인천광역시, 세종특별자치시을 비롯해 일부 교육청에서 조례를 제정 시행하고 있다. 대체로 이러한 조례의 목적은 4차 산업혁명 발전, 산업 경쟁력 강화, 혁신 성장, 지역경제 발전으로 지역 주민의 삶의 질 향상이라고 할 수 있다. 기본계획 수립, 위원회 설치, 실태조사, 지원조직 설립 등이 규정되어 있는 조례다(국가법령정보센터 홈페이지, 2020).

4차 산업혁명 관련 정책은 매우 다양하며 벤처기업, 중소기업 혁신성장, 소상공인과 자영업자 온라인 지원 등과 연결되어 있으며 "스마트" 공장, 서비스, 창업지원, 상점, 공방 등을 활성화해 최적 생산체계 구축, 고객 맞춤형 선제적 서비스 구현, 스마트상점가 조성, 디지털기술을 도입한 공정 등 정책을 추진하고 있다. 현재 대한민국은 정보통신 네트워크가 세계 최고 수준이라는 강점을 보유한다는 점에서 기술 발전에 긍정적이라고 할 수 있다(중소벤처기업부 업무계획, 2020).

❸ 스마트시티와 지역 경제거점 조성

한국·아세안 특별정상회의를 계기로 스마트시티 장관회의를 개최하고 부산 시범도시 착공(2019년 11월), 수소경제 지원을 목적으로 충전소 확충 등이 이루어지고 있다. 이는 지역 경제 거점을 만들려는 노력으로 균형발전 거점을 활용하고 노후지역을 혁신하며 산업 기술 융복합 거점으로 개발한다는 내용을 담고 있다. 스마트시티(세종과 부산), 수소도시(안산, 울산, 전주와 완주)로 도시경쟁력을 강화한다는 취지다. 노후 산업단지를 재생하고 도심 내 방치된 공업지역에 대한 지방자치단체의 관리계획 수립, 캠퍼스 혁신파크, 기업 공간 확대와 주거 지원을 연결하는 등의 사업도 해당된다(국토교통부 업무계획, 2020).

2020년 시행된 「스마트도시 조성 및 산업진흥 등에 관한 법률」에 따라 스마트도시의 효율적 조성, 관리, 운영, 산업진흥 사항을 규정해 도시 경쟁력 향상, 지속가능한 발전을 촉진해 국민 삶의 질 향상과 국가 균형발전에 이바지하는데 목적이 있다. 여기에 기반시설, 건설과 정보통신 융합 기술이 포함되며 지방자치단체는 각종 시책을 수립 시행해야 한다. 이미 제3차 스마트도시 종합계획이 수립된 상태로 정책 사업은 네 가지로 나눌 수 있다.

첫째, "국가시범도시"는 4차 산업혁명 관련 기술을 개발 계획이 없는 부지에 자유롭게 실증·접목을 조성하려고 실행되었고 국가시범도시는 세종과 부산이 있다. 둘째, "스마트 챌린지"는 민간의 창의적 아이디어로 도시문제를 해결하고 지역 거버넌스 운영으로 지역 수요에 특화한 사업을 추진하며 기존 도시 내 소규모 지역을 대상으로 시민체감도를 향상하고 불편 사항을 개선하는 사업을 말한다. 셋째, "스마트 도시재생"은 현재 정부에서 도시재생 사업과 연계해 기술이 접목될 수 있도록 진행하는 사업이다. 드론 활용, 스마트 주차장 조성 등이 해당되며 고양시, 포항시, 남양주시, 인천시 부평구, 부산시 사하구, 순천시, 세종특별자치시 조치원이 해당된다. 넷째, "스마트도시 통합플랫폼"은 다양한 도시상황 관리와 통합운영센터 관리에 필요한 핵심기술로 2015년에 착수한 사업이다. 이미 지방자치단체는 나름의 "스마트도시계획"을 수립 시행하고 있으며 재난관리, 도심항공교통, 자율주행, 스마트시티 입주 등이 논의·추진되고 있다(스마트시티 종합포털, 2020). 이러한 사업 계획과 추진은 지역 경제거점 조성에 기여하며 결과적으로 지역 경제를 살리는 대책이라고 할 수 있다.

|제3절| 코로나19 바이러스

1 코로나19 바이러스의 세계적 대유행

세계적 대유행(팬데믹, Pandemic)은 세계보건기구(WHO)가 선포하는 감염병 최고 경고등급으로 세계적으로 감염병이 대유행하는 상태를 말하며 2020년 초부터 시작된 "코로나19 바이러스(COVID-19)"는 "SARS-CoV-2 감염에 의한 호흡기 증후군"으로 법정감염병(제1급감염병 신종감염병증후군)에 해당된다. 현재까지 비말(침방울), 접촉으로 코로나19 바이러스에 오염된 물건을 만진 뒤 눈, 코, 입을 만지면 감염된다고 알려져 있다. 잠복기는 1~14일이며 발열, 권태감, 기침, 호흡곤란, 폐렴 등 경증에서 중증까지 다양한 호흡기 감염증이 나타나 심하게 사망에 이른다(코로나바이러스감염증-19 홈페이지, 2020).

코로나19 바이러스로 세계뿐만 아니라 대한민국 전체 국민의 삶이 영향을 받았으며 그것이 장기화되면서 심각한 사회문제와 갈등으로 나타나고 있다. 질병관리청을 중심으로 발생동향을 매일 국민에게 설명하고 피해 지원 정책, 사회적 거리두기, 마스크 착용 등의 정책을 강력하게 추진하고 있다. 2021년 기준 행정안전부에서도 임시선별검사소를 운영하는 지방자치단체에 재정 지원, 생활치료센터 관련 시설 준비, 지역별 전담책임관 파견으로 애로사항 청취, 지역 일자리 사업(생활방역 일자리) 참여자 조기 모집, 코로나19 예방접종 추진단 구성과 같이 총력 대응하고 있다(행정안전부 홈페이지, 2021).

❷ 코로나19 바이러스 관련 법률과 대책

　코로나19 바이러스 관련 법률과 대책은 보건 의료 분야만 해당되는 것이 아니라 재난 지원금 등과 같은 모든 국민에게 해당되는 정책도 있다. 특히, 재정 지원은 업종 등을 구분해 지원하고 있으며 이미 중앙정부와 지방자치단체 차원에서 지급했거나 앞으로 지급할 예정이다. 그 가운데 보건 의료에 대한 법률은 「감염병의 예방 및 관리에 관한 법률」에 근거를 두고 있으며 지방자치단체의 책무와 역할도 있다.

감염병의 예방 및 관리에 관한 법률(약칭: 감염병예방법)
[시행 2021. 1. 1.] [법률 제17689호, 2020. 12. 22., 타법개정]

제1조(목적) 이 법은 국민 건강에 위해(危害)가 되는 감염병의 발생과 유행을 방지하고, 그 예방 및 관리를 위하여 필요한 사항을 규정함으로써 국민 건강의 증진 및 유지에 이바지함을 목적으로 한다.
제4조(국가 및 지방자치단체의 책무) ① 국가 및 지방자치단체는 감염병환자등의 인간으로서의 존엄과 가치를 존중하고 그 기본적 권리를 보호하며, 법률에 따르지 아니하고는 취업 제한 등의 불이익을 주어서는 아니 된다.
제6조(국민의 권리와 의무) ① 국민은 감염병으로 격리 및 치료 등을 받은 경우 이로 인한 피해를 보상받을 수 있다. 〈개정 2015. 7. 6.〉
　② 국민은 감염병 발생 상황, 감염병 예방 및 관리 등에 관한 정보와 대응방법을 알 권리가 있고, 국가와 지방자치단체는 신속하게 정보를 공개하여야 한다. 〈개정 2015. 7. 6.〉
　③ 국민은 의료기관에서 이 법에 따른 감염병에 대한 진단 및 치료를 받을 권리가 있고, 국가와 지방자치단체는 이에 소요되는 비용을 부담하여야 한다. 〈신설 2015. 7. 6.〉
　④ 국민은 치료 및 격리조치 등 국가와 지방자치단체의 감염병 예방 및 관리를 위한 활동에 적극 협조하여야 한다. 〈신설 2015. 7. 6.〉
제18조(역학조사) ① 질병관리청장, 시·도지사 또는 시장·군수·구청장은 감염병이 발생하여 유행할 우려가 있거나, 감염병 여부가 불분명하나 발병원인을 조사할 필요가 있다고 인정하면 지체 없이 역학조사를 하여야 하고, 그 결과에 관한 정보를 필요한 범위에서 해당 의료기관에 제공하여야 한다.
제24조(필수예방접종) ① 특별자치도지사 또는 시장·군수·구청장은 다음 각 호의 질병에 대하여 관할 보건소를 통하여 필수예방접종(이하 "필수예방접종"이라 한다)을 실시하여야 한다. 〈개정 2010. 1. 18., 2013. 3. 22., 2014. 3. 18., 2016. 12. 2., 2018. 3. 27., 2020. 8. 11.〉

이 법률에 주요 내용으로는 감염병 신고를 받은 보건소장은 그 내용을 관할 특별자치도지사 또는 시장·군수·구청장에게 보고하며 이를 질병관리청장에게도 보고해야 한다. 이렇게 보고를 받은 질병관리청장, 시·도지사 또는 시장·군수·구청장은 제1급감염병 환자로 의심되는 사람에 한정해 감염병병원체 검사할 수 있다. 만약 질병관리청장은 감염병환자 등이 사망하면 감염병 차단과 확산 방지 등 필요한 범위에서 그 시신 장사(장례)방법 등을 제한할 수 있다. 감염병 예방 조치에서 질병관리청장, 시·도지사 또는 시장·군수·구청장은 감염병 예방에 관한 모든 조치를 하거나 그에 필요한 일부 조치를 해야 한다.

그 조치는 "관할 지역에 대한 교통 전부 또는 일부 차단", "흥행, 집회, 제례 또는 그 밖의 여러 사람의 집합을 제한하거나 금지", "감염병 전파 위험성이 있는 장소 또는 시설 관리자·운영자·이용자 등에 출입자 명단 작성, 마스크 착용 등 방역지침 준수를 명하는 것", "감염병 전파가 우려되는 운송수단 이용자에게 마스크 착용 등 방역지침의 준수를 명하는 것", "감염병 유행기간 중 의료인·의료업자, 그 밖에 필요한 의료관계요원을 동원하는 것", "감염병 유행기간 중 의료기관 병상, 연수원·숙박시설 등 시설을 동원하는 것", "감염병 의심자를 적당한 장소에 일정한 기간 입원 또는 격리하는 것" 등이다.

만약 특별자치도지사 또는 시장·군수·구청장은 위의 조치를 따르지 않은 관리자·운영자에게 해당 장소나 시설의 폐쇄를 명하거나 3개월 이내 기간을 정하여 운영 중단을 명할 수 있다. 다만, 운영중단 명령을 받은 자가 그 운영중단기간 중에 운영을 계속한 경우, 해당 장소나 시설의 폐쇄를 명해야 한다(2020년 개정된 내용).

3 사회적 거리두기와 플랫폼 경제 활성화

사회적 거리두기는 비말과 접촉을 최대한 차단해 감염병 확산을 막고자 하는 조치다. 사회적 거리두기를 모르는 사람은 없을 정도로 코로나19 바이러스 시기에 마스크 착용과 더불어 일상화되었다. 1단계(생활방역), 1.5단계와 2단계(지역적 유행 단계), 2.5단계와 3단계(전국적 유행 단계)로 주 평균 일일 국내 발생 확진자 수를 기준으로 단계를 조정한다. 1단계는 일상생활과 사회 활동을 유지하면서 방역 수칙을 준수하는 것이며 3단계는 전국적 대유행으로 원칙적으로 집에 머물고 다른 사람과 접촉을 최소화해야 한다. 단계에 구분 없이 공통적으로 마스크 착용, 출입자 명단 관리, 환기 소독 등 수칙 의무화를 준수해야 한다(코로나바이러스감염증-19 홈페이지, 2020).

코로나19 바이러스는 일상에 매우 부정적 영향을 주고 기존 삶을 재편하는 결과를 가져왔다. 너무나도 당연하게 여겼던 "대면" 체제가 "대면과 비대면" 체제로 달라진 것이 가장 특징적이다. 이른바 뉴노멀(New Normal), 언택트(Untact : 비대면) 사회가 다가왔다고 말하면서 이 상황에 적응하려고 정부와 기업 등이 노력하고 있다. 어쩔 수 없이 재택근무 체제가 실시되었고 근로 유연화 논의가 나타났다. 스마트폰을 중심으로 디지털 기술이 필수로 사용되면서 시행착오를 겪으면서 학교를 시작으로 산업별로 원격 회의, 원격 사무처리 체제가 도입되면서 한국 사회 전반에 걸친 변화를 가져왔다. 이때 "플랫폼 경제"는 사용자와 응용 프로그램, 서비스 등을 제공하는 제3의 공급자를 연결하는 디지털 과정이다. 배달 대행, 대리 운전, 시간제 가사 노동 등은 코로나19 바이러스 상황을 계기로 플랫폼에서 많은 활동을 하고 있다. 상품이나 서비스의 교환을 원활하게 해주는 플랫폼은 "배달의 민족, 쿠팡, 당근마켓 등"이 대표적이며 간편 결제 기능을 갖추었다면 사업의 규모가 매우 커지기도 한다. "플랫폼 근로자"는 플랫폼을 매개로 사업이나 사업장에 임금을 목적으로 근로를 제공하는 사람이며 이러한 근로자가 전국적으로 100만 명을 넘고 있다. 비대면 사회에서 일종의 매개체 역할을 하는 플랫폼과 플랫폼 근로자는 프리랜서(Freelancer)와 같이 지역을 초월해 온라인에서 거래도 충분히 가능하기 때문에 앞으로 한국 사회경제, 노동문화에 많은 비중을 차지할 것이다(서울시의회, 2020).

|제4절| 저출산 고령화

1 저출산 고령화의 심각성

한국은 1960년대 강력한 산아 제한 정책을 실시했는데 6·25전쟁이 끝나고 얼마 지나지 않아 빈곤 문제가 심각했기에 정부는 많은 아이를 낳지 않도록 권고했다. 이후 여성의 사회 진출 기회가 늘어나면서 출산율은 조금씩 감소했으며 2000년대 중반 이후부터 감소세가 더욱 심해져 현재는 대한민국의 가장 큰 사회문제라고 할 수 있다. 저출산은 합계 출산율이 2.1명 이하로 지속되는 현상이며 "초"저출산은 합계 출산율이 1.3명 이하인 현상을 말한다. 저출산 원인은 다양하며 그 원인을 쉽게 해결하기가 어렵다는데 더 큰 문제가 있다.

고령화는 노인 인구 비율이 점점 증가하는 현상으로 전체 인구에서 65세 이상 노인 인구 비율이 높아지는 현상이다. 노인 인구 비율이 7% 이상이면 고령화 사회, 14% 이상이면 고령 사회, 20% 이상이면 "초"고령 사회로 분류한다. 현재 추세라면 초고령 사회에 진입이 확실시되며 외국과 비교해 한국의 고령화는 매우 빠르게 진행되고 있다.

과거 정부에서는 출산율과 출생아수 증가를 목표로 출산 장려 캠페인과 국가 주도 인식 개선으로 접근해왔다. 그렇지만 현재 정부는 2040 세대 삶의 질을 높이는데 목표를 두고 개인의 합리적 선택을 유도하는 방식을 활용하려는 계획이다. 청년, 아동, 여성 등 모든 계층에 대해서 주거와 워라밸(Work-life Balance) 강화에 적합한 정책을 수립 추진하고 있다(대통령직속 저출산고령사회위원회, 2020).

2 저출산 고령화 법률과 정책

저출산 고령화 정책은 중앙부처와 지방자치단체가 과거부터 추진해오던 기존 계획의 비전과 목표에 부합하는 세부과제를 이행하고 있다. "모든 세대가 함께 행복한 지속 가능 사회"를 비전으로 "삶의 질 향상, 성 평등 구현, 인구변화 적극 대비"를 목표로 함께 돌보고 함께 일하는 사회, 함께 만들어가는 행복한 노후, 인구변화 적극 대비를 추진 영역으로 민간·지역·정부 협력체계 강화(거버넌스), 공공서비스 안정적 제공과 국가 재정 지속 가능성 확보(서비스·재정)를 진행하고 있으며 일부 중앙부처가 아닌 사실상 모든 부처가 이에 관련되어 있다(보건복지부, 2020). 이는 「저출산 고령사회 기본법」에 근거를 두고 있다.

저출산·고령사회기본법
[시행 2014. 3. 18] [법률 제12449호, 2014. 3. 18, 일부개정]

제1조(목적) 이 법은 저출산 및 인구의 고령화에 따른 변화에 대응하는 저출산·고령사회정책의 기본방향과 그 수립 및 추진체계에 관한 사항을 규정함으로써 국가의 경쟁력을 높이고 국민의 삶의 질 향상과 국가의 지속적인 발전에 이바지함을 목적으로 한다.

제2조(기본이념) 이 법은 국가의 지속적인 발전을 위한 인구 구성의 균형과 질적 향상을 실현하고, 국민이 건강하고 안정된 노후생활을 할 수 있도록 하는 것을 기본이념으로 한다.

제3조(정의) 이 법에서 사용하는 용어의 정의는 다음과 같다.
 1. "인구의 고령화"라 함은 전체인구에서 노인의 인구비율이 증가하는 현상을 말한다.
 2. "저출산·고령사회정책"이라 함은 저출산 및 인구의 고령화에 따른 변화에 대응하기 위하여 수립·시행하는 정책을 말한다.

제5조(국민의 책무) ① 국민은 출산 및 육아의 사회적 중요성과 인구의 고령화에 따른 변화를 인식하고 국가 및 지방자치단체가 시행하는 저출산·고령사회정책에 적극 참여하고 협력하여야 한다.
 ② 국민은 가정 및 지역사회의 일원으로 상호연대를 강화하고 각자의 노후생활을 건강하고 충실하게 영위할 수 있도록 노력하여야 한다.

법률에 따라 국가는 종합적인 저출산·고령사회정책을 수립·시행하고, 지방자치단체는 국가의 저출산·고령사회정책에 맞추어 지역의 사회·경제적 실정에 부합하는 저출산·고령사회정책을 수립·시행하고 있다. 국가와 지방자치단체는 다른 법률의 규정에 따라 중·장기계획, 연도별 시행계획 등 주요정책을 수립하는 경우에 따라서 저출산·고령사회기본계획을 고려하고 있다. 2020년 기준 지방자치단체의 시행계획 현황은 전체 사

업비 7.1조 원, 자체사업은 약 5천 7백 개가 넘는다. 저출산 고령사회 정책은 대한민국의 수많은 정책 가운데 가장 일관성 있게 추진된 정책이라도 말해도 과언이 아니다. 그렇지만 현실적으로 저출산과 고령화 문제가 심해지고 지방자치단체의 인구 절벽 현상이 가시화 되는 등으로 상황은 더 심각해지고 있다.

제3차 저출산 고령사회기본계획에 따라 2020년 기준으로 약 62조 원이 넘는 예산, 총 163개 과제를 시행했으며 구체적인 내용은 함께 돌보고 함께 일하는 사회(출산 양육비 부담 최소화, 아이와 함께 하는 시간 최대화, 촘촘하고 안전한 돌봄 체계 구축, 모든 아동 존중과 포용적 가족문화 조성, 2040세대 안정적인 삶의 기반 조성), 함께 만들어가는 행복한 노후(다층적 노후소득 보장체계 내실화, 신중년 새로운 인생 출발 지원, 고령자의 다양한 사회참여 기회 확대, 지역사회 중심의 건강 돌봄 환경 조성, 성숙한 노년기를 위한 기반 마련), 인구변화 적극 대비(인구구조 변화 대비, 지역정책 패러다임 전환, 인구변화 대응기반 강화 및 국민 인식개선)로 나누어져 있으며 보건복지부, 국토교통부, 교육부, 고용노동부, 여성가족부 등 사실상 모든 부처에서 개발 과제를 추진하고 있다(대한민국정부, 2020).

❸ 지방자치단체의 저출산 고령화 대책

지방자치단체의 저출산 고령화 대책은 중앙정부의 계획 아래 추진하고 있다. 언론에서 많이 볼 수 있듯이 출산장려금, 주택자금지원, 육아수당, 산모와 신생아 건강관리 서비스 등으로 세부 사업과 프로그램이 매우 다양하다. 그렇지만 자녀가 성장하면서 다른 지방으로 이주(이사)하면 지역 내 인구의 감소를 피할 수 없다는 현실적인 문제가 직면하고 있다. 특히, 출산지원금 사업은 첫째 아이부터 셋째 아이까지 지원되는데 그 명칭과 금액도 천차만별이다.

반대로 고령화가 심해지는 도시는 "소멸위험"을 걱정할 정도며 외부에서 인구 유입이 되기를 간절하게 기대하기도 한다. 그렇지만 전국 지방자치단체의 약 4분의 1 정도가 저성장과 고령화에 시달리고 있으며 저성장·고령지역으로 분류할 수 있는 지역도 50곳이 넘는다. 이에 많은 연구기관에서는 인구 유입을 유도할 수 있는 기업 유치와 지역 내 인재 양성으로 성장 환경을 개선하고 농어업의 부가가치를 높이는 것이 시급하다고 말한다.

이미 지방자치단체마다 이와 관련된 대책을 추진하고 있는데 사업과 프로그램은 매우 많다. 신혼부부 지원, 임신준비 지원, 어르신 공공요양시설 확충, 돌봄시설 인증, 임산부 콜택시 운영, 어린이집 종일반 운영, 응급안전알림서비스지원, 노인복지관 운영 활성화, 다자녀가정 도시철도 요금 지원, 작은 결혼식 비용 지원, 경증치매노인 돌봄, 아빠육아 활성화, 노인인력개발센터 기능 강화, 출산축하금 지급, 산후조리 도우미 파견, 정시퇴근 문화 확산 캠페인, 손자녀돌봄, 아동학대 예방교육, 노인복지시설 종사자 처우 개선, 청년취업·창업 지원, 중년층 재취업 지원, 경력단절여성 구직활동지원, 경로당 확충, 한방 난임치료 지원, 경로 이미용권 지원, 고독사 지킴이 운영 등이다. 전국 모든 지방자치단체에서 저출산 고령화에 관련된 사업을 추진하고 있으며 유사한 사업도 있지만 지역마다 다소 차이가 있는 프로그램도 존재한다(보건복지부, 2020).

그렇지만 2020년 기준으로 대한민국 주민등록 인구는 줄고 세대는 늘었는데 1인 세대가 877만 명에 이르고 이는 전체 주민등록 세대의 38.5%를 차지한다는 점에서 과거와 다른 세대 구성 현상이 가속화될 것이다. 1인 세대와 2인 세대를 합하면 전체 세대의 61.6%를 차지하며, 70대 이상 1인 세대가 가장 많다는 점에서 고령화는 미래 한국 사회 전체의 문제라고 할 수 있다.

저출산 고령화 문제는 지방행정과 지방자치의 환경 변화와 같이 굳이 지방에 한정할 필요가 없기도 하다. 정치적 환경은 선거, 행정적 환경은 법률과 제도, 사회적 환경은 정보통신기술의 발달과 저출산 고령화, 문화적 환경은 축제나 홍보와 관련이 있다. 이러한 환경만이 아니라 대한민국 전체가 지방과 직간접적으로 연결되며 그것의 영향력이 적거나 많은 정도의 차이가 있을 뿐이다.

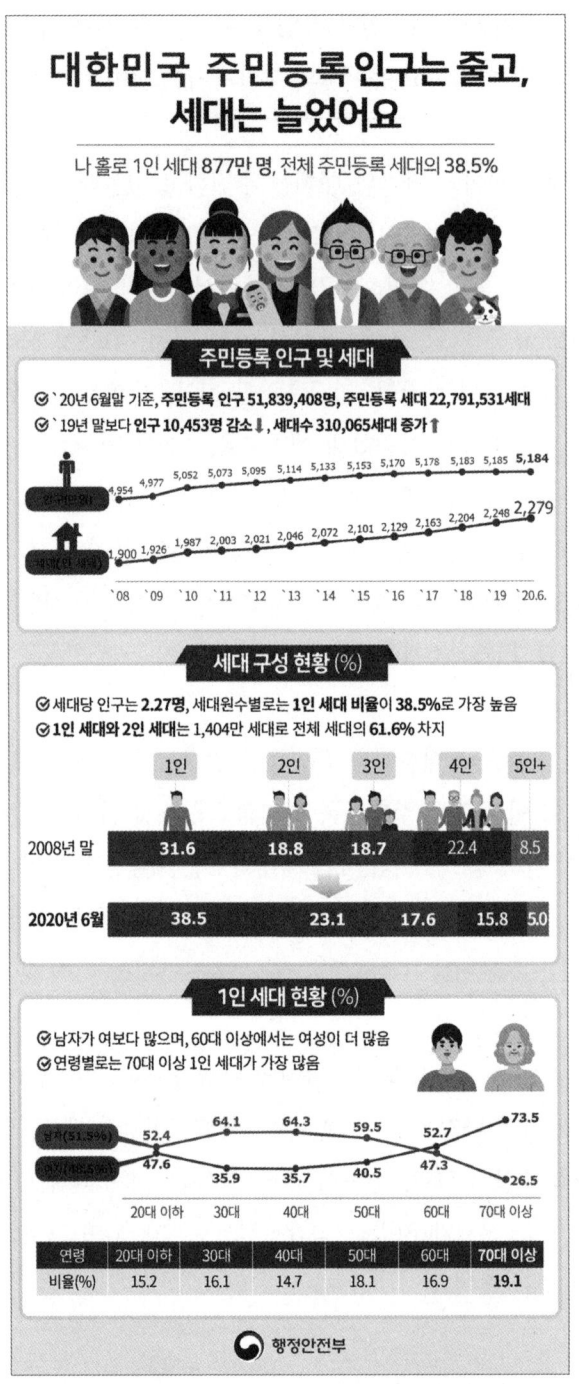

[그림] 대한민국 주민등록인구와 세대 현황 인포그래픽

생각해보기

　국가철도공단은 KT와 철도교통분야 빅데이터 활용을 위한 업무협약을 체결했다고 24일 밝혔다. 협약식은 코로나19 여파를 감안, 서면으로 진행됐다. 협약에 따라 양측은 철도사업계획 수립 시 빅데이터 컨설팅 및 검증, 빅데이터 및 정보통신기술(ICT)을 활용한 시설관리업무 체계화, 인공지능(AI) 기반 미래지향적 대국민 철도서비스 모델개발 등을 추진할 방침이다.
　철도사업은 국가교통데이터베이스센터에서 제공하는 기종점통행량을 기반으로 교통시설에 대한 장래수요를 예측해야 하는 한계가 있었지만, 협약을 통해 실제 데이터를 기반으로 지역 간 유동인구수, 평균 체류시간 등을 산출할 수 있게 됐다. 공단과 KT는 철도노선계획, 철도역 입지선정 등에 통신 빅데이터 활용방안을 마련하고 기술지원을 위해 협력할 예정이다.

출처 : 파이낸셜뉴스(2020.12.24.). "국가철도공단, KT와 철도교통 빅데이터활용 협약"

질문) 4차 산업혁명 기술이 공공부문에 적용되는 사례는 무엇이 있을까?

　지난달 기준 대한민국에는 5,182만 5,932명이 살고 있다. 서울(966만 명)과 인천(294만 명), 경기(1,345만 명)를 합한 수도권 인구는 약 2,605만 명, 전체 인구의 절반 이상이 수도권에 산다. 2019년 처음으로 50%를 넘긴 수도권의 인구비율은 지속적으로 상승세. 국토 면적의 11.8%를 차지하는 수도권에 사람들이 계속 몰리는 '수도권 공화국'의 현주소다.
　통계청의 장래인구추계가 맞다면 2031년 수도권의 인구비율은 51%를 돌파한다. 저출산·고령화로 2029년부터 인구의 자연감소가 시작된다는 점을 감안하면 인구 절벽은 지방에서 더 가파를 수밖에 없다. 현실로 다가온 지방소멸 우려에 지방자치단체들이 통합을 이야기하기 시작했다. '뭉쳐야 산다'는 절박감에서다.

출처 : 머니투데이(2021.02.21.). "'10%의 땅에 50%가 사는' 대한민국…지방이 소멸된다".

질문) 만약 지방이 소멸된다면 어떤 일이 벌어질까?

제3장

지방자치행정의 역사

지방자치행정의 역사를 미리 알아보기

● **대통령소속 자치분권위원회**
자치분권 과제 실현 총괄 조정기구로 지방의 자율 확대와 역량 강화 제도개혁 방안을 마련해 대통령에게 보고한다.
www.pcad.go.kr

● **국가기록원**
국가기록 정책수립과 보존 기록물을 관리하는 기관이다.
www.archives.go.kr

● **KTV 대한뉴우스**
KTV 국민방송 공식채널로 유튜브에서 대한뉴스로 검색할 수 있다.
www.ehistory.go.kr

    지방자치의 역사는 국가 형성 전부터 시작되었다. 여러 사람이 모여 살면서 자치의 필요성을 알았을 것이며 거주와 이동 등의 제약이 많았던 과거에 자연적으로 모여 있던 사람끼리 스스로 규칙을 정하고 살았을 것이라고 상상할 수 있다. 현재와 비슷한 지방자치는 서양의 역사를 기준으로 불과 몇 백 년 전에 제도적으로 확립되었고 그 전통은 영국에서 찾아볼 수 있다. 미국도 처음 건국될 시점부터 마을(town)마다 환경이나 필요에 맞게 자치를 하고 있었다. 일본도 촌(村)을 지방자치의 기원으로 보고 있다. 지방자치의 역사가 깊은 국가일수록 지방에 더 많은 권한이 배분된 경우가 많고 그 반대일 때는 중앙정부에 상대적으로 권한이 더 많다. 과거 봉건제도는 특정 지역에 특정한 사람이 절대적 지위를 가지고 있기에 백성이 영주에 종속된다는 점에서 지방자치와 다르다.

|제1절| 외국의 지방자치행정

1 미국

　미국은 워싱턴(Washington DC)를 수도로 인구는 약 3억 2,823만 명이며 백인(76.5%), 흑인(13.4%), 아시아계(5.9%), 원주민(1.5%), 기타(2.7%)로 구성되어 있다(히스패닉은 전체 인구의 18.3%). 종교는 개신교, 가톨릭, 몰몬, 유태교, 이슬람, 무교와 기타로 구성되었으며 면적은 한반도의 약 45배다.

　대통령 중심제 연방공화국으로 상하 양원제이며 상원은 100석(임기 6년), 하원은 435석(임기 2년)이며 공화당과 민주당이 있다. 국내총생산은 21조 4,390달러, 1인당 국내총생산 67,426달러, 경제성장률 2.3% 정도를 유지하고 있다. 서비스업, 제조업, 농업 비중 순서로 산업 구조가 갖추어져 있다(주한미국대사관 홈페이지, 2021).

　한국과 1882년 5월 22일 조선-미국 우호통상항해조약 체결 이후 1949년 1월 1일 미국은 대한민국 정부를 공식 승인했다. 미국지역의 재외동포는 약 255만 명이다.

　미국은 1776년 헌법제정과 13개주의 중앙기관으로서 연합 규약 제정, 1787년 연합정부제도 결함을 수정을 목적으로 13개 전주(전체 주)대회 개최 후 미합중국 헌법안 채택이 이루어졌고 1789년 미합중국 헌법 효력이 발생했다.

　헌법은 전문, 7개 조항, 26개 수정 조항으로 구성되었으며 헌법 구성의 7대 원칙은 국민주권(Popular Sovereignty), 연방제도(Federal System), 대의제도(Representative System), 문관우위(Civilian Supremacy), 정부의 권한 제한(Limited Government), 권력 분립(Seperation of Powers), 사법부의 위헌 심의권(Judicial Review)이다.

　미국 정부는 연방주의(Federalism)와 권력분립원칙(Seperation of Powers)이라는 두 가지 기본원칙으로 이루어졌다. 정부의 권한은 연방정부와 주정부사이에 나누어지고 다시 각 지역 입법부, 행정부, 사법부의 세 기관 사이로 나누어졌다. 정부의 권한을 나누어 서로 다른 기관이 담당하도록 하는 이유는 정부의 권한이 한 곳으로 집중되어 국민의 권리를 부당하게 침해하는 일이 없도록 사전에 방지하는 것이다. 그러나 현실에서 과연 어떤 정부 기관이 어떤 기능을 담당하는지 도무지 알 수가 없는 불편한 경우도 생길 수 있다.

미국의 연방헌법은 연방정부의 권한을 규정하고 그 이외 사항은 모두 주정부의 권한이다. 즉, 연방정부가 주정부를 규제할 수 있는 사항은 연방헌법이 연방의회에 권한을 부여한 사항에 한정된다. 다만, 연방법과 주법이 상충할 경우 연방법이 우선이다. 이렇게 미국은 역사적으로 강력한 중앙정부의 필요성은 인정하면서도 정부 권력을 연방정부와 주정부로 분점하면 상호 견제될 것이라고 여겼다.

현재 연방헌법에 따라 연방정부 관할로 규정된 사항은 국방, 외교, 연방과세, 각 주 사이의 상거래, 국제교류, 화폐발행, 우편, 이민 등 주로 각 주 사이의 관계나 국제관계와 관련된 사항이다. 연방법에 따라 부과되는 세금, 유가증권 규제, 특허, 독점금지와 같이 모든 주에 걸쳐 발생하는 법률문제는 대부분 연방법이 규율한다. 그렇지만 민법, 형법, 회사법, 상거래법, 은행법 등 일상생활과 관련된 사항은 거의 모두 각 주의 법에 따른다. 한편, 노사관계, 환경보호, 조세 등의 사항은 연방과 주가 함께 규율하고 있으며 이럴 때는 연방법과 주법이 동시에 적용된다. 예를 들어, 연방법의 자동차 배기가스 중 일산화탄소의 허용치보다 캘리포니아주법의 그것이 더 낮은 경우에는 후자인 캘리포니아주법이 적용된다.

미국은 대통령을 국가원수로 하는 연방공화국 체제로 각 주는 독립된 주권을 가지고 있으며 그 일부를 연방정부에 위탁하는 형식이다. 연방정부는 엄격한 삼권분립원칙에 따라 구성되어 있다.

주정부는 외교와 교전(전쟁) 등을 제외하고는 주권국가가 보유하고 있는 권력의 거의 전부를 보유하고 있다. 즉, 주정부는 주 자체 의회, 법원, 행정부가 있고 각 주에 필요한 기능을 수행하고 있다. 각 주가 담당하는 사항은 스스로 정한 방식에 따라 규제방식도 달라진다. 성인으로 인정받는 나이, 혼인할 수 있는 나이, 음주할 수 있는 나이, 운전면허를 취득할 수 있는 나이 등도 각 주마다 다르다. 다른 주로 이사하면 일정한 기간 내에 자동차등록을 새롭게 하고 운전면허증도 이사 간 주의 것으로 다시 발급받아야 한다. 각 주에 따라 동일한 사항에 대한 규율 방식이 조금씩 달라서 외국 사람이 미국에서 생활하고 경제 생활하기가 복잡하다.

주의 행정부는 선거로 선출되는 주지사(Governor), 부지사(Lieutenant Governor), 주무장관(Secretary of State), 법무장관(Attorney General) 등으로 구성되어 있다. 각 주는 주마다 사법제도를 만들어 그 명칭, 구성, 소송절차, 규칙이 각양각색이지만 3심제를 채택하고 있는 점에서 모두 동일하다. 거의 모든 주가 일반 법원 외에 가정법원(Family Court), 소년법원(Juvenile Court), 검인법원(Probate Court : 유언을 검인한다는 의미로 한국의 민법에서 말하는 유언과 다소 비슷한 의미가 있음) 등의 특별법원을 두고 있다.

미국의 지방정부는 2017년 미국 통계조사국에서 집계한 결과 90,126곳인데 이렇게 다양한 이유는 1942년 155,116곳에서 시작한 측면도 있지만 주정부에서 새로운 서비스를 제공하거나 주민의 요구에 따라 생기기 때문이다(미국 통계조사국 홈페이지, 2021).

2 영국

영국은 런던(London)을 수도로 인구는 약 6,511만 명이며 런던에 878만 명이 살고 있다. 면적은 한반도의 1.1배며 잉글랜드(England), 웨일스(Wales), 스코틀랜드(Scotland)가 있는 그레이트브리튼 섬(Great Britain), 아일랜드 섬의 북동 지역인 북아일랜드(Northern Ireland)와 그 주위의 작은 섬을 영토로 하고 있다. 기독교가 절반을 넘으며 이슬람교, 힌두교, 기타 종교와 무교로 구성되어 있으며 앵글로색슨족과 켈트족이 대부분을 차지한다.

의원내각제 형태로 상원(798명), 하원(650명)이며 엘리자베스 2세 여왕을 국가원수로 총리가 국정을 총괄한다. 국내총생산은 3조 2,141달러, 1인당 국내총생산은 48,092달러, 경제성장률은 1.2%다.

한국과 1883년 11월 26일 우호통상조약을 체결했고 1949년 1월 18일 다시 수교해서 지금에 이르고 있다(주영국대한민국대사관 홈페이지, 2021).

영국은 수상을 중심으로 23개의 부처(Ministerial departments, 예를 들어 국방, 외교, 무역), 20개의 부처(Non ministerial departments, 예를 들어 대법원, 자선〈Charity〉위원회), 410개의 기관(Agencies and other public bodies, 예를 들어 의료서비스), 103개의 공공 조직(High profile groups, 예를 들어 디지털 서비스), 13개 공공 조합(Public corporations, 예를 들어 영국의 BBC 방송국), 3개의 독립된 정부(북아일랜드, 스코틀랜드, 웨일즈)로 구성되어 있다(영국 정부 홈페이지, 2021).

1997년 집권한 노동당의 블레어 정부가 자치권 이양을 추진한 이래 지역 정부마다 권한의 차이를 두는 비대칭적 이양을 진행하고 있다. 특히, 스코트랜드는 입법적 분권으로 기본 법률 등이 제정 가능하며 웨일스는 행정적 분권으로 기본 법률은 제정할 수 없다. 광역 지방자치단체는 런던광역시, County(50~150만 명 규모로 설치), 기초 지방자치단체는 Borough(런던광역시 내 도시법인 포함 설치), District(각 카운티 지역 내 인구 약 10만 명 규모)가 있다. 단일 통합형 지방자치단체는 Metropolitan District(맨체스터, 버밍엄, 리버풀, 셰필드, 리즈, 뉴캐슬 등, 기초자치단체가 광역 기능까지 흡수), 통합시(Unitary)는 자치단체 간 통합된 형태다. "준 지방자치단체"는 Parish, Town, Communities가 있으며 지방의원은 4년 임기로 다수득표 방식으로 선출된다. 이에 따른 행정조직은 대부분 지역 실정에 맞게 다양하게 만들어진다. 중앙정부는 법률을 비롯해 각종 시행령 등으로 지방자치단체를 통제한다. 특히, 영국의 경찰조직은 복잡하며 44개의 지리적 구분에 따른 경찰청이 있고 특별경찰(자원봉사자도 교육을 이수하면 경찰활동 가능) 등이 있다.

3 일본

일본은 수도를 도쿄로 일본족과 일본어로 구성되어 있는 국가다. 인구 1억 2,262만 명이며 면적은 한반도의 1.7배로 4개의 섬(주변 4,000개의 섬)으로 이루어져 있다. 국내총생산은 4조 8,721억 달러, 1인당 국내총생산은 3만 6,550달러로 경제성장률은 1.5% 정도다. 종교는 신도, 불교, 기독교이며 입헌군주제로 내각책임제 형태다.

일본의 헌법은 1947년 5월 3일 시행 이후 개정된 적이 없으며 국민주권을 원칙으로 "전쟁 포기, 전력 불보유, 교전권 부인"을 명시하고 있으므로 "평화헌법"이라고 부르기도 한다. "국권의 발동으로서의 전쟁과 무력에 의한 위협 또는 무력의 행사는 국제분쟁을 배격하는 수단으로는 영구히 포기", "전항의 목적을 달성하기 위해 육해공군 그 밖의 전력은 불보유, 국가의 교전권은 불인정"이라고 명시되어 있다.

내각은 1부 11성이며 내각총리대신이 내각이 대표하며 이는 행정에 관한 최고 합의체로 국회에 대해 연대책임을 진다. 내각의 존립은 중의원의 신임에 의존하며 국무대신 전원은 "문민(文民)"으로 의사결정은 만장일치가 관례다. 국회는 중의원(465명), 참의원(242명)이며 지역구 의원과 비례대표 의원이 모두 있다. 중의원은 임기 4년, 소선거구제로 선거구에 1명을 선출한다. 다만 비례대표는 대선거구제로 6~28명을 선출한다. 참의원 임기는 6년, 대선거구제로 1~6명을 선출한다. 독특한 점은 1인 2표제로 지역구 후보자와 비례대표 정당 각 1표를 선출한다. 중의원은 참의원보다 상대적으로 우월하지만 각자 독립적으로 의사결정을 하고 양원의 의사가 일치해야만 전체 국회의 의사로 간주한다.

지방자치는 단체장과 지방의회 이원제로 구성되어 있으며 서로 독립적으로 권한을 행사한다. 모두 주민이 직접 선거로 선출하며 "보통지방공공단체"는 도도부현(47곳, 도쿄도 등), 시정촌(1,718곳, 지정도시〈인구 50만 이상〉, 중핵시〈인구 30만 이상〉, 특별시〈인구 20만 이상〉)이 있다. "특별지방자치단체"는 특별구(23개, 도쿄도 내 소재), 지방공공단체조합, 재산구(시정촌 또는 특별구의 재산을 소유하거나 공공시설 설치 시에 그 재산이나 시설을 관리하는 행정 단위), 지방개발사업단(특정 지역의 종합개발을 목적으로 복수의 지방자치단체가 참여하는 사업단)이 있다.

일본의 지방자치는 중앙 정부에 어느 정도 독립성을 가지고 자치적인 지방공공단체를 설립할 수 있다. 이러한 활동에 지역 주민이 다양한 방법으로 참여하고 실행하는 주민 자치 이념을 포함한다. "총무성"은 지방자치단체의 일을 감독하며 자치 행정국, 자치 재정국, 자치 세무국으로 나누어진다. 2000년대 이후 광범위한 행정 업무가 중앙에서 지방으로 위임되었고 각종 개선 작업을 추진하고 있다(주대한민국일본국대사관 홈페이지, 2021).

|제2절| 과거 한국의 지방자치행정

외국의 지방자치행정에서 살펴보았듯이 국가별로 다양한 모습으로 발전해왔다. 한국도 과거 제헌헌법에서 지방자치에 관한 내용을 규정했고 1949년 「지방자치법」 제정으로 지방자치가 도입되었다. 1948년부터 지방자치 도입과 진행 과정을 보면 도입기, 중단기, 부활기로 구분할 수 있다(국가기록원 홈페이지, 2021).

1 도입기

도입기는 1948년 제헌헌법에 지방자치 관련 조항의 신설, 1949년 「지방자치법」 제정 시기, 1952년 제1차 지방선거로 기초와 광역의회 의원 선출로 시작되어 1960년 제3차 지방선거까지가 해당된다. 이 시기는 제헌의회 기간으로 지방행정조직법, 지방교통관서설치법, 지방세법, 지방체신관서법 등이 논의되었던 시기였다.

정부수립 당시에 한국 지방행정조직은 조선총독부 지방관제(칙령 제354호, 1914년)에 따른 것이었다. 이를 대체한 1948년 「지방행정에 관한 임시조처법」을 제정 공포했고 1948년 제헌헌법에서 지방자치가 제도적으로 보장되었다. 제헌의회는 1948년 8월 20일부터 「지방자치법」 제정을 논의했지만 지방자치의 즉각 실시를 주장하는 국회와 1년 이내 기간에 대통령령으로 실시 시기를 정한 다음에 시행하자는 정부 의견대립으로 지연되었다. 이런 과정을 거쳐서 1949년 7월 4일 「지방자치법」이 제정 공포되었다. 당시 지방자치법의 주요 내용은 아래와 같다.

> **지방자치법**
> **[시행 1949. 8. 15.] [법률 제32호, 1949. 7. 4., 제정]**
>
> 제1조 본법은 지방의 행정을 국가의 감독 하에 지방주민의 자치로 행하게 함으로써 대한민국의 민주적 발전을 기함을 목적으로 한다.
> 제3조 지방자치단체는 법인으로 한다. 지방자치단체는 그 지방의 공공사무와 법령에 의하여 그 단체에 소속된 사무를 처리한다.
> 제7조 지방자치단체는 법령의 범위 내에서 그 사무에 관하여 조례를 제정할 수 있다.
> 제8조 지방자치단체의 장은 법령 또는 조례의 범위 내에서 그 권한에 속하는 사무에 관하여 규칙을 제정할 수 있다.
> 제11조 지방의회라 함은 지방자치단체의 의회를 말한다.
> 제14조 인구의 기준은 공식으로 전국을 통하여 일제히 조사한 최근통계에 의한다.
> 제52조 국민인 만21세에 달한 자로서 6개월 이래 동일 자치단체의 구역 내에 주소를 가진 자는 그 소속한 지방의회의 의원의 선거권이 있다.

다만, 당시 정부는 치안유지, 국가 안정, 국가건설과업의 효율적 수행 등을 이유로 지방자치의 실시를 연기하다가 1952년 지방의원 선거를 실시했다. 1952년 지방의회 선거는 4월 25일에 시읍면 의회 의원선거, 5월 1일에 도의회 의원선거가 실시되었다. 그런데 6·25전쟁 중이어서 서울특별시, 경기도, 강원도와 치안이 불안했던 전북 4개 지역은 선거를 못했다. 대한민국 최초의 지방선거인 1952년 시읍면 의회 의원 선거는 17개 시 378명의 시의원, 72개 읍 1,115명 읍의원, 1,308개 면 16,051명의 면의원이 선출되었다.

이때 지방자치법은 지방자치단체의 종류와 성격, 기관 구성 방식, 하부조직 내용 규정, 주민 행정 참여와 통제 방법, 서울특별시와 도에 대통령이 정하는 바에 따라 국가공무원을 배치하고 간부급 공무원은 국가공무원으로 충당하면서 시읍면에 지방공무원만 두도록 해서 지방자치단체 인사권을 보장했다.

이 당시 지방자치제도는 권력분립주의 원칙으로 의원내각제적 요소가 가미되었다. 지방의회에 지방자치단체장에 대한 불신임권을 부여하는 한편, 지방자치단체장에게 의회해산권이 부여되었다. 도지사와 서울특별시장은 대통령이 임명했고 시읍면장은 간선제로 지방의회가 우위에 있다고 볼 수도 있었다. 내각제 요소가 가미된 원칙이라서 지방의회와 집행기관 간에 많은 갈등과 마찰이 발생했고 시읍면장 중 79.6%가 임기 전에 사임했고 시읍면장에 대한 지방의회 불신임의결이 66건, 의회해산이 18건이나 되었다(행정안전부, 2020).

1956년 제2기 지방선거는 기초자치단체장인 시읍면장을 임명제에서 직선제로 바꾸어 지방의원 선거와 같이 실시하였다. 그렇지만 1958년 제4차 「지방자치법」이 개정되면서 시읍면장 직선제는 폐지되고 다시 임명제로 환원되었다. 1960년 4·19 이후 민주당 정부가 들어서면서 동년 11월 「지방자치법」 개정으로 지방의회와 지방자치단체장을 직선제로 하는 민선 지방자치의 기틀이 마련되었다. 이에 1960년 12월 12일 서울특별시, 도의회 의원선거, 12월 19일 시읍면 의회 의원선거, 12월 26일 시읍면장 선거, 12월 29일 서울특별시장과 도지사 선거가 실시되었다.

이 시기에도 지방의회는 크게 발전할 수가 없었는데 어떤 지방자치단체에서는 의회가 새해 예산을 통과시키지 않아서 예산이 없는 상태로 방치되었고 정당한 이유 없이 의사를 지연하거나 의안을 부결해 행정이 마비되는 등 갈등과 비능률을 극복하기가 어려웠다.

도입기의 지방자치는 제3기가 출범하면서 중단기로 접었기에 실제적으로 제1기와 제2기에 국한된다. 시읍면제 적용으로 실질적 생활자치가 가능하도록 바탕을 마련한데 의미가 있다. 다만, 지방의원과 달리 지방자치단체장은 기초의 간선제와 광역 임명제를 적용해 완전한 지방자치라고 보기는 어렵다. 그렇지만 당시 엄청난 정치사회 혼란과 미군정, 6·25전쟁 등의 제약과 한계가 있었는데도 불구하고 도입기의 지방자치는 소기의 성과를 달성했다. 대한민국 정부수립과 더불어 지방자치 도입을 논의하고 현실화했다는 점이다.

지방자치가 중단되는 기간도 있었지만 1991년 지방자치 부활이 가능했던 토대는 바로 이 시기의 경험 덕분이었다(국가기록원 홈페이지, 2021).

2 중단기

중단기는 1961년 「지방자치에 관한 임시조치법」이 시행되면서 지방의회가 해산되고 지방자치단체장이 임명제로 전환되면서 1991년 지방자치가 부활될 때까지다. 1961년 5·16 군사정변으로 지방자치는 제도 중단이라는 격변기에 들어섰다. 군사혁명위원회는 도입기의 지방자치가 민주주의에 기여했다는 성과가 있었지만 현실적 문제를 야기하는 것으로 판단했다. 즉, 선거에서 발생되는 족벌 간 투쟁, 민심 분열, 금품매수, 정쟁(政爭), 이권청탁, 정실행정, 예산낭비 등을 비롯해 지방의회가 지방자치단체장을 불신임하는 권한 남용 등으로 효율적 지방행정의 수행이 곤란하다는 이유였다.

이에 지방행정 능률화의 새로운 방향 정립이 필요했는데 지방자치 구현보다 지역개발 추진에 중점을 두는 것이 바람직하다고 했다. 당시 군사혁명위원회는 지방의회를 해산하고 지방의회 기능을 상급기관장이 대신하게 하면서 지방자치제도는 중단되었다.

대한민국헌법 [시행 1960. 6. 15] [헌법 제4호, 1960. 6. 15, 일부개정]	대한민국헌법 [시행 1960. 11. 29] [헌법 제5호, 1960. 11. 29, 일부개정]
제11장 지방자치	〈삭제〉

1962년 12월 헌법 개정에서 지방자치단체장의 선거제 관련 규정을 삭제, 지방의회의 구성 시기는 법률로 정한다는 부칙 규정을 신설했다. 그러나 실제 이러한 법률을 제정하는 조치는 없었고 삼권분립에 근거한 대통령중심제가 채택되면서 대통령의 권한이 강화되는 중앙집권체제가 마련되었다. 1972년 헌법 개정에서 지방의회 구성을 조국통일이 될

때까지로 보류하면서 지방자치는 중단되었다.

> **대한민국헌법**
> [시행 1972. 12. 27.] [헌법 제8호, 1972. 12. 27., 전부개정]
>
> 제10장 지방자치
> 제114조 ① 지방자치단체는 주민의 복리에 관한 사무를 처리하고 재산을 관리하며 법령의 범위안에서 자치에 관한 규정을 제정할 수 있다.
> ② 지방자치단체의 종류는 법률로 정한다.
> 제115조 ① 지방자치단체에는 의회를 둔다.
> ② 지방의회의 조직·권한·의원선거와 지방자치단체의 장의 선임방법 기타 지방자치단체의 조직과 운영에 관한 사항은 법률로 정한다.
>
> 부칙 〈헌법 제8호, 1972. 12. 27.〉
> 제10조 이 헌법에 의한 지방의회는 조국통일이 이루어질 때까지 구성하지 아니한다.

1961년 5월 16일 군사혁명위원회 포고 제4호로 전국 지방의회 해산, 동년 5월 22일 국가재건최고회의 포고 제8호에서 지방의회 의결사항 처리를 읍면은 군수, 시는 도지사, 특별시와 도는 내무부장관의 승인을 얻어 시행하도록 했다. 1961년 6월 「국가재건비상조치법」 제20조에 의거해 도지사, 서울특별시장, 인구 15만 이상의 시장은 최고회의 승인을 얻어 내각이 임명하고 기타 지방자치단체장은 도지사가 임명하도록 하면서 전면적 중앙집권체제가 완성되었다. 개별적 입법조치는 1961년 9월 1일 공포해 10월 1일부터 시행된 「지방자치에 관한 임시조치법」에 있다. 주요 내용은 군을 지방자치단체로 하고 읍면은 군의 하급행정기관이며 지방자치단체장은 국가공무원으로 임명한다는 것이다. 시군 의회의 권한은 시장 군수가 도지사의 승인을 받아 실시하고 직할시와 도의회 권한은 시도지사가 내무부장관의 승인을 얻어 실시하며 서울특별시의회 권한은 서울특별시장이 국무총리의 승인을 받도록 했다.

「지방자치에 관한 임시조치법」은 읍면장을 군수의 보조기관으로 하며 시장과 군수는 2

급 또는 3급 일반직 국가공무원으로 정하며 인구 15만 명 이상의 시장은 덕망 등이 높은 일반인으로도 임명할 수 있도록 하면서 특정직 국가공무원으로 정했다. 부지사제도를 신설하고 지방자치단체 종류에 부산시를 추가하면서 인구 50만 이상의 시에 구를 두도록 했다. 군청소재지는 인구 2만 미만이라도 하더라도 읍으로 승격할 수 있도록 하는 등으로 개정하기도 했다.

이 시기의 지방자치는 지방행정에 상당한 변화를 가져왔다. 기초 자치단체 종류가 도입기의 시읍면에서 시군으로 전환되면서 광역화되었다고 볼 수 있다. 이로서 나중에 지방자치 발전기에 기초자치단체 종류를 시·군·자치구로 설정하는 것으로 이어졌다. 지방의회를 폐지하고 지방자치단체장을 임명제로 전환하면서 행정 효율성을 강화하는 조치가 이루어졌다. 이로서 효율성은 확보되었으나 지방자치로 달성할 수 있는 민주성은 현저히 약화되었다. 중단기의 지방자치는 시대적 상황과 맞물려 민주성보다 경제개발이라는 효율성에 초점을 두고 지방행정 운영체제를 마련했다고 볼 수 있다.

❸ 부활기

부활기는 1988년 「지방자치법」 전문 개정으로 1991년 기초와 광역의회 의원이 선출되고 1995년 지방자치단체장을 주민이 직접 선출하면서 현재에 이르고 있다. 지방자치는 1991년 광역 기초 의회의 의원선거로 공식적으로 부활되었으나 실제 1987년 6·29선언에서 노태우 민정당대표의 지방자치 실시 발표와 동년 10월 헌법 개정, 1988년 「지방자치법」 전면개정으로 토대가 마련되었다. 1988년 노태우정부가 출범하면서 지방자치 실시 논의가 본격적으로 전개되었고 지방자치 부활이 시작되었다.

당시 정치적 상황이 부활할 수 있었던 배경이라고 할 수 있다. 하지만 정치권의 이해관계 문제로 지방자치 부활은 잠시 표류할 때도 있었지만 1991년 3월 시·군·자치구 의원선거, 6월 시·도 의원선거가 실시되면서 지방자치가 30년 만에 부활했다. 1995년 5월 지방자치단체장(광역, 기초)과 지방의회 의원(광역, 기초)을 동시에 뽑는 4대 지방선거가 실시되면서 민선 자치시대가 다시 막을 올리게 되었다.

대한민국헌법
[시행 1988. 2. 25.] [헌법 제10호, 1987. 10. 29., 전부개정]

제8장 지방자치

제117조 ①지방자치단체는 주민의 복리에 관한 사무를 처리하고 재산을 관리하며, 법령의 범위안에서 자치에 관한 규정을 제정할 수 있다.
　②지방자치단체의 종류는 법률로 정한다.

제118조 ①지방자치단체에 의회를 둔다.
　②지방의회의 조직·권한·의원선거와 지방자치단체의 장의 선임방법 기타 지방자치단체의 조직과 운영에 관한 사항은 법률로 정한다.

　　1988년 4월 6일 법률 제4004호 제6차 「지방자치법」 개정은 기존 「지방자치법」을 전면 개정했다. 그 주요 내용은 특별시와 직할시의 구를 지방자치단체 종류에 포함해 자치구라고 했다. 선거권자 연령은 20세 이상, 피선거권자 연령은 지방의회 의원 25세, 기초자치단체장 30세 이상, 광역자치단체장은 30세에서 35세 이상으로 조정, 지방의원과 지방자치단체장의 임기는 4년, 지방자치단체장은 선거로 선출하면서 따로 법률로 정할 때까지 정부에서 임명하고 지방자치단체장에게 지방의회 의결사항에 관한 재의요구권과 선결처분권을 부여했다. 지방의회 의원선거 사항은 별도 지방의회 의원선거법을 새로 제정 규정하며 지방의원 정수는 행정구역을 기준으로 일정한 범위 안에서 정하고 자치단체 행정사무에 대한 지방의회의 감사권을 삭제, 행정사무 조사권 신설, 지방의회에 사무국을 설치하고 그 정원과 임명에 관한 사항을 규정, 지방자치단체는 상호 관련된 사무 일부를 공동으로 처리하도록 행정협의회를 구성할 수 있게 하고, 협의사항 조정 등에 관한 규정을 두었다. 서울특별시는 법률이 정하는 바에 따라 그 지위, 조직, 운영 특례를 둘 수 있게 했다. 장관이나 시도지사의 지방자치단체장에 대한 감독권행사 중 취소 정지권은 1차 시정명령한 후에 행사하도록 규정하면서 주민 소청권은 삭제했다. 특히, 「공직선거 및 선거부

정방지법」이 1994년 3월 16일 제정되면서 민주정치 발전에 기여하는 첫걸음이 되었다.

공직선거및선거부정방지법
[시행 1994. 3. 16.] [법률 제4739호, 1994. 3. 16., 제정]

제1조 (목적) 이 법은 헌법과 지방자치법에 의한 선거가 국민의 자유로운 의사와 민주적인 절차에 의하여 공정히 행하여지도록 하고, 선거와 관련한 부정을 방지함으로써 민주정치의 발전에 기여함을 목적으로 한다.
제2조 (적용범위) 이 법은 대통령선거·국회의원선거·지방의회의원 및 지방자치단체의 장의 선거에 적용한다.

공직선거에 관한 규정이 생기면서 부활기 지방자치는 대한민국 지방자치의 실질적인 역사다. 도입기 지방자치가 1952년 실시된 이래 1961년 중단기로 접어들고 1991년 부활기까지 유보되었기 때문에 실질적 지방자치 역사는 이때부터라고 하는 것이 타당하다. 부활기 지방자치에서 나타난 성과는 현재 한국 지방자치행정의 역사에서 매우 중요하다. 특히, 이때부터 지방자치는 역대 정부마다 강력한 의지를 가지고 지방행정의 다양한 정책과 맞물려 추진되었다.

|제3절| 현재 한국의 지방자치행정

현재 한국의 지방자치행정은 도입기, 중단기, 부활기를 거친 일종의 "발전기"라고 볼 수 있다. "현재" 시점을 어떻게 설정하는지에 따라 내용 분류가 달라질 수는 있지만 대체적으로 1990년대 후반부터라고 볼 수 있다.

먼저 "지방분권"은 역대 정부마다 국정과제로 채택했고 체계적 분권의 설계는 노무현 정부에서 처음으로 수립되었다. 노무현 정부는 국정운영 4대 원리로 '분권과 자율'을 채택하고 '지방의 활력을 통한 분권형 선진국가의 건설'을 정책목표로 제시했다. 분권형 선진국가 건설을 목표로 지방분권 국정과제를 7개 분야 47개로 선정했다. 그 다음 이명박 정부도 100대 국정과제의 하나로 지방분권을 채택했으며 '창의와 활력이 넘치는 지역사회를 통해서 선진일류국가의 건설'을 목표로 제시해 4개 분야 20개 과제로 구체화했다. 박근혜 정부도 지방분권 기조를 계승해 4개 분야 20개 과제를 채택했으며 근린자치와 시민사회 강화를 포함했다.

발전기에서 역대 정부는 기능이양을 비롯한 지방분권정책 총괄 기구를 설치 운영했는데 김영삼 정부는 '지방이양합동심의회', 김대중 정부는 '지방이양추진위원회', 노무현 정부는 '정부혁신지방분권위원회'와 '지방이양추진위원회', 이명박 정부는 '지방분권촉진위원회'와 '지방행정체제개편추진위원회'를 설치했다. 이명박 정부는 당초 노무현 정부에서 설치되었던 이원적 구조의 한계를 보완하려고 단일 "지방분권촉진위원회"를 설치했으나 「지방행정체제개편에 관한 특별법」 제정으로 지방행정체제 개편을 핵심으로 하되 지방분권도 일부 관장하는 '지방행정체제개편추진위원회'를 추가 설치했다. 박근혜 정부는 '지방분권촉진위원회'와 '지방행정체제개편추진위원회'를 통합해 단일의 '지방자치발전위원회'를 설치했다. 이 위원회는 지방분권과 더불어 지방행정체제 개편의 전반적인 정책을 포괄하고 있다. 문재인 정부는 '대통령소속 자치분권위원회'를 중심으로 "우리 삶을 바꾸는 자치분권"을 비전으로 "주민과 함께하는 정부·다양성이 꽃피는 지역·새로움이 넘치는 사회"를 목표로 주민주권 구현, 중앙권한의 획기적 지방 이양, 재정분권 강력 추진, 중앙–지방과 자치단체 간 협력 강화, 자치단체 자율성과 책임성 확대, 지방행정체제 개편과 지방선거제도 개선을 전략으로 수립 추진하고 있다(대통령소속 자치분권위원회 홈페이지, 2021).

발전기에서 주민참여는 지역 정치행정에 영향을 미치거나 의견을 제시하는 행위가 나타나기 시작했다. 지방자치는 지역 주민이 지역 대표를 선출해 지역 현안과 문제 해결을 하는 제도다. 주민으로부터 지역 자치에 관한 모든 것이 도출되며 개방성, 투명성, 대응성, 행정서비스의 질 향상, 효율적 자원관리, 정보 제공 측면에서 주민참여는 필요하며 그것은 지속적으로 확대되었다.

예를 들어, 공청회와 주민의견조사, 제안제도, 주민간담회를 비롯해 주민감사청구제도(1996), 지방옴부즈만제도(1997), 행정정보공개제도(1998), 주민조례제정·개정·폐지청구제도(2000), 주민자치센터(2001), 주민참여예산제도(2004), 주민투표제도(2004), 자원봉사활동기본법(2005), 주민소송제도(2006), 주민소환제도(2006) 등이 있다. 2010년대부터는 주민을 상대로 각종 자치 교육이 실시되고 주민참여예산제(2011)가 등장하면서 주민의 정치행정 참여가 확대되고 역량 강화 등이 이루어졌다. 특히, 지방자치법 전부개정안과 자치경찰법안이 2020년 12월 9일 오후 국회 본회의를 통과해 32년 만에 지방자치법 전부개정이 이루어졌다.

아울러 2021년 1월 1일부터 시행된 「지방자치분권 및 지방행정체제개편에 관한 특별법」은 분권과 행정체제 개편에 관한 구체적인 내용을 담고 있다. 기본적으로 이 법은 성숙한 지방자치, 지방 발전, 국가 경쟁력 향상, 삶의 질 제고를 목적으로 하고 있다. 지방자치분권, 지방행정체제, 지방자치단체의 통합, 통합 지방자치단체가 무엇인지 정의하고 있다. 자치분권의 기본이념으로 주민의 자발적 참여, 지방자치단체의 자율적 지역 정책 결정과 책임 준수, 상호 역할의 합리적 분담, 내실 있는 지방자치 실현을 이념으로 하고 있다.

지방자치분권 및 지방행정체제개편에 관한 특별법(약칭: 지방분권법)
[시행 2021. 1. 1.] [법률 제16855호, 2019. 12. 31., 타법개정]

제1조(목적) 이 법은 지방자치분권과 지방행정체제 개편을 종합적·체계적·계획적으로 추진하기 위하여 기본원칙·추진과제·추진체제 등을 규정함으로써 성숙한 지방자치를 구현하고 지방의 발전과 국가의 경쟁력 향상을 도모하며 궁극적으로는 국민의 삶의 질을 제고하는 것을 목적으로 한다.

제2조(정의) 이 법에서 사용하는 용어의 뜻은 다음과 같다. 〈개정 2018. 3. 20.〉

1. "지방자치분권"(이하 "자치분권"이라 한다)이란 국가 및 지방자치단체의 권한과 책임을 합리적으로 배분함으로써 국가 및 지방자치단체의 기능이 서로 조화를 이루도록 하고, 지방자치단체의 정책결정 및 집행과정에 주민의 직접적 참여를 확대하는 것을 말한다.
2. "지방행정체제"란 지방자치 및 지방행정의 계층구조, 지방자치단체의 관할구역, 특별시·광역시·도와 시·군·구 간의 기능배분 등과 관련한 일련의 체제를 말한다.
3. "지방자치단체의 통합"이란 「지방자치법」 제2조제1항제2호에서 정한 지방자치단체 중에서 2개 이상의 지방자치단체가 통합하여 새로운 지방자치단체를 설치하는 것을 말한다.
4. "통합 지방자치단체"란 「지방자치법」 제2조제1항제2호에서 정한 지방자치단체 중에서 2개 이상의 지방자치단체가 통합하여 설치된 지방자치단체를 말한다.

제7조(자치분권의 기본이념) 자치분권은 주민의 자발적 참여를 통하여 지방자치단체가 그 지역에 관한 정책을 자율적으로 결정하고 자기의 책임 하에 집행하도록 하며, 국가와 지방자치단체 간 또는 지방자치단체 상호간의 역할을 합리적으로 분담하도록 함으로써 지방의 창의성 및 다양성이 존중되는 내실 있는 지방자치를 실현함을 그 기본이념으로 한다. 〈개정 2018. 3. 20.〉 [제목개정 2018. 3. 20.]

2021년 행정안전부를 중심으로 지방자치분권이 추진되고 있으며 중앙-지방 간 협력체계 구축(시도지사 회의 운영, 지방의 국정 참여, 온라인 지자체 합동평가 등), 주민생활과 밀접한 행정제도 발전(주민등록제도 관장 등), 성숙한 시민사회 나눔 봉사 확대(자원봉사, 비영리민간단체 공익사업 지원, 기부금품 모집 사용 과정 관리 등), 사회적 연대와 협력 기반 마련(과거사 진실규명, 북한이탈주민·외국인과 함께 하는 사회 구현 등) 등을 추진하고 있다. 분권 관련해서 자치단체 조직운영 효율성 제고(유사 중복 기능 통폐합 등), 경쟁력 있는 지방인재 육성(양성평등 공직사회 구현 등), 기능 중심의 실질적 이양, 지방의회 역량강화 지원, 주민직접참여제도 활성화를 시행하고 있다. 이는 지역혁신과도 밀접한데 지역밀착형 지역사회혁신 기반 구축, 지역공동체 활력 제고, 주민역량강화로 주민 주도 문제해결능력 제고(실패박람회 개최 등), 지구촌새마을운동 지원, 지역별 특화사업 추진(낙후 특수지역 개발 등), 지속가능한 균형발전 지원(도로명주소 확충 등)이 있다(행정안전부 홈페이지, 2021).

생각해보기

부산 울산 경남을 아우르는 '동남권 메가시티' 논의가 뜨겁다. 최근 특별 지방자치단체 구성이 가능하도록 하는 지자체법 전부 개정안이 국회를 통과하는 등 일부 제도적 기반이 마련되긴 했지만 본격적인 지자체간 협력은 아직 논의 단계를 벗어나지 못하고 있다. 유사한 사례로 지난해 11월 오사카시(市)와 오사카부(府)의 통합을 두고 5년 만에 재시행한 주민투표 결과 통합이 무산되었다는 뉴스를 접한 적이 있다. 간사이 국제공항 건설을 일구어낸 광역지자체 연합의 중추지역임에도 불구하고 오사카시의 주민은 오사카부와 행정통합에 반대했던 것이다. 그만큼 행정통합이라는 것은 경제적 협력관계를 내고 있는 지역 간에도 결코 쉽지 않음을 반증해 주는 사례다.

앞으로 부울경 메가시티와 지자체 간 행정 통합 등의 논의가 더욱 빠르게 진전될 텐데 이 참에 외국은 이 문제에 어떻게 대응하는지 타산지석으로 삼을 필요가 있다고 봐서 몇 가지 사례를 소개하고자 한다.

우선 프랑스는 2016년에 광역지자체 단위인 레지옹(Region) 22개를 13개로 통합하고, 기초자치단체 코뮌(Commune) 여러 곳을 묶어 행정단위를 넘어선 도시계획을 시행할 수 있도록 한 바 있다. 또한 영국은 21년 전에 이미 런던시와 주변 32개 지자체를 아우르는 광역런던정부(GLA)를 출범시켜 행정 경계를 넘어서도록 제도화한 사례도 있다. 미국으로 눈을 돌려보면 실리콘밸리 탄생은 지방연합이 그 배경이 되었다. 즉 샌프란시스코 연안지역 100개 도시와 9개 카운티가 '샌프란시스코 베이 지역 지방정부 연합(ABAG)'을 구성·운영한 것이 세계 최고 창업벨트의 모태가 되었던 것이다.

출처 : 국제신문(2021.02.16.). "부울경 메가시티, 외국사례에서 배워야".

질문) 외국에 지방자치나 지방행정 사례에서 본받을 만한 것은 무엇인가?

제4장

지방자치행정의 이론

지방자치행정의 이론을 미리 알아보기

● 행정안전부
정부혁신, 정부조직, 자치분권, 재난안전관리 등을 관장하는 중앙행정기관이다.
www.mois.go.kr

● 규제정보포털
정부의 규제정책을 심의, 조정, 심사, 정비 관련 사항을 알려주는 곳이다.
www.better.go.kr

● 자치법규정보시스템
최근 제정, 개정, 입법예고 자치법규를 검색할 수 있는 곳이다.
www.elis.go.kr

   지방자치행정의 이론은 기본적으로 행정학에서 널리 사용되는 이론이라고 할 수 있다. 중앙집권과 지방분권이 핵심적인 주제이므로 집권과 분권에 관련된 내용, 지방자치단체와 지방의회의 통합형과 대립형 관련 내용, 계층에 관한 내용을 다룰 수 있다.

|제1절| 지방자치행정 이론의 등장 배경

1 집권과 분권

지방자치에 관련된 이론이 등장한 원인을 여러 학설로 설명할 수 있고 이는 결국 집권과 분권 논의와 연결된다. 첫째, 고유권설은 지방이 국가의 부분이라도 해도 자치권은 지방 고유의 것이라고 한다. 둘째, 수탁권설은 지방은 법률로 만들어졌으며 국가로부터 자치권을 받았다고 본다. 국가로부터 자치권을 수탁했으므로 사무의 집행은 국가의 감독을 받아야 한다. 셋째, 제도적 보장설은 자치권이 국가에서 비롯된다고 하면서도 헌법에 지방자치를 규정하면 보장된다는 논리다. 역사적으로나 전통적으로 일정하게 형성된 자치권을 헌법에 보장한다는 의미다.

세 가지 학설에서 전제하는 내용은 지방자치는 국가를 인정하면서도 중앙정부의 무조건적 통제를 허용하지 않는다는 점이다. 지방자치는 풀뿌리 민주주의로 지역 단위에서 민주주의의 확립이 결국은 국가 전체의 민주주의로 확대된다는 개념을 가지고 있다. 지방자치는 "민주주의의 훈련장, 실험실, 자유(free)의 기본 정신 구현"으로도 비유할 수 있다. 자치는 기본적으로 정치이므로 지역 주민의 의견이 지방행정에 반영되기에 지방행정조직은 지역 수요에 적절하게 대응할 수 있다.

그렇지만 지방자치가 민주주의의 교육장, 실험장이라는 논리를 반대하는 견해도 있다. 기본적으로 민주주의는 다수결을 전제하므로 어쩔 수 없이 중앙집권적 현상이 나타나며 지방자치가 강해질수록 지역 간 분열이 심해질 수도 있다. 지방행정은 좁은 것에 초점을 두다보니 국가 전체의 이익을 간과할 수 있다고 지적한다. 지방자치가 민주주의 발전과 행정의 민주화에 기여한 부분도 있지만 오히려 행정의 능률성을 떨어뜨리는 원인이라고 한다. 여기서 행정의 능률성이 떨어진다는 뜻은 주민의 의사를 최대한 반영하기 때문에 생기는 문제다. 과거와 다르게 현대 국가에서 새로운 행정 수요는 계속 늘어나고 있는데 지역(구역)에 한정되다보니 지방 간 재정 격차의 심화, 불균형의 차이가 심해진다는 문제가 있다. 이렇게 차이를 극복하는 방법은 중앙집권이 지방자치보다 더 유용하다. 특히, 국가를 분할해서 각 지역마다 주민이 선출한 대표기관이 나름대로 규약을 만들다보면 중앙에서 만든 법률과 부딪치는 일이 생길 수 있다는 점을 우려하기도 했다.

집권과 분권은 중앙집권과 지방분권으로 생각하기도 하지만 지역적 관점에서 중앙정부가 지방정부에 강한 지도 감독을 할 때를 집권, 그렇지 않을 때를 분권이라고 한다. 정부 전체에서 권한이 최고 책임자에게 몰려 있을 때를 집권, 그 반대를 분권이라고 말하며 인사, 재정 분야도 마찬가지다. 지방자치와 지방행정 분야에서 두 단어의 뜻은 중앙집권은 지방행정에 관한 의사결정 권한을 거의 중앙정부에 집중하고 그 책임 아래 지방행정을 집행하는 제도를 말한다. 지방분권은 중앙정부의 권한 이양 또는 사무 위임에 따라 그 권한과 기능을 지방으로 분배해 집행하는 제도를 말한다. 지방분권은 인구, 지리, 업무 등에 따라 제도적·실무적으로 이루어지고 있다. 중앙집권과 지방분권은 국가 업무의 효율적 수행이라는 목표를 두고 있다. 분권과 유사한 개념으로는 "위양(권리나 기능을 완전히 양보)", "위임(일정 영역을 맡기는 것)", "분산(기능을 나누는 것)", "이전(특정 부분에 대해서 다른 부서에 넘기는 것)"이 있다.

중앙집권과 지방분권은 장단점이 있으며 집권의 장점은 분권의 단점이고 집권의 단점은 집권의 장점이라는 점에서 서로 대비된다. 먼저 중앙집권의 장점은 전국을 똑같은 사무로 집행할 때 적합하다. 보통 법률에 근거를 두는 경우다. 행정의 능률성을 높일 때 집권이 유리하며 신속하게 일을 처리할 때도 마찬가지다. 관리의 전문성을 높일 수 있으며 조직을 개편하기가 유리하다. 그렇지만 단점은 지방의 특수성, 다양성을 고려하지 못하며 지역 주민의 자발성이 낮아진다. 이는 주민자치 의식의 저하로 이어질 수 있다. 반대로 지방분권의 장점은 지역의 특수성에 맞는 행정을 실현할 수 있고 주민 의견 수렴이 용이하다. 주민이 관심을 가지는 일상 문제를 신속하게 해결할 수 있고 주민참여를 유도하기가 쉽다. 그렇지만 단점은 통일된 업무 처리가 어려울 수 있으며 전국이나 광역 단위 사무 처리가 어렵다.

그렇지만 지방분권은 일정한 지역 내에서 지역 주민 의사를 반영한 정치와 행정을 할 수 있다는 점에서 현대 국가에서 그 필요성을 인정한지 오래다. 이에 지방분권의 유형을 여러 가지로 나눌 수 있다. 첫째, 포괄적 수권형은 법률에서 금지하거나 중앙정부의 업무를 제외하고 모두 지방정부에서 사무 처리를 할 수 있다는 의미다. 둘째, 개별적 수권형은 지방정부가 처리할 수 있는 행정 권한과 사무를 개별적으로 위탁하는 경우다. 셋째, 절충형은 지방정부가 처리할 수 있는 사무를 법률에 포괄적으로 열거하고 지방정부가 이러한 권한이나 기능을 수행할 수 있는 수준이 될 때 개별적으로 허용하는 경우다. 이는 포괄적 수권형과 개별적 수권형의 중간 입장이다. 이렇게 지방분권의 유형을 여러 가지로 나누면서 분권의 필요성을 강조하기도 하지만 회의적 시각도 존재한다. 이를 "지방자치의 위기", "지방재정 빈약", "지역 격차 심화" 등으로 표현하기도 한다. 중앙집권이 강해질 때 나타나는 문제점을 해소하고 획일화된 행정에 대반 반발, 자유로운 지역 간 이동, 정보통신기술을 활용한 지식 등의 확산 등의 흐름이 지방분권에 영향을 주고 있다. 특히, 정부가 복지 영역을 확대하고 "적극 행정"을 강조하고 있기에 지방분권의 의미는 더 폭넓어지고 있다.

❷ 통합형과 대립형

지방자치는 의사결정을 담당하는 지방의회, 이를 집행하는 집행기관으로 구분된다. 선거와 밀접한 관련이 있는데 이를 크게 두 가지 유형으로 나눌 수 있다.

첫째, 기관통합형은 지방자치단체의 의결과 집행을 지방의회라는 하나의 기관에서 처리하는 형태다. 의회 의장이 지방자치단체장의 지위를 갖지만 상징적인 존재며 실질적 권한은 지방의회 각 분과위원회가 가지고 있다. 이때 장점은 지방행정 권한과 책임이 의회에 집중되어 있으므로 민주주의 원리와 책임 정치에 적합하다. 의결기관과 집행기관 사이에 대립보다 업무의 활성화를 기대할 수 있다. 만약 기관통합형 조직 자체가 간단하다면 주민이 행정을 이해하기가 쉽고 각 분과에서 신속하고 유연하게 일할 수 있다. 반대로 단점은 각 분과 간 독립성을 추구하다보면 이기적인 행태가 나타날 수 있고 의결과 집행이 한 곳에 집중되어 견제와 균형 원리가 작동되기 어렵다. 지방행정이 정치에 영향을 많이 받으며 만약 지식과 경험이 부족한 사람이 운영할 경우 문제가 발생할 수 있다.

둘째, 기관대립형은 의사결정을 담당하는 의회와 정책집행 기능을 담당하는 기관을 분리해 서로 견제와 균형 원리에 따라 운영하는 형태다. 이에 대한민국이 해당되며 집행기관의 장을 주민이 직접 선출한다(지방자치단체장). 한국의 자치단체 기관구성은 미국과 일본의 영향을 받았으며 지방자치단체장과 지방의회 의원을 모두 직선제로 선출한다.

이밖에도 참사회·이사회 유형은 다른 유형을 절충한 형태라고 할 수 있으며 대체로 의사결정에서 합의해서 이루어지는 경우가 많다. 주민총회 유형은 주민이 직접 대표를 선출하고 각종 안건을 직접 투표로 결정 집행하기도 하며 마을을 몇 개의 선거구로 나누어서 주민총회 의원을 뽑기도 한다.

이렇게 지방의회와 지방자치단체의 유형도 정치사회적 의미가 달라지면서 국가마다 같지 않다. 어떤 유형으로 하더라도 지방에서 살고 있는 주민에게 도움이 되는 형태여야 한다는 점은 분명하고 행정 사무 처리의 효율성과 민주성을 높이는데 목적이 있다.

3 계층구조

지방자치행정에서 계층구조는 정치적 분권과 행정적 분권이 서로 다르게 발전되다보니 생겼다. 보통 일정한 구역에 1개만 지방자치단체를 설치하면 되지만 넓은 지리적 범위 등에 따라 광역지방자치단체 안에 여러 기초지방자치단체가 있기 때문에 상호 중첩되는 모습을 보인다. 지방행정에서 민주적 통제와 원활한 주민참여 등을 고려할 때 지방자치단체 간 상하 계층을 구성했다. 이때 계층은 있더라도 지방자치단체의 독립성과 자율성을 인정해주는 경우도 있지만 수직적 지휘·감독 관계를 갖는 경우도 있다.

한국은 특별시, 광역시, 도시군구는 자치 계층이고 시군 읍면동은 행정 계층에 해당된다. 자치 계층과 행정 계층은 정치와 행정이 따로 발전하면서 생긴 것이다. 광역지방자치단체는 담당 구역 주민에게 서비스를 제공하고 중앙정부가 기초지방자치단체에 불필요하게 개입하려는 것을 차단하는 역할도 있다. 반대로 기초지방자치단체가 중앙정부에 많이 의존하려는 현상을 막는 역할도 있다.

국가에 따라 계층구조를 단층으로 설치할지 중층(2층이나 3층)으로 하는지에 대한 고민은 지리, 역사, 문화 등에 따라 다르다. 먼저 단층제의 장점으로 첫째, 기초지방자치단체가 중앙정부와 바로 연결된다는 점에서 효율적이다. 둘째, 중앙정부도 직접 지방자치단체를 감독할 수 있다. 셋째, 광역지방지차단체가 없으므로 상대적으로 작은 정부의 규모를 유지할 수 있다. 넷째, 중복된 행정 등을 방지할 수 있다. 이것은 중앙정부와 광역지방자치단체가 서로 기초지방자치단체에 간섭할 때 생기는 현상을 막는다는 의미이다. 반대로 단점은 중앙정부의 통솔 범위가 너무 넓어진다는 점, 기초지방자치단체가 중앙정부에 쉽게 의존할 수 있을 것이라는 점이다.

중층제의 장점으로 첫째, 기초지방자치단체와 광역지방자치단체의 기능이나 사무를 분담할 수 있다. 둘째, 기초지방자치단체 수준에서 주민 참여를 더 쉽게 자율적으로 추진할 수 있다. 셋째, 기초지방자치단체가 못하는 사무를 광역지방자치단체 수준에서 처리할 수 있다. 넷째, 기초지방자치단체의 갈등을 중앙정부가 아닌 광역지방자치단체에서 할 수 있다. 이렇게 되면 중앙정부가 감독하기가 수월하다. 반대로 단점은 기능 분담이 불명확하면 책임 소재가 불명확하고 사각지대가 발생할 수 있다는 점, 기초-광역-중앙정부의 의사소통이 길어지면서 생기는 문제가 있을 수 있다.

지방자치행정에서 계층구조에 대한 많은 논의가 진행되었지만 계층 자체를 바꾸려는 시도보다 기능 조정을 원만하게 수행하는 것이 더 바람직하다는 논리가 설득력 있다(임승빈, 2020). 현재 한국은 광역-기초-하부 행정구역(읍면동)으로 구분되어 있으며 각 행정계층별 최대 인구는 부산광역시, 경기도, 경기도 수원시, 대구 달성군, 서울 송파구, 경상남도 양산시 물금읍, 전라남도 순천시 해룡면, 경기도 부천시 신중동이다. 반대로 최소 인구는 울산광역시, 강원도, 계룡시, 울릉군, 부산광역시 중구, 강원도 영월군 상동읍(1천 명), 강원도 철원군 근북면(100명), 서울특별시 강동구 둔촌제1동(300명)이다(행정안전부, 2020).

|제2절| 지방자치행정에 관한 다양한 이론

지방자치와 지방행정은 정치학과 행정학에서 널리 적용되는 다양한 이론이 그대로 적용된다. 신공공관리론과 신공공서비스론은 지방자치단체, 지방공기업 등에 해당되며 정부간관계는 미국의 연방-주-지방정부를 논의할 때 언급된다. 티부가설은 주민이 선호를 가지고 행정서비스를 선택할 수 있다는 논리를 제기하면서 부각된 이론이다. 최적정부규모론은 지방정부의 계층의 규모 등을 합리적으로 편성하는데 기여한 이론이고 시차이론은 지방자치단체장이나 지방의회 의원이 인식하는 시간에 적용할 수 있다.

1 신공공관리론과 신공공서비스론

신공공관리론과 신공공서비스론은 지방자치행정만이 아니라 행정학 전체에 해당되는 이론이며 이미 수많은 사례에 적용되었다.

신공공관리론은 시장 원리, 경쟁 원칙같은 기업 경영에 적용되는 관리 기법을 정부에 도입하자는 논리로 정부의 성과와 실적을 중시하고 개인의 책임을 강조하는 이론이다. 정치가의 책임보다 시민(고객)에게 얼마나 바람직한 결과를 창출했는지가 신공공관리이론에서 중요하며 그러한 결과를 유발하는 기업가적 정신을 강조한다. 또한 권한 이양, 관리 신축성 부여, 분권화 전략, 품질 향상 등이 모두 신공공관리론과 관련이 있다.

신공공서비스론은 정부가 기업을 지나치게 모방하려는 흐름에 대한 반작용으로 등장했다. 신공공서비스론은 행정 서비스의 가치를 제고하려면 관료와 시민의 공동 참여와 민주적 방식에 따라 정부가 운영되어야 한다는 논리다. 이른바 정부는 민주적 원칙에 따라 공공 서비스를 시민에게 제공해야 한다. 특히, 공동체 정신을 살려서 시민정신의 정립을 제안했으며 시민에 대한 봉사의 주체는 정부라는 점을 강조했다. 정부에 집중되었던 권한을 시민에게 돌려주고 공익 또는 시민 간 논의를 통합하는 기능을 정부가 담당해야 한다는 점이 특징이다. 신공공서비스론은 행정에 대한 불신이나 정치 지도자의 일방적 주도에 염증을 느끼는 시민이 공동체의 목표나 가치를 어떻게 도출할지에 대해서 되돌아보도록 했다는 점에서 의미가 있다. 앞으로 정부가 시민 정신과 공익을 기반으로 하는 "담론"을 만들어갈 수 있도록 서비스를 제공할 필요가 있다.

2 정부 간 관계

　정부 간 관계는 중앙정부와 지방자치단체 간, 광역지방자치단체와 기초지방자치단체 간, 기초지방자치단체와 기초지방자치단체 등에서 포함되어 있는 모든 정부 사이의 상호작용이다. 정부 간 관계는 광역 행정 측면에서도 이해할 수 있다. 과거에는 지방자치단체를 폐쇄적으로 인식했지만 정보통신교통의 발달로 경계의 구별이 사라지고 있다. 따라서 광역행정을 설계할 때 고려할 부분이 바로 정부 간 관계다(주운현·김형수·임정빈·정원희·최유진·이동규, 2021).

　라이트(D. S. Wright)는 미국 연방제를 연구하면서 분리형, 포괄형, 중첩형으로 유형화했다. 첫째, 분리형은 연방 정부와 주 정부의 명확하게 분리해 상호 독립적이고 완전 자치로 운영되는 반면, 지방정부는 주 정부에 종속된 관계다. 이 유형은 연방 정부와 주 정부가 대등한 지위를 유지하며 경쟁 관계에 있을 수도 있다. 둘째, 포괄형은 연방 정부가 주 정부와 지방정부를 완전히 포괄하는 경우다. 전적으로 연방 정부의 결정에 주 정부와 지방 정부가 따르며 강력한 통제를 받는다. 셋째, 중첩형은 각 정부마다 고유한 영역을 가지면서 동시에 동일한 관심과 책임을 지닌다. 이는 정부 기능의 상당 부분이 연방·주·지방 정부에 따라 동시 작용하고 있으며 자치권과 재량권이 제한적으로 분산되었으면서도 의존적이다.

3 티부 가설

　티부(Charles M. Tiebout)는 지방정부가 제공하는 공공재 생산과 소비에 주민 선호가 반영될 수 있다고 가정했다. 만약 다수의 지방자치단체가 독자적으로 공공재 공급을 결정하고 독자적으로 과세할 수 있다면 현재와 같이 모든 지방자치단체가 동일한 지출 형태를 유지하지 않을 것이다. 이른바 비용 부담에 따라 서비스의 형태가 모두 다른 것처럼 지방자치단체 상호 간 많은 차이가 있을 것이다. 주민에게 공급되는 서비스 종류와 구성이 다양해지고 각종 세금(요금)도 지역마다 차이가 있을 것이다. 주민은 지역 간 이동에 제한이 없으므로 주민은 자신의 욕구에 따라 움직일 것인데 적은 부담으로 높은 공공재(서비스)를 제공하는 지역으로 이동할 가능성이 높다. 유권자이면서 소비자인 주민은 거주지를 선택하면서 공공재에 대한 선호도를 표시할 수 있다. 이를 "발로 하는 투표"라고 표현하는데 이는 공공재에 대한 선호만이 아니라 지방자치단체에 대한 선호라고 볼 수도 있다. 주민은 공공재를 이용할 수도 있고 그렇지 않을 수도 있다. 소비자가 물건을 구매하는 것과 마찬가지로 지방자치단체 공공재에 이 원리가 적용된다. 그 결과 지방자치단체는 양질의 공공재(서비스)를 제공하려고 노력한다. 주민의 욕구를 파악하지 못하면 주민이 이동(이주)하기 때문이다. 따라서 티부는 중앙집권보다 다수의 지방자치단체가 다양한 세입세출정책을 결정할 수 있어야 한다고 주장했다. 다만, 앞에서 언급한 전제와 같이 다수의 지방자치단체가 독자적으로 공공재를 공급하고 과세도 독자적으로 할 수 있어야 하며 주민도 자유롭게 이동할 수 있어야 한다(주운현·김형수·임정빈·정원희·최유진·이동규, 2021).

티부 가설은 여러 가지 가정을 두는 이상형이므로 이를 현실에서 살펴보기가 쉽지 않다. 그 이유는 첫째, 지역 주민의 욕구를 모두 충족할 정도로 다수의 지방자치단체가 존재하기가 어렵다. 이는 기업과 고객 관계에서도 마찬가지다. 둘째, 주민이 공공재에 관련된 정보를 모두 알지 못한다. 즉, 불완전한 정보를 가진 상태에서 자신이 원하는 공공재를 정확하게 선택하기가 어렵다. 셋째, 주민이 직장(일자리)이 지역에 존재한다면 쉽게 이동하기가 어렵다. 지방자치단체에서 제공하는 공공재가 마음에 들지 않아도 주민이 일자리를 쉽게 바꾸면서까지 다른 지역으로 이동하기는 어렵다. 넷째, 지역 간에 명백한 외부경제와 외부불경제가 존재한다. 따라서 지방자치단체의 효율적 선택이 사회 전체적으로는 비효율적일 수 있다. 이를 극복하려고 지방의 규모를 확대하고 중앙정부의 보조금 지급도 고려할 수 있다. 그렇지만 이렇게 되면 지방의 의미는 사라질 수도 있다. 다섯째, 주민이 원하는 공공재를 제공하는 지방자치단체를 새롭게 만드는 것은 매우 어렵다. 이른바 정부를 더 설치할 수 있을 정도로 탄력적이지 못하다.

　티부 가설이 현실적으로 나타나기 어려운 다양한 이유가 있지만 "일정 부분" 주거지역 결정 행태를 설명하는데 유용하기도 하며 지방자치단체가 공급하는 서비스 수준과 지역 간 이동이 밀접하다는 연구도 있다. 이러한 연구에 따르면 주민의 전출입으로 지역 내 주민의 동질성은 높아지지만 지역 간 주민의 이질성은 커진다고 볼 수 있다.

4 최적정부규모론

　정부 간 기능 분담의 전제 조건으로서 오우츠(W. E. Oates)의 최적정부규모론에서 공공서비스를 공급할 때 고려할 네 가지 조건을 제시하고 있다. 이는 경제적 효율성을 극대화하는데 지방자치단체 단위의 최적 공간이나 인구를 설정할 때 사용된다. 첫째, 개별 소비자의 선호가 다양할수록, 비슷한 선호를 가진 소비자가 더 많이 집단화될수록 공공재 공급 단위는 더 분화되어야 한다. 즉, 소비자의 선호가 획일적으로 나타나면 중앙집권이 바람직하고 반대로 선호가 다양하면 지방자치단체가 많이 존재해야 바람직하다. 둘째, 공간적으로 외부효과가 발생하면 진정한 사회적 편익이나 수요 측정이 어렵다. 이에 특정 공공서비스의 비용과 편익에 관련된 모든 소비자가 동일한 구역에 포함될 수 있도록 관할 구역을 충분히 확장해야 한다. 셋째, 최적 정부 규모에 관련된 규모의 경제는 주어진 서비스에 대한 1인당 비용은 수혜자가 많을수록 감소한다. 이처럼 지방자치단체의 공간을 넓혀서 단일한 구역 안에서 규모의 경제를 달성해야 한다. 넷째, 공공서비스 단위에서 적정 수준의 행정 규모가 필요하다. 이 뜻은 수직적 정부 계층이 줄어들면 순응 비용이 줄어든다는 것이다(이재원, 2019).

　공간적으로 지방자치단체의 최적 규모를 설계할 때 위의 네 가지 조건을 동시에 고려해야 한다. 그런데 규모의 경제 문제(위에서 언급한 세 번째 문제)는 지방자치단체가 공공재를 직접 생산할 때만 전제한 것이므로 최적정부규모론은 위에서 설명한 쟁점을 중심으로 논의할 수 있다.

먼저 "대응원칙" 입장에서 공공재의 편익이 미치는 지리적 범위에 따라 지방자치단체의 관할(구역)이 설계되어야 한다. 대응원칙을 고려하면서 많은 지방자치단체를 설계하다 보면 중앙-광역-기초 등과 같이 정부 수준이 결정된다. 그런데 이렇게 되면 주민 선호가 최적화되지 못할 수도 있다. 만약 주민 선호를 최적화하려면 지방자치단체가 더 소규모로 만들어져야 한다. 그렇기 때문에 비용과 편익 개념을 사용해 최적 정부의 규모를 결정하는 것이 바람직하다. 이때 최적 규모는 각 공공서비스에 모두 다르게 결정될 것이며 공공재 유형에 따라 많은 수준의 정부가 있어야 한다. 그렇지만 많은 수준(계층)의 지방자치단체가 존재하면 의사결정 등에서 비효율적이다. 따라서 의사결정비용을 줄이는데 일부 공공서비스를 군집화(하나로 묶어서)해서 하나의 지방자치단체가 공급하는 것이 합리적이다. 예를 들어, 공공서비스 A·B·C는 기초 지방자치단체에서 공급하고 공공서비스 D·F는 광역 지방자치단체에서 공급하고 공공서비스 G는 중앙정부에서 공급하는 것이 적절하다는 것이다. 이처럼 군집화 기준은 비용 편익 개념에 따라 이루어진다.

5 시차이론

시차이론은 한국에서 도입된 각종 정부 개혁이 효과를 못 보는 것에 대한 의문에서 시작되었다. 이 이론은 현실적인 문제의 원인을 분석하고자 하며 어떤 개혁에도 시간적 순서는 매우 중요하다. 결과적으로 시차이론은 사회 현상을 일으키는 주체의 속성이나 형태가 주체에 따라 시간 차이를 두고 변하는 사실을 사회 현상 연구에 적용하는 방법이라고 할 수 있다(김태룡, 2014).

시차가 무엇인지 구분하기는 쉽지 않지만 "인지"에 따른 시차는 사람이 어떤 것을 인지할 때 시간의 차이가 있다는 뜻이다. 같은 사실을 어떤 사람은 신속하게 인지하는 반면 어떤 사람은 늦게 인지한다. 어떤 경우는 과거의 인상이 강해서 그것이 오랜 시간 잔상으로 남기도 한다. 그러한 잔상을 일반화할 수 없고 보편적이지도 않지만 그것을 강렬하게 느낀 사람은 그대로 믿는다. 일대일 대응에서 일이 진행되는 시차와 다대다 대응에서 일이 진행되는 시차도 차이가 있을 수도 있다. "행정"에 따른 시차는 원인이 결과로 나타나는데 걸리는 시간이라고 할 수 있다. 어떤 경우는 재빠르게 결과가 나타나는 반면 수십 년에 걸쳐 느리게 결과가 나타날 수도 있다. 최근 정부에서 어떤 정책이나 여론의 "숙성기간"을 강조하기도 하는데 제도나 정책이 완전히 정착해서 그것에 따른 결과가 나타나기까지 시간이 걸린다는 의미다.

시차이론에서 의미하는 시차와 다소 관련이 있는 부분은 지방자치행정에서도 나타난다. 지방자치단체장과 지방의회 의원이 선출직이라는 점에서 본의 아니게 시차가 발생하기도 한다. 대부분 초반에 당선되면 의욕적으로 업무를 추진하지만 다음 선거(재선)가 다가오면 새로운 사업이나 프로그램을 추진하기가 어려워지고 선거법 등 법률적 제약 등으로 함부로 업무를 추진할 수 없기에 적정한 수준에서 "멈추게" 된다. 만약 재선에 성공하면 연속성을 가질 수 있지만 그렇지 못하면 진행되던 많은 정책의 수정이 불가피하다. 특히, 수많은 업무를 지방자치단체장 개인과 지방의회 의원 개인이 모두 "균등하게 집중해서" 처리하기는 불가능하다. 더 시급하게 여기는 정책이 사람마다 다를 수도 있고 읍면동 단위에서 일어나는 문제를 그들이 얼마나 잘 인지하는지 알기도 어렵다. 여기서 문제를 신속하게 인지한다고 해서 신속한 해결로 이어지는 것은 아니며 예산 문제, 돌발사건 발생, 이미 추진되는 정책과 중복 여부, 숙고할 시간이 필요한 경우 등으로 제각각이다.

위의 다섯 가지의 이론을 제외하고도 정치학과 행정학에서 널리 사용되는 관료제, 제도주의, 기능주의 등을 비롯해 권력에 관한 다양한 관점인 다원주의, 엘리트 이론, 무의사결정 등이 지방자치행정에 적용 가능하다. 정책결정에서 자주 언급되는 합리모형, 점증모형, 최적모형, 회사모형, 쓰레기통모형 등도 정치행정적 의사결정에 대입할 수 있다. 마지막으로 정책과정에서 널리 적용되는 각종 이론이 지방행정에도 그대로 해당된다는 점에서 더 많은 이론을 실제과 연결하려는 노력이 중요하다.

|제3절| 구역 개편과 광역 행정

1 구역 개편

구역 개편은 보통 "행정 구역" 개편으로 불리는데 공직선거법에 따른 "국회의원선거구 획정위원회"와도 관련이 있다. 이 위원회는 선거구획정안과 그 이유, 필요한 사항을 기재한 보고서를 선거일 13개월 전까지 국회의장에게 제출해야 한다고 규정되어 있다. 특히, "국회의원선거구획정위원회 구성 및 운영 등에 관한 규칙"이 국회규칙으로 시행되고 있기에 구역 개편에서 논의할 부분은 넓은 편이다.

일단 선거구는 대표를 선출하는 기본단위를 말한다. 대한민국 국회의원 선거는 지역구와 전국구를 대상으로 하며 지역구에서는 소선거구제로 다수 대표제로 국회의원을 선출하고 전국을 상대로 비례대표제를 실시하고 있다. 선거구획정은 선거구를 분할해 대표자를 선출하는 기본단위를 정하는 절차로 어떻게 선거구를 정하는지에 따라 선거 결과가 달라지므로 매우 예민한 주제다.

구역 개편처럼 선거구를 획정하는 문제도 정치 사회 문화적 동일성이 어느 정도 보장되어야 한다. 지리적 여건이나 생활 반경 등을 종합적으로 고려해야 한다. 같은 지역처럼 보여도 산이나 강이 가로막아서 생활권이 다르기도 하며 지역의 역사가 달라서 하나의 선거구로 보기 어려울 수도 있다. 선거구에서 인구는 중요한데 투표 가치의 평등(선거인 수와 당선자 총 인원의 비율의 균등)과 성과 가치의 평등(나의 1표가 후보자 당선에 미치는 영향)을 모두 고려해야 한다.

행정구역 조정 관련 법령 목록을 살펴보면 1979년 4월 7일 "경기도 양주군 미금읍 등 53개 읍 설치에 관한 규정"을 시작으로 서울특별시 은평구 등 7개 구 설치 및 구 관할구역 조정에 관한 규정(은평구와 강동구, 구로구와 동작구), 1988년 12월 31일 경기도 오산시 등 12개 시 및 태안군 설치와 군의 명칭변경에 관한 법률(월성군을 경주군으로, 경기도 오산

시, 시흥시, 의왕시, 군포시, 미금시, 하남시) 등이 있으며 2020년 4월 1일 행정구역 조정업무 처리에 관한 규칙 일부 개정령이 최신 구역 개편 관련 내용이라고 할 수 있다.

지방자치법
[시행 2022. 1. 13] [법률 제17893호, 2021. 1. 12, 전부개정]

제5조(지방자치단체의 명칭과 구역) ① 지방자치단체의 명칭과 구역은 종전과 같이 하고, 명칭과 구역을 바꾸거나 지방자치단체를 폐지하거나 설치하거나 나누거나 합칠 때에는 법률로 정한다.
 ② 제1항에도 불구하고 지방자치단체의 구역변경 중 관할 구역 경계변경(이하 "경계변경"이라 한다)과 지방자치단체의 한자 명칭의 변경은 대통령령으로 정한다. 이 경우 경계변경의 절차는 제6조에서 정한 절차에 따른다.
 ④ 제1항 및 제2항에도 불구하고 다음 각 호의 지역이 속할 지방자치단체는 제5항부터 제8항까지의 규정에 따라 행정안전부장관이 결정한다.
 ⑨ 관계 지방자치단체의 장은 제4항부터 제7항까지의 규정에 따른 행정안전부장관의 결정에 이의가 있으면 그 결과를 통보받은 날부터 15일 이내에 대법원에 소송을 제기할 수 있다.
 ⑩ 행정안전부장관은 제9항에 따른 소송 결과 대법원의 인용결정이 있으면 그 취지에 따라 다시 결정하여야 한다.
제6조(지방자치단체의 관할 구역 경계변경 등) ① 지방자치단체의 장은 관할 구역과 생활권과의 불일치 등으로 인하여 주민생활에 불편이 큰 경우 등 대통령령으로 정하는 사유가 있는 경우에는 행정안전부장관에게 경계변경이 필요한 지역 등을 명시하여 경계변경에 대한 조정을 신청할 수 있다. 이 경우 지방자치단체의 장은 지방의회 재적의원 과반수의 출석과 출석의원 3분의 2 이상의 동의를 받아야 한다.
제7조(자치구가 아닌 구와 읍·면·동 등의 명칭과 구역) ① 자치구가 아닌 구와 읍·면·동의 명칭과 구역은 종전과 같이 하고, 자치구가 아닌 구와 읍·면·동을 폐지하거나 설치하거나 나누거나 합칠 때에는 행정안전부장관의 승인을 받아 그 지방자치단체의 조례로 정한다. 다만, 명칭과 구역의 변경은 그 지방자치단체의 조례로 정하고, 그 결과를 특별시장·광역시장·도지사에게 보고하여야 한다.
 ② 리의 구역은 자연 촌락을 기준으로 하되, 그 명칭과 구역은 종전과 같이 하고, 명칭과 구역을 변경하거나 리를 폐지하거나 설치하거나 나누거나 합칠 때에는 그 지방자치단체의 조례로 정한다.
 ③ 인구 감소 등 행정여건 변화로 인하여 필요한 경우 그 지방자치단체의 조례로 정하는 바에 따라 2개 이상의 면을 하나의 면으로 운영하는 등 행정 운영상 면[이하 "행정면"(行政面)이라 한다]을 따로 둘 수 있다.
 ④ 동·리에서는 행정 능률과 주민의 편의를 위하여 그 지방자치단체의 조례로 정하는 바에 따라 하나의 동·리를 2개 이상의 동·리로 운영하거나 2개 이상의 동·리를 하나의 동·리로 운영하는 등 행정 운영상 동·리(이하 "행정동·리"라 한다)를 따로 둘 수 있다.
 ⑤ 행정동·리에 그 지방자치단체의 조례로 정하는 바에 따라 하부 조직을 둘 수 있다.

지방자치법에서 구역 개편 관련 부분에서 명칭과 구역의 변경, 폐지, 설치, 분할은 법률로 정하며 행정안전부 장관의 결정, 이의에 따른 대법원 소송 제기, 대법원의 인용결정에 따라 재결정한다는 조항이 담겨 있다. 관할 구역과 생활권이 불일치해서 주민 생활이 크게 불편하면 경계변경 조정을 신청할 수 있고 지방자치단체장은 지방의회 동의를 받아야 한다. "리(里)"는 자연 촌락을 기준으로 한다는 점, 인구 감소에 따라 필요한 경우에 "행정면"을 운영한다는 점, 행정 능률과 주민 편의에 따라 "행정동리"를 둘 수 있다는 점이 특징이다. 이 조항은 구역, 생활권, 자연촌락, 인구 감소, 행정 능률성 등을 모두 고려한다는 측면에서 의미가 있다.

또한 지방자치법에서 시읍의 설치 기준은 인구가 가장 중요한 변수라는 점에서 지방자치단체에서 "인구가 줄어들지 않도록" 노력하는 이유를 짐작할 수 있다.

지방자치법
[시행 2022. 1. 13] [법률 제17893호, 2021. 1. 12, 전부개정]

제10조(시·읍의 설치기준 등) ① 시는 그 대부분이 도시의 형태를 갖추고 인구 5만 이상이 되어야 한다.
② 다음 각 호의 어느 하나에 해당하는 지역은 도농(都農) 복합형태의 시로 할 수 있다.
1. 제1항에 따라 설치된 시와 군을 통합한 지역
2. 인구 5만 이상의 도시 형태를 갖춘 지역이 있는 군
3. 인구 2만 이상의 도시 형태를 갖춘 2개 이상의 지역 인구가 5만 이상인 군. 이 경우 군의 인구는 15만 이상으로서 대통령령으로 정하는 요건을 갖추어야 한다.
4. 국가의 정책으로 인하여 도시가 형성되고, 제128조에 따라 도의 출장소가 설치된 지역으로서 그 지역의 인구가 3만 이상이며, 인구 15만 이상의 도농 복합형태의 시의 일부인 지역
③ 읍은 그 대부분이 도시의 형태를 갖추고 인구 2만 이상이 되어야 한다. 다만, 다음 각 호의 어느 하나에 해당하면 인구 2만 미만인 경우에도 읍으로 할 수 있다.
1. 군사무소 소재지의 면
2. 읍이 없는 도농 복합형태의 시에서 그 시에 있는 면 중 1개 면
④ 시·읍의 설치에 관한 세부기준은 대통령령으로 정한다.

시는 도시 형태를 갖추고 "5만 명 이상"되어야 하며 도농복합시 형태도 가능하다. 그렇

지만 이때도 5만 명 이상 기준이 중요하며 이때는 군의 인구가 15만 명 이상 요건을 갖추어야 한다. 국가 정책으로 도시가 만들어지고 도의 출장소가 설치된 지역은 인구 3만 이상이라는 조항, 읍도 도시 형태를 갖추면서 "2만 명 이상"되어야 하며 예외적인 경우를 규정하고 있다. 이처럼 행정구역과 도시의 기준으로 인구가 가장 중요한 변수다.

2 광역 행정

광역 행정은 지방자치단체를 폐쇄적으로 생각하지 않고 기존 지방자치단체의 행정 경계를 초월해 더 넓은 지역을 단위로 수행하는 지방행정 접근 방식이다. 정보통신기술이 발달하고 교통수단이 발전하면서 광역행정에 대한 관심이 높아졌다. 기본적으로 지방자치단체의 문제가 그 지역만이 아니라 넓어진다는 특징이 있다. 환경, 안전 문제가 대표적으로 특정한 지방자치단체만 이를 해결하기가 어렵다. 정부 간 갈등도 광역 행정에서 해결할 문제다. 공항, 항만, 역사(驛舍 : 철도) 등을 어디에 설치하는지 여부는 중요하다. 광역 행정은 정부 간 관계와 연결되며 지역주민의 삶에 직간접적으로 영향을 준다. 만약 서로 분쟁이 발생했는데 중앙정부의 개입이 쉬워지면 이는 중앙집권의 강화로 이어질 수도 있다. 이렇게 분쟁을 원만하게 해결할 수 있는 접근 방법으로 광역 행정의 필요성이 있다. 전국 단위의 사회간접자본의 투자는 지방자치단체에서 독자적으로 수행하기가 어렵다. 대체로 지방자치단체의 규모가 작으면 지역 개발의 효율성을 확보하기가 어려운데 광역 행정은 이를 가능하도록 한다.

지방자치법에 따르면 2개 이상의 지방자치단체가 공동으로 목적을 달성하는데 사무를 처리해야 한다면 특별지방자치단체를 설치할 수 있다. 이때 상호 협의에 따른 규정을 지방자치단체가 정하고 지방의회 의결을 거쳐 행정안전부장관의 승인을 받아야 한다. 여기서 말하는 특별지방자치단체의 사례는 "앞으로" 추진될 수 있는 "부울경(부산·울산·경남) 동남권 공동 지방정부"라고 할 수 있다(현재 논의 진행 중).

> **지방자치법**
> **[시행 2022. 1. 13] [법률 제17893호, 2021. 1. 12, 전부개정]**
>
> 제199조(설치) ① 2개 이상의 지방자치단체가 공동으로 특정한 목적을 위하여 광역적으로 사무를 처리할 필요가 있을 때에는 특별지방자치단체를 설치할 수 있다. 이 경우 특별지방자치단체를 구성하는 지방자치단체(이하 "구성 지방자치단체"라 한다)는 상호 협의에 따른 규약을 정하여 구성 지방자치단체의 지방의회 의결을 거쳐 행정안전부장관의 승인을 받아야 한다.
> ② 행정안전부장관은 제1항 후단에 따라 규약에 대하여 승인하는 경우 관계 중앙행정기관의 장 또는 시·도지사에게 그 사실을 알려야 한다.
> ③ 특별지방자치단체는 법인으로 한다.
> 제202조(규약 등) ① 특별지방자치단체의 규약에는 법령의 범위에서 다음 각 호의 사항이 포함되어야 한다.
> 1. 특별지방자치단체의 목적
> 2. 특별지방자치단체의 명칭
> 3. 구성 지방자치단체
> 4. 특별지방자치단체의 관할 구역
> 제206조(경비의 부담) ① 특별지방자치단체의 운영 및 사무처리에 필요한 경비는 구성 지방자치단체의 인구, 사무처리의 수혜범위 등을 고려하여 규약으로 정하는 바에 따라 구성 지방자치단체가 분담한다.

　　지방자치행정에서 구역 개편과 광역 행정을 논의할 때 이와 관련된 법률이 의외로 많다. 한국의 자연환경은 강, 갯벌을 제외할 수 없으며 농어촌주민에 대한 법률적 지원도 필요하다. 이는 앞서 언급한 "자연 촌락" 형태, 국가의 정책으로 도시가 설치될 때 등과도 관련이 있다. 국책사업의 하나로 인위적 환경을 고려해야 하는데 공항, 댐, 발전소, 송변전설비를 들 수 있다. 사람의 필요에 따라 만들어진 인위적 환경 때문에 피해를 입는 주민에 대한 배려는 지역 간, 주민 간 갈등과 분쟁을 줄이는데 커다란 역할을 하고 있다. 특히, 남북한이 분단되어 있으므로 접경지역은 특별하게 관리할 필요가 있기에 근거 법률이 마련된 상태며 지방자치단체의 책무와 직결된다.

> 1. 농어촌주민의 보건복지 증진을 위한 특별법(약칭: 농어촌복지법)
>   [시행 2019. 3. 12] [법률 제15882호, 2018. 12. 11, 일부개정]
> 2. 갯벌 및 그 주변지역의 지속가능한 관리와 복원에 관한 법률(약칭: 갯벌법)
>   [시행 2020. 1. 16] [법률 제16276호, 2019. 1. 15, 제정]
> 3. 공항소음 방지 및 소음대책지역 지원에 관한 법률(약칭: 공항소음방지법)
>   [시행 2021. 6. 10] [법률 제17443호, 2020. 6. 9, 일부개정]
> 4. 한강수계 상수원수질개선 및 주민지원 등에 관한 법률(약칭: 한강수계법)
>   [시행 2020. 11. 27] [법률 제16607호, 2019. 11. 26, 타법개정]
> 5. 금강수계 물관리 및 주민지원 등에 관한 법률(약칭: 금강수계법)
>   [시행 2020. 3. 24] [법률 제17091호, 2020. 3. 24, 타법개정]
> 6. 낙동강수계 물관리 및 주민지원 등에 관한 법률(약칭: 낙동강수계법)
>   [시행 2020. 3. 24] [법률 제17091호, 2020. 3. 24, 타법개정]
> 7. 영산강·섬진강수계 물관리 및 주민지원 등에 관한 법률(약칭: 영산강섬진강수계법)
>   [시행 2020. 3. 24] [법률 제17091호, 2020. 3. 24, 타법개정]
> 8. 댐건설 및 주변지역지원 등에 관한 법률(약칭: 댐건설법)
>   [시행 2020. 10. 1] [법률 제17175호, 2020. 3. 31, 일부개정]
> 9. 발전소주변지역 지원에 관한 법률(약칭: 발전소주변지역법)
>   [시행 2021. 4. 21] [법률 제17528호, 2020. 10. 20, 일부개정]
> 10. 송·변전설비 주변지역의 보상 및 지원에 관한 법률(약칭: 송전설비주변법)
>   [시행 2020. 5. 5] [법률 제16941호, 2020. 2. 4, 일부개정]
> 11. 접경지역 지원 특별법(약칭: 접경지역법)
>   [시행 2021. 4. 21] [법률 제17520호, 2020. 10. 20, 일부개정]

위에서 제시한 농어촌복지법(표 안 1번)은 농어촌에 보건의료, 사회복지시설 확충을 목적으로 국가와 지방자치단체는 실질적 혜택을 농어민이 받을 수 있도록 해야 한다. 이 법은 "귀농 관련 법령"과도 연결되며 농어촌 소득지원, 돌봄 보장, 건강 기반을 강화하는 근거라고 할 수 있다.

갯벌법(표 안 2번)은 갯벌과 주변지역의 지속가능한 이용을 목적으로 국가와 지방자치단체는 갯벌체험활동 기회를 제공하고 인식을 증진하는 시책을 수립 시행해야 하며 갯벌생태관광 진흥에 중앙부처, 관광사업자, 지역주민, 민간단체와 연결되어 있다. 충청남도, 전라북도, 전라남도를 비롯해 갯벌에 인접한 시군은 이에 적극적으로 관심을 기울이고 있다.

공항소음방지법(표 안 3번)은 이미 항공기의 소음 문제로 주민이 불편을 겪고 있다는 사실을 오래 전부터 언론보도로 확인할 수 있다. 이에 지방자치단체장이나 교육감은 소음대책지역에 대해 주민복지사업(체육시설 등)과 소득 증대 사업(공동작업장 설치사업, 일자리창출사업 등)을 지원할 수 있다.

한강, 금강, 낙동강, 영산강과 섬진강 수계법(표 안 4, 5, 6, 7번)은 상수원(오염원)을 적절하게 관리하고 상수원 상류지역 수질개선을 목적으로 하지만 이 때문에 재산상 손실 등을 입는 주민에게 주민지원사업을 효율적으로 추진한다는 목적도 같이 있다. 상수원은 「수도법」, 오염은 「물환경보전법」, 환경기초시설(하수관로, 분뇨처리시설 등)은 「하수도법」, 「가축분뇨의 관리 및 이용에 관한 법률」과 관련이 있다. "강"을 중심으로 상류지역과 하류지역의 갈등이 있었고 정수장을 설치하고 수계 주변 토지를 정부에서 매수하는 등 복잡한 행정법 절차가 얽혀 있기에 지방의회, 지방자치단체, 지역주민이 민감하게 반응한다.

댐건설법(표 안 8번)은 댐 건설 비용, 환경대책, 지역주민 지원 등을 목적으로 이 사업 시행으로 생활 근거를 상실하는 "수몰이주민"을 포함하고 있다.

발전소주변지역법(표 안 9번)은 발전소 주변지역에 대한 지원 사업의 효율적 추진과 전력사업에 대해 국민 이해를 높이는 목적을 담고 있다. "주변지역"은 발전소를 기준으로 반지름 5km 이내의 지역을 말한다. 발전소는 화력발전소, LNG복합발전소 등이 있으며 수소연료전지 발전소 설립 사업도 추진된다는 점에서 해당 지역 주민과 전기를 사용하는 주민까지 영향을 받는다. 이 법에 따르면 발전사업자는 이주자와 주변지역 주민을 우선 고용할 수 있고 지역기업을 우대할 수 있다. 과거에는 발전소 입지 확정에 많은 어려움을 겪었지만 최근 지방자치단체를 중심으로 유치 경쟁이 벌어지기도 한다.

마찬가지로 송전설비주변법(표 안 10번)은 전압이 34만 5천 볼트 이상인 지상 송전선로가 지나가는 선 아래 지역 인근, 변전소 주변지역의 인근 지역을 말한다. 이 법은 국가, 지방자치단체, 사업자는 주변지역 보상과 지원사업을 효율적으로 추진하는데 상호 협력해야 한다고 규정했다. 송전설비 설치는 설치하려는 사업자와 지역 주민이 격렬하게 대립하는 사례가 있었기에 주변 지역 보상과 지원을 보장하려는 방향으로 사업이 추진되고 있다.

접경지역법(표 안 11번)은 경기도와 강원도가 해당되며 남북 분단으로 낙후된 접경지역의 지속가능한 발전에 필요한 사항을 규정하고 있다. 접경지역은 비무장지대(집단취락지역〈마을〉), 민간인통제선 이남 지역이다. 국가와 지방자치단체는 지역주민 참여와 협력으로 접경지역 이용, 개발, 보건을 조화롭게 이룰 수 있도록 계획과 정책을 마련해야 한다. 다만, 이 법률은 군사보호구역 등과 깊이 관련되어 있기에 "군사보호구역 해제"에 많은 사람이 관심을 가진다. 최근 접경지역에 대한 시설 현대화에 도와 시군은 많은 예산을 투입하고 있다.

3 특별자치도 · 특별자치시 · 특례시

법률에 따라 설치 운영되고 있는 제주특별자치도는 2020년 현재 67만 명, 293,155세대며 568통 172리 5,536반 2,854명의 공무원으로 구성되어 있다. 세종특별자치시는 2020년 현재 인구 34만 명, 135,408세대며 267통 267리 2,996반 2,164명의 공무원으로 구성되었다. 수원시 · 고양시 · 용인시 · 창원시는 인구 100만 명이 넘으면서 특례시로 지정되었다는 점에서 별도의 설명이 필요하다.

세종특별자치시는 "행정중심복합도시"로 수도권 과밀화 해소, 지역 개발, 국가 균형발전, 국가경쟁력 강화에 기여한다는 목적으로 국가에서 특별한 목적으로 만든 도시다. 세종시의 건설은 건설 전부터 국가대사(國家大事)였으며 선거와 맞물려 많은 논의가 거듭되었다. 국가는 세종시 행정체제의 특수성을 반영하고 각종 시책과 지원방안을 마련해왔다. 세종시도 국가정책 수립과 시행에 적극 협조해야 하고 정부 직할로 적용범위와 관할구역이 다른 지방자치단체와 다른 모습이 있다.

> **세종특별자치시 설치 등에 관한 특별법(약칭: 세종시법)**
> [시행 2020. 10. 20] [법률 제17516호, 2020. 10. 20, 일부개정]
>
> 제1조(목적) 이 법은 행정중심복합도시인 세종특별자치시를 설치함으로써 수도권의 과도한 집중에 따른 부작용을 시정하고 지역개발 및 국가 균형발전과 국가경쟁력 강화에 이바지함을 목적으로 한다.
> 제2조(적용범위) 이 법은 세종특별자치시의 관할구역에 한정하여 적용한다.
> 제7조(관할구역) ① 충청남도의 연기군을 폐지한다.
> ② 세종특별자치시의 관할구역은 다음과 같다.
>
> > 종전의 충청북도 청원군 부용면 산수리·행산리·갈산리·부강리·문곡리·금호리·등곡리·노호리 일원, 종전의 충청남도 공주시 의당면 태산리·용암리·송학리·용현리·송정리 일원, 장기면 송문리·평기리·대교리·하봉리·도계리·봉안리·제천리·은용리·산학리·당암리·금암리 일원, 반포면 원봉리·도남리·성강리·국곡리·봉암리 일원, 종전의 충청남도 연기군 일원
>
> ③ 충청북도 청원군과 충청남도 공주시의 관할구역에서 다음의 지역은 각각 제외한다.
>
> | | |
> |---|---|
> | 종전 충청북도 청원군에서 제외되는 지역 | 종전의 충청북도 청원군 부용면 산수리·행산리·갈산리·부강리·문곡리·금호리·등곡리·노호리 일원 |
> | 종전 충청남도 공주시에서 제외되는 지역 | 종전의 충청남도 공주시 의당면 태산리·용암리·송학리·용현리·송정리 일원, 장기면 송문리·평기리·대교리·하봉리·도계리·봉안리·제천리·은용리·산학리·당암리·금암리 일원, 반포면 원봉리·도남리·성강리·국곡리·봉암리 일원 |

세종특별자치시는 행정중심복합도시로 국책 사업으로 만들어진 도시다. 이 법에서 세종시는 수도권 과밀 현상 등을 해소하고 국가 균형 발전 목적에 따라 설치되었다. 이 법은 세종시에만 한정된다는 점, 과거 충청남도 연기군을 폐지하고 종전 충청북도 청원군, 충청남도 공주시 일원을 관할구역으로 명시했다는 점이 특징이다.

중앙부처는 세종시에 대해 각종 지역개발 등 특별 지원을 할 수 있고 재정 특례와 조직 특례 조항이 있다. 세종시의 설치로 그 구역으로 편입된 과거 지방자치단체 또는 특정 지역의 행정 재정상 이익이 상실되거나 그 지역주민에게 새로운 부담이 추가되면 안 된다는 불이익배제 원칙 등이 명시되어 있다.

제주특별자치도는 한반도에서 특별한 위치를 차지하고 있으며 많은 주민이 거주하고 있으며 여행 또는 거주 목적으로 왕래하는 사람이 매우 많은 곳이다. 이에 특별법을 제정해 제주도민의 삶을 높이는데 기여하고 있다. 국가는 제주도의 지방자치를 보장하고 국제자유도시 실현에 관한 책무가 있고 특별법으로 잘 드러난다고 볼 수 있다.

> **제주특별자치도 설치 및 국제자유도시 조성을 위한 특별법(약칭: 제주특별법)**
> **[시행 2021. 1. 23] [법률 제17699호, 2020. 12. 22, 일부개정]**
>
> 제1조(목적) 이 법은 종전의 제주도의 지역적·역사적·인문적 특성을 살리고 자율과 책임, 창의성과 다양성을 바탕으로 고도의 자치권이 보장되는 제주특별자치도를 설치하여 실질적인 지방분권을 보장하고, 행정규제의 폭넓은 완화와 국제적 기준의 적용 및 환경자원의 관리 등을 통하여 경제와 환경이 조화를 이루는 환경친화적인 국제자유도시를 조성함으로써 도민의 복리증진과 국가발전에 이바지함을 목적으로 한다. 〈개정 2019. 12. 10.〉
> 제2조(정의) 이 법에서 "국제자유도시"란 사람·상품·자본의 국제적 이동과 기업활동의 편의가 최대한 보장되도록 규제의 완화 및 국제적 기준이 적용되는 지역적 단위를 말한다.
> 제3조(적용범위) 이 법은 제7조에 따른 제주특별자치도(이하 "제주자치도"라 한다)의 관할구역에만 적용한다.

이 법은 제주도의 특색을 고스란히 목적에 담고 있으며 자치권 보장, 지방분권 보장, 행정규제 완화, 국제 기준 적용, 환경 자원 관리 등이 규정되어 있다. 특히, 제주도에 한정해서 국제자유도시의 정의가 마련되었다는 점이 특징이다. 제주도는 국가 정책 수립과 시행에 적극 협조해야 하면서도 지방의회와 집행기관 구성 특례, 중앙행정기관 권한의 단계적 이양의 명시, 규제자유화 추진, "자치경찰" 조항의 규정, 지방세와 세액 감면 등에 관한 특례, 학교법인 설립 운영 특례(국제고등학교, 외국교육기관, 외국대학 등), 영어교육도시 조성, "세계평화의 섬 지정", 관광산업 육성과 진흥, "휴양펜션업 등록", "제주흑우 보호 육성", 정보통신산업 기반조성, 풍력자원 공공적 관리, 절대보전지역(한라산 등) 등 상당히 많은 분야에 대한 특례와 지원 규정이 만들어져 있다.

|제4절| 지방자치단체 간 협력과 분쟁조정

지방자치법에서 협력에 관한 규정도 마련되어 있다. 지방자치단체의 사무 공동 처리 요청이나 그에 관한 각종 요청을 받으면 법령 범위에서 협력해야 하며 중앙부처는 이를 지원할 수 있다. 이 조항에 따르면 지방자치단체 간 협력은 요청이 생기면 의무적으로 해야 한다고 볼 수 있다.

> **지방자치법**
> [시행 2022. 1. 13] [법률 제17893호, 2021. 1. 12, 전부개정]
>
> 제164조(지방자치단체 상호 간의 협력) ① 지방자치단체는 다른 지방자치단체로부터 사무의 공동처리에 관한 요청이나 사무처리에 관한 협의·조정·승인 또는 지원의 요청을 받으면 법령의 범위에서 협력하여야 한다.
> ② 관계 중앙행정기관의 장은 지방자치단체 간의 협력 활성화를 위하여 필요한 지원을 할 수 있다.
> 제165조(지방자치단체 상호 간의 분쟁조정) ① 지방자치단체 상호 간 또는 지방자치단체의 장 상호 간에 사무를 처리할 때 의견이 달라 다툼(이하 "분쟁"이라 한다)이 생기면 다른 법률에 특별한 규정이 없으면 행정안전부장관이나 시·도지사가 당사자의 신청을 받아 조정할 수 있다. 다만, 그 분쟁이 공익을 현저히 해쳐 조속한 조정이 필요하다고 인정되면 당사자의 신청이 없어도 직권으로 조정할 수 있다.
> ② 제1항 단서에 따라 행정안전부장관이나 시·도지사가 분쟁을 조정하는 경우에는 그 취지를 미리 당사자에게 알려야 한다.
> ③ 행정안전부장관이나 시·도지사가 제1항의 분쟁을 조정하려는 경우에는 관계 중앙행정기관의 장과의 협의를 거쳐 제166조에 따른 지방자치단체중앙분쟁조정위원회나 지방자치단체지방분쟁조정위원회의 의결에 따라 조정을 결정하여야 한다.

반대로 지방자치단체 간 분쟁이 발생하면 행정안전부장관이나 시도지사가 당사자의 신청을 받아 조정할 수 있고 그것이 신속하게 이루어져야 한다면 당사자 신청 없이도 직권으로 조정할 수 있다. 이때 중앙부처과 협의해서 분쟁조정위원회 의결에 따라 조정을 결정해야 한다. 이러한 분쟁조정위원회의 설치와 구성도 지방자치법에 명시되어 있다.

> **지방자치법**
> [시행 2022. 1. 13] [법률 제17893호, 2021. 1. 12, 전부개정]
>
> 제166조(지방자치단체중앙분쟁조정위원회 등의 설치와 구성 등) ① 제165조제1항에 따른 분쟁의 조정과 제173조제1항에 따른 협의사항의 조정에 필요한 사항을 심의·의결하기 위하여 행정안전부에 지방자치단체중앙분쟁조정위원회(이하 "중앙분쟁조정위원회"라 한다)를, 시·도에 지방자치단체지방분쟁조정위원회(이하 "지방분쟁조정위원회"라 한다)를 둔다.

지방자치단체는 소관 사무의 일부를 다른 지방자치단체에 위탁 처리하게 할 수 있으며 이렇게 하려면 협의에 따라 규약을 정해서 고시해야 한다. 만약 협의에 따른 규약이 없으면 위탁할 수 없다. 두 곳 이상의 지방자치단체에 관련된 사무의 일부를 공동으로 처리하려면 행정협의회를 구성할 수 있다.

> **지방자치법**
> [시행 2022. 1. 13] [법률 제17893호, 2021. 1. 12, 전부개정]
>
> 제169조(행정협의회의 구성) ① 지방자치단체는 2개 이상의 지방자치단체에 관련된 사무의 일부를 공동으로 처리하기 위하여 관계 지방자치단체 간의 행정협의회(이하 "협의회"라 한다)를 구성할 수 있다. 이 경우 지방자치단체의 장은 시·도가 구성원이면 행정안전부장관과 관계 중앙행정기관의 장에게, 시·군 또는 자치구가 구성원이면 시·도지사에게 이를 보고하여야 한다.

행정협의회는 시장 또는 군수, 관계인이 참석해서 광역행정 협의를 한다. 주요 협의 내용은 광역 도시 개발계획 수립과 변경, 지역 간 도로·교통, 환경오염 문제, 공업단지 계획 등이다. 하나의 지방자치단체가 아니라 여러 지방자치단체가 관련될 수밖에 없는 각종 지리(산, 강 등) 여건이나 구역을 횡단하는 도로 교통 관련 사항을 처리할 때 협의회에서 이를 논의할 수 있다.

> **지방자치법**
> [시행 2022. 1. 13] [법률 제17893호, 2021. 1. 12, 전부개정]
>
> 제176조(지방자치단체조합의 설립) ① 2개 이상의 지방자치단체가 하나 또는 둘 이상의 사무를 공동으로 처리할 필요가 있을 때에는 규약을 정하여 지방의회의 의결을 거쳐 시·도는 행정안전부장관의 승인, 시·군 및 자치구는 시·도지사의 승인을 받아 지방자치단체조합을 설립할 수 있다. 다만, 지방자치단체조합의 구성원인 시·군 및 자치구가 2개 이상의 시·도에 걸쳐 있는 지방자치단체조합은 행정안전부장관의 승인을 받아야 한다.
> ② 지방자치단체조합은 법인으로 한다.

지방자치단체조합은 2곳 이상의 지방자치단체가 사무를 공동 처리할 때 규약을 정하고 지방의회 의결을 거쳐서 승인을 받아 설립할 수 있다. 이때 조합은 법인으로 구성하는데 과거(2014년) 기준으로 경제자유구역청, 수도권교통본부, 지리산권 관광개발조합이 있다.

그 가운데 지리산권관광개발조합(www.jirisantour.go.kr)은 지리산의 발전 잠재력을 활용해 지역사회의 관광개발을 목적으로 설립되었으며 지리산권 3도 7개 시군(전라북도 남원시, 장수군, 전라남도 곡성군, 구례군, 경상남도 하동군, 산청군, 함양군)이 공동연계사업으로 16개 주요 사업을 추진하고 있다. 대표적으로 지리산 둘레길, 농촌문화관광마을 등이 있으며 2008년 11월 출범해 지금까지 지속하고 있다.

지방자치법에 따르면 지방자치단체장의 협의체도 구성할 수 있으며 협의체는 활발하게 의견을 논의하고 있다.

> **지방자치법**
> [시행 2022. 1. 13] [법률 제17893호, 2021. 1. 12, 전부개정]
>
> 제182조(지방자치단체의 장 등의 협의체) ① 지방자치단체의 장이나 지방의회의 의장은 상호 간의 교류와 협력을 증진하고, 공동의 문제를 협의하기 위하여 다음 각 호의 구분에 따라 각각 전국적 협의

> 체를 설립할 수 있다.
> 1. 시 · 도지사
> 2. 시 · 도의회의 의장
> 3. 시장 · 군수 및 자치구의 구청장
> 4. 시 · 군 및 자치구의회의 의장
> ② 제1항 각 호의 전국적 협의체는 그들 모두가 참가하는 지방자치단체 연합체를 설립할 수 있다.

대한민국시도지사협의회(www.gaok.or.kr)는 전국 17개 광역 시 · 도가 함께 지방분권을 통한 건전한 지방자치 육성으로 전국민이 골고루 잘사는 나라를 만들고 지방자치 활성화를 목적으로 1999년 설립되었다. 이 협의회는 시도 상호 간 교류와 협력을 증진해 지방자체단체 공동문제를 협의, 지방자치단체의 국제화 관련 업무를 지원하고 지역사회의 균형발전과 지방자치의 건전한 육성에 기여한다는 목적을 가지고 있다.

전국시도의회의장협의회(http://ampcc.go.kr)는 17개 전국 시 · 도의회의장들로 구성된 협의체로 지방자치 발전, 지방의회 상호교류, 협력 증진, 불합리한 법령과 제도 개선 공동 활동 등으로 지방분권과 지방자치 발전에 노력한다는 목적을 가지고 활동하고 있다.

전국시장군수구청장협의회(www.namk.or.kr)도 1999년 설립되어 전국 226명 민선 시장, 군수, 구청장이 지방 공동문제를 협의하고 지방의 의견을 대변하고 있다. 시군구 중심의 풀뿌리 지방자치를 실현하고자 노력하고 있으며 지방자치 발전을 저해하는 불합리한 제도와 지방의 취약한 재정여건 개선, 중앙정부 · 유관기관단체와 협력, 국내외 지방자치단체 상호 친선 도모와 교류 증진 등을 하고 있다.

전국시군자치구의회의장협의회(www.ncac.or.kr)는 전국 226개 지방의회, 2,927명의 의원의 뜻을 모아서 지방자치 발전, 지방의회 위상 제고, 역량 강화 등에 노력하고 있다.

지방자치법은 국가와 지방자치단체의 협력 의무를 정하고 있는데 그 이유는 주민에게 균형적 공공서비스 제공, 지역 간 균형발전을 달성하는데 있다.

> **지방자치법**
> **[시행 2022. 1. 13.] [법률 제17893호, 2021. 1. 12, 전부개정]**
>
> 제183조(국가와 지방자치단체의 협력 의무) 국가와 지방자치단체는 주민에 대한 균형적인 공공서비스 제공과 지역 간 균형발전을 위하여 협력하여야 한다.
> 제184조(지방자치단체의 사무에 대한 지도와 지원) ① 중앙행정기관의 장이나 시·도지사는 지방자치단체의 사무에 관하여 조언 또는 권고하거나 지도할 수 있으며, 이를 위하여 필요하면 지방자치단체에 자료 제출을 요구할 수 있다.
> ② 국가나 시·도는 지방자치단체가 그 지방자치단체의 사무를 처리하는 데 필요하다고 인정하면 재정지원이나 기술지원을 할 수 있다.
> ③ 지방자치단체의 장은 제1항의 조언·권고 또는 지도와 관련하여 중앙행정기관의 장이나 시·도지사에게 의견을 제출할 수 있다.
> 제185조(국가사무나 시·도 사무 처리의 지도·감독) ① 지방자치단체나 그 장이 위임받아 처리하는 국가사무에 관하여 시·도에서는 주무부장관, 시·군 및 자치구에서는 1차로 시·도지사, 2차로 주무부장관의 지도·감독을 받는다.
> ② 시·군 및 자치구나 그 장이 위임받아 처리하는 시·도의 사무에 관하여는 시·도지사의 지도·감독을 받는다.

지방자치단체 사무에 대한 조언과 권고, 자료 제출 요구, 재정 지원, 기술 지원 등으로 포괄적인 내용을 담고 있다. 국가사무를 위임받아서 지방자치단체에서 처리할 때는 지도와 감독을 받도록 했다. 협력 의무, 지도와 지원, 지도 감독은 모두 국가와 지방자치단체 관계에서 나타날 수 있는 사항을 규정한 조항이다.

1995년 민선 자치 이후 지방분권 확산, 권한 이양 노력이 계속되었고 주민 생활에 직접적으로 영향을 미치는 자치법규는 연평균 5% 이상, 조례는 2배 이상 지속적으로 증가해 왔다. 사회구조의 변화, 높은 교육 수준으로 주민 의식이 높아지면서 다양한 지역주민의 요구를 반영한 자치법규의 중요성은 갈수록 증가하고 있다. 지방 행정과 재정 정보 공개 확대 플랫폼이 구축된 상태에서 주민참여도 활성화되고 있다. 주민이 체감하는 자치입법을 실현하려면 국법 질서와 조화를 이루어야 하고 지역 발전과 주민 복리 증진에 기여할 수 있어야 한다(행정안전부, 2019).

지금까지 재의요구 조례는 1,039건이며 단체장 발의(370건), 의원 발의(669건)로 자체적으로 재의 요구한 경우(506건), 상급기관 지시는 시도지사(423건), 장관(110건)이며 그 사유는 이의 제기(151건), 법령 위반(816건), 공익위반(69건)이다. 이렇게 재의요구에 대한 조치 결과는 "부결"이 가장 많은 편이었다. 대법원 제소 조례 현황에서는 총 163건 가운데 "무효"가 가장 많았다.

위법 유형별로 보면 첫째, 개별 상위 법령의 규정 내용을 위배한 경우다. 예를 들어, "대마도의 날 지정"이 있으며 지방공기업 관련, 특정 분야 지원 관련 조례가 있다. 둘째, 해당 지방자치단체 사무가 아닌 사항을 규정해 위배된 경우다. 그 예로 "난민 지원", 의용소방대, 소방공무원 근무 관련 내용이다. 셋째, 법률의 위임 없이 주민의 권리 제한·의무 부과·벌칙 규정 때문에 위배된 경우로 복지회관 설치 운영, 저탄소 녹색성장, 도시계획 등이 있다. 넷째, 지방의회와 집행기관의 권한 분리·배분·대표제 원리 위배 사례가 있다. 그 예로 행정사무, 개인하수처리시설, 보육교사, 도시공원, 의회사무, 주거환경정비, 유통기업 상생발전, 학교급식식품비 등과 같은 분야에서 나타났다. 다섯째, 상급기관 승인 등과 같은 선행 절차 미이행, 현저한 공익 침해, 기타 이의가 있는 경우로 농수산물 도매시장, 교육지원, 체육진흥, 폐기물, 인권보장, 가축분뇨, 출산장려금, 출생아 건강보험금 등이다. 다양한 유형 가운데 기관을 대상으로 문제가 발생한 경우도 있었지만 주민과 연결된 조례에 대해서 문제가 생긴 부분도 있다.

이렇게 조례 재의 제소의 해석에 대해서 지방자치단체 또는 지방의회는 중앙행정기관에 공식적으로 질의하기도 한다. 예를 들어, "청년"의 정의를 조례에서 다르게 할 수 있는지(가능), 법률에 명시적 위임이 없는데도 조례로 "과태료"를 부과할 수 있는지(일부 가능), "시민안전보험 가입 조례 제정 시 시민의 동의 절차 규정 여부(신중 검토)" 등은 주민 일상과 밀접한 연관이 있다.

중앙지방협력회의는 지방자치 발전과 지역균형발전에 관련된 중요 정책을 심의하는 역할을 맡는다. 이는 "제2국무회의" 성격을 지니고 있다는 평가와 함께 중앙정부와 지방자치단체 사이의 협력, 권한, 사무, 재원 배분 등이 폭넓게 논의된다는 점에서 의미가 있다.

또한 행정협의조정위원회는 국무총리실 소속 의결위원회로 중앙행정기관과 지방자치단체의 사무 처리 의견이 다를 때 이를 신속하고 효율적으로 협의·조정하고 있으며 중대한 지역 문제가 안건이 된다.

지방자치법
[시행 2022. 1. 13] [법률 제17893호, 2021. 1. 12, 전부개정]

제186조(중앙지방협력회의의 설치) ① 국가와 지방자치단체 간의 협력을 도모하고 지방자치 발전과 지역 간 균형발전에 관련되는 중요 정책을 심의하기 위하여 중앙지방협력회의를 둔다.

제187조(중앙행정기관과 지방자치단체 간 협의·조정) ① 중앙행정기관의 장과 지방자치단체의 장이 사무를 처리할 때 의견을 달리하는 경우 이를 협의·조정하기 위하여 국무총리 소속으로 행정협의조정위원회를 둔다.

제188조(위법·부당한 명령이나 처분의 시정) ① 지방자치단체의 사무에 관한 지방자치단체의 장(제103조제2항에 따른 사무의 경우에는 지방의회의 의장을 말한다. 이하 이 조에서 같다)의 명령이나 처분이 법령에 위반되거나 현저히 부당하여 공익을 해친다고 인정되면 시·도에 대해서는 주무부장관이, 시·군 및 자치구에 대해서는 시·도지사가 기간을 정하여 서면으로 시정할 것을 명하고, 그 기간에 이행하지 아니하면 이를 취소하거나 정지할 수 있다.

제189조(지방자치단체의 장에 대한 직무이행명령) ① 지방자치단체의 장이 법령에 따라 그 의무에 속하는 국가위임사무나 시·도위임사무의 관리와 집행을 명백히 게을리하고 있다고 인정되면 시·도에 대해서는 주무부장관이, 시·군 및 자치구에 대해서는 시·도지사가 기간을 정하여 서면으로 이행할 사항을 명령할 수 있다.

제190조(지방자치단체의 자치사무에 대한 감사) ① 행정안전부장관이나 시·도지사는 지방자치단체의 자치사무에 관하여 보고를 받거나 서류·장부 또는 회계를 감사할 수 있다. 이 경우 감사는 법령 위반사항에 대해서만 한다.

제191조(지방자치단체에 대한 감사 절차 등) ① 주무부장관, 행정안전부장관 또는 시·도지사는 이미 감사원 감사 등이 실시된 사안에 대해서는 새로운 사실이 발견되거나 중요한 사항이 누락된 경우 등 대통령령으로 정하는 경우를 제외하고는 감사 대상에서 제외하고 종전의 감사 결과를 활용하여야 한다.

지방자치단체의 명령이나 처분이 현저하게 부당하고 공익을 해치면 시정, 취소, 정지할 수 있으며 명백한 해태(懈怠 : 게으름)할 때도 기간을 정해서 서면으로 이행을 명령할 수 있다. 자치사무에 대한 감사는 위반사항에 대해서만 실시하는 등의 조항이 명시되어 있다.

지방의회 의결이 법령을 위반하거나 공익을 현저하게 해치면 해당 지방자치단체장에게 재의를 요구할 수 있고 20일 이내에 지방의회에 이를 요구해야 한다. 재의한 결과 재적의원 과반수의 출석과 출석의원 3분의 2이상의 찬성으로 의결하면 확정된다. 만약 재의결된 사항에 대해 지방자치단체장이 법령에 위반된다고 판단하면 20일 이내에 대법원에 소를 제기할 수 있고 필요한 경우 집행정지결정을 신청할 수 있다. 이렇게 지방의회 의결의 재의와 재소에 관련해 대법원에 소를 제기하는 경우가 가끔 발생하며 정치적 입장 등이 뒤섞인 경우가 많다.

지방자치법
[시행 2022. 1. 13] [법률 제17893호, 2021. 1. 12, 전부개정]

제192조(지방의회 의결의 재의와 제소) ① 지방의회의 의결이 법령에 위반되거나 공익을 현저히 해친다고 판단되면 시·도에 대해서는 주무부장관이, 시·군 및 자치구에 대해서는 시·도지사가 해당 지방자치단체의 장에게 재의를 요구하게 할 수 있고, 재의 요구 지시를 받은 지방자치단체의 장은 의결사항을 이송받은 날부터 20일 이내에 지방의회에 이유를 붙여 재의를 요구하여야 한다.
② 시·군 및 자치구의회의 의결이 법령에 위반된다고 판단됨에도 불구하고 시·도지사가 제1항에 따라 재의를 요구하게 하지 아니한 경우 주무부장관이 직접 시장·군수 및 자치구의 구청장에게 재의를 요구하게 할 수 있고, 재의 요구 지시를 받은 시장·군수 및 자치구의 구청장은 의결사항을 이송받은 날부터 20일 이내에 지방의회에 이유를 붙여 재의를 요구하여야 한다.
③ 제1항 또는 제2항의 요구에 대하여 재의한 결과 재적의원 과반수의 출석과 출석의원 3분의 2 이상의 찬성으로 전과 같은 의결을 하면 그 의결사항은 확정된다.
④ 지방자치단체의 장은 제3항에 따라 재의결된 사항이 법령에 위반된다고 판단되면 재의결된 날부터 20일 이내에 대법원에 소를 제기할 수 있다. 이 경우 필요하다고 인정되면 그 의결의 집행을 정지하게 하는 집행정지결정을 신청할 수 있다.

이렇게 지방자치단체 간 협력과 분쟁 조정은 지방자치단체만 해당되기보다 지역 주민이 얽혀 있는 경우가 거의 대부분이다. 그렇지만 분쟁이나 갈등이 해소되는 사례도 적지 않은데 그 예를 들어보면 두 가지로 나눌 수 있다(행정안전부, 2020).

첫째, 지방자치단체 협력과 분쟁 해결 사례에서 경상남도 "거창법조타운 조성사업 추진 중 구치소 신축 위치"에 대한 주민 간 찬반 갈등 발생으로 6년 간 합의가 안 되었지만 찬반 주민대표가 참여하는 협의체를 구성했고 주민의견 수렴방법으로 주민투표에 합의해 2019년 주민투표 결과 "현재 장소 추진 찬성"으로 확정되었다. 투표 이후 민관 협의회를 구성해 사업추진에 따른 이점을 확보하는데 공동으로 노력하고 있다.

둘째, 지역 내 마을공동체에서 발생하는 갈등을 주민이 조정 관리하는 주민참여형 갈등관리 시스템을 구축했다. 주요 내용으로는 주민조정가 양성, 마을갈등조정단 설치근거 마련, 갈등관리힐링센터 운영, 이웃소통방 운영이다.

셋째, 서울특별시 종로구 "이화동 성곽마을" 지적 정리 추진에서 재개발구역 해제 후 도시재생으로 사업이 변경된 관광명소에서 건축물 현황과 지적공부의 불일치로 인접주민 간 갈등이 이어져왔다. 이화마을 414필지에 대한 지적측량과 지적공부 등 정리를 완료했는데 60년 동안 갈등, 총 22회 협의를 거치면서 주민을 설득해 재산권행사 불편을 해소하고 토지를 효율적으로 활용할 수 있게 되었다.

넷째, "위례신도시 상생협력 행정협의회"는 신도시 주민 불편사항이 폭증한데 원인이 있다. 하나의 생활권 내에 3개 지방자치단체 행정구역이 중첩되어 교통, 쓰레기, 문화행사, 지역도서관 설치 등에서 불편이 이어졌다. 이에 쓰레기종량제 봉투 공동 사용 등의 성과를 이루었다.

이미 각종 분쟁조정 관련 제도가 있는데 헌법재판소(권한쟁의심판)를 비롯해 중앙환경분쟁조정위원회(환경 오염), 국가물관리위원회(물), 중앙수산조정위원회(어업)가 있다(행정안전부, 2019). 갈등관리 민간기관으로는 갈등문화연구원, 공존협력연구소, 단국대학교분쟁해결센터, 사회갈등연구소, 선문대학교 정부간관계연구소, 한국갈등관리연구소, 한국갈등관리학회, 한국갈등해결센터, 한국사회갈등해소센터, 한국조정중재협회, 한국행정연구원 사회통합연구실이 있다. 이와 같이 지방자치단체 간 협력과 분쟁은 앞으로도 이어질 것이며 이를 얼마나 지혜롭게 풀어 가는지 여부가 주민 복리 증진을 높일 수 있는 계기가 될 것이다.

생각해보기

"갈수록 수도권 집중이 심각해지는 단면을 보여주는 것"이라며 '티부(미국 경제학자)의 가설'로 설명했다. 일명 '발에 의한 투표(voting with the feet)'로 불리는 이 가설은 주민들이 각자 선호에 따라 지역 간 자유로운 이동을 통해 스스로 지방정부를 선택한다는 것이다. 주민들이 내는 세금과 그들이 제공받는 공공서비스의 비교 평가를 통해 결과적으로 지방정부의 공공재 공급의 적정규모가 결정된다. 즉, 인구와 기업이 집중된 지역은 재정력이 우수하고 그를 바탕으로 양질의 행정서비스를 펼 것이며, 그 결과 더욱 많은 사람과 기업이 몰려 더 많은 세금을 냄으로써 다시 재정을 키우는 선순환구조가 된다는 논리이다.

출처 : 한국일보(2017.02.15.), "지방자치 22년, 1등 지자체 핵심 요소는 재정력".

질문) 티부 가설처럼 주민이 원해서 찾아다니는 공공서비스는 무엇이 있을까?

2000년대 초반 신공공관리론은 오히려 더욱 보편화됐다. 영국 노동당이 흔히 공무 담당자들을 가리킬 때 썼던 '공무원', '행정관료', '실무자'라는 용어가 '지도자', '전략수립가', '계약인', '경영관리자', '구매자'라는 용어로 대체되는 현상을 주의 깊게 봐야 한다. 정부 좌파의 주요 대변인들이 경영전문대학원식의 논리에 영향을 받아 성과평가와 투명성, 관리·감독의 중요성을 강조하는 것도 신공공관리론의 보편화를 여실히 드러낸다.

이런 방식은 중앙과 지방의 행정 관료들이 자신의 행위와 결과를 끝없이 정당화하도록 몰아넣는다. 성과목표 및 성과지표의 상승과 이를 추구하도록 의사결정을 요구하는 것은 아이러니하게도 신공공관리론의 목표였던 관료 기능의 축소가 아닌 오히려 확대를 가져왔다.

때때로 블레어 정부는 신공공관리론을 도입한 보수당보다 오히려 신공공관리론을 확대시키려는 것처럼 보이기도 했는데, 이는 OECD의 기대를 넘어서는 것이었다. 블레어 정부는 학교와 병원의 경영 자율화 정책을 넘어, 공공서비스에서도 '선택'의 중요성을 강조했다. 따라서 시민은 향후 (총리 직속 '공공부문혁신처'의 표현을 빌리자면) '소비자'가 되지만, 공직자들은 여전히 간섭과 통제를 중요시하고, 자신의 이익을 위해 일률적인 서비스를 제공하는 것으로 여겨지기 때문에, 복지국가의 존폐는 향후 서비스 및 서비스 수혜자(공공 및 민간)의 다변화에 좌우될 것이다.

출처 : 르몽드디플로마티크(2009.12.03.). "영국 신공공관리론의 함정".

질문) 신공공관리론이 지방행정에 오래 전부터 적용되었는데 문제점은 무엇일까?

제5장
지방선거

지방선거를 미리 알아보기

● **중앙선거관리위원회**
헌법상 독립기관으로 선거, 국민투표, 정당과 정치자금 사무처리 등을 관장하고 있다.
www.nec.go.kr

● **한국매니페스토실천본부**
각종 정책, 공약 등의 예측가능성과 신뢰성을 구축하는데 목적을 두는 단체다.
http://manifesto.or.kr

● **정책공약 알리미**
정당정책, 후보자공약, 당선인공약 등을 안내하는 곳이다.
http://policy.nec.go.kr

지방선거는 지방자치단체장과 지방의회 의원에게 가장 중요한 일이며 이를 관리하는 중앙선거관리위원회 역할도 매우 크다. 선거는 민주주의의 꽃이라고 표현할 만큼 중요하나 이를 원만하게 운영하는데 상당한 어려움과 희생이 필요했다. 지방선거의 의의와 특징, 법률과 제도를 포괄적으로 살펴보고 정당의 역할을 알아보도록 한다.

|제1절| 지방선거의 의의와 특징

　대한민국의 선거는 민주적인 절차에 따라 보통·평등·직접·비밀선거로 1948년 5월 10일 제헌국회의원선거가 시초다. 정부 수립 후 선거 사무는 행정기관에 설치된 '선거위원회'가 관장했지만 1960년 3·15 부정선거에 대한 반성으로 선거 관리의 공정성을 담보하려고 1960년 6월 15일 제2공화국 제3차 개정헌법에 '중앙선거위원회'를 설치했다. 그러나 1961년 5·16 군사정변 직후 기구가 폐쇄되었고 1962년 12월 26일 제3공화국 제5차 개정헌법에 '중앙선거관리위원회', '각급선거관리위원회'에 대한 근거를 두고 1963년 1월 21일 '선거관리위원회'를 창설해 현재에 이르고 있다(중앙선거관리위원회 홈페이지, 2021).

　지방선거를 비롯한 모든 공직 선거는 1963년 초기에는 선거 자체를 공정하게 관리하고 주권의식을 계도하는데 주력했다. 1987년부터 위법선거운동을 본격적으로 단속했으며 제13대 대통령선거 직선제 도입과 민주화 진전에 따라 선거운동의 자유가 신장되었지만 선거에 관련된 불법 사례가 급증했다. 이에 선거관리위원회는 선거법위반행위를 강력하게 감시 단속했고 이에 국민 여론도 호의적이었다.

　1992년 선거법위반행위에 대한 각종 권한을 명문화했고 1994년 공직선거법으로 통합 제정하면서 '돈이 적게 드는 깨끗한 선거구현'을 표어로 새로운 선거·정당·정치자금제도를 마련했다. 이시기부터 금권 선거 등 각종 불법행위가 사라지는 계기가 되었고 지방선거가 본격적으로 실시되면서 국민의식의 변화도 크게 나타났다. 1996년 선거연수원 설치로 민주시민교육을 실시했으며 2000년부터 교육감선거도 관리하면서 선거의 폭이 넓어졌다.

　불법선거 포상금지급 제도 도입, 금품을 제공받은 사람에게 과태료부과 등 획기적인 제도 개선으로 선거의 공정성과 투명성을 유지할 수 있었고 선거방송토론위원회와 인터넷선거보도심의위원회를 설치해 누구나 선거 공약 등을 손쉽게 볼 수 있도록 제도화했다.

지방선거만이 아니라 2004년부터 주민투표관리, 2005년부터 조합장선거, 국립대학총장후보선거를 위탁관리하고 있으며 2006년 주민소환투표도 관리하도록 제도화되었다. 국민주권을 실현하고, 유권자의 투표편의를 도모하기 위한 새로운 제도가 시행되었다. 2012년 제19대 국회의원선거에서 재외선거제도, 제18대 대통령선거에서 선상투표제도가 도입되었다. 2013년 사전투표제도가 도입되어 제6회 전국동시지방선거에서 선거일 전에 전국 어디서나 쉽고 편리하게 투표할 수 있다는 점이 커다란 변화였다. 2015년 제1회 전국동시조합장선거를 성공리에 관리했고 기존 정당관계자 외에 일반 시민도 개표과정을 참여할 수 있도록 개표참관인제도를 도입하는 등으로 노력하고 있다(중앙선거관리위원회 홈페이지, 2021).

제1회 전국동시지방선거가 1995년 6월 27일 실시되었을 때 투표율 68.4%을 기록한 이래 2018년 6월 13일 제7회 전국동시지방선거를 실시했으며 투표율 60.2%이었다. 역대 선거에서 가장 높은 투표율은 90.7%로 시읍면의회 의원선거(1952년 4월 25일)이며 가장 낮은 투표율은 38.8%로 서울시장 및 도지사선거(1960년 12월 29일)이다. 현재 제7회 지방선거 기준으로 시도지사 선거(선거구수 17), 구시군 장 선거(선거구수 226), 시도의회의원 선거(선거구수 754), 구시군의회의원 선거(선거구수 1,261), 교육감 선거(선거구수 17), 교육위원 선거(선거구수 5)로 집계되었다.

선거 관련 법률과 제도는 지방선거에 엄청난 영향을 주었지만 모든 사회는 다른 사회와 구별되는 특징이 있듯이 정치문화도 예외가 아니다. 이러한 구별은 특정 사회 구성원이 다른 사회와 구별되는 생활양식과 소중하게 생각하는 가치와 관습의 차이에서 비롯된다. 문화는 공유된 의미라고 말하기도 하는데 이렇게 공유된 의미는 다양한 방법으로 표현된다. 정치문화는 특정 사회가 가지고 있는 문화의 일부로 사회구성원이 공유하는 신념, 가치, 태도 등을 말한다. 정치문화는 현재 세대에서 다음 세대로 전수되며 그 과정을 가족, 어른, 선배, 스승 등으로부터 배우는 경우가 대부분이다(류지성, 2019). 한국 사회는 유교사상, 일제강점기의 악습, 좌우 이념 갈등, 주변 국가, 군사정권, 민주화, 지역주의 등이 정치문화에 어떤 형태라도 관련되어 있다. 그 가운데 지방선거는 지역적 특색을 기반으로 연고와 인맥이 강하게 작용해왔다.

그렇지만 지방선거는 지방자치단체장과 지방의회 의원을 선출하는 엄정하고 공식적인 제도로 앞으로도 계속 존재하며 지방자치행정의 방향을 정하고 발전을 이루는데 가장 기본이라는 점에서 수많은 사람이 관심을 기울이고 있다.

|제2절| 지방선거에 관한 법률과 제도

지방자치법에서는 지방선거에 관련해 따로 법률로 정하고 있다.

> **지방자치법**
> [시행 2022. 1. 13] [법률 제17893호, 2021. 1. 12, 전부개정]
>
> 제36조(지방선거에 관한 법률의 제정) 지방선거에 관하여 이 법에서 정한 것 외에 필요한 사항은 따로 법률로 정한다.

지방선거를 비롯한 대한민국의 모든 선거를 공직선거법에 근거를 두고 있으며 입후보자가 아니더라도 선거의 중요성을 누구나 인식하고 있으므로 이 법률을 지방자치행정에서 살펴보는 것은 매우 중요하다. 그 가운데 선거구역과 의원정수(공직선거법 제20조 ~ 제32조)는 구역 개편과 직결되므로 지역 주민과 정치인의 이해관계가 첨예하게 대립되기도 한다.

> **공직선거법**
> [시행 2021. 1. 1] [법률 제17758호, 2020. 12. 29, 타법개정]
>
> 제1조(목적) 이 법은 「대한민국헌법」과 「지방자치법」에 의한 선거가 국민의 자유로운 의사와 민주적인 절차에 의하여 공정히 행하여지도록 하고, 선거와 관련한 부정을 방지함으로써 민주정치의 발전에 기

> 여함을 목적으로 한다. 〈개정 2005. 8. 4.〉
> 제2조(적용범위) 이 법은 대통령선거·국회의원선거·지방의회의원 및 지방자치단체의 장의 선거에 적용한다.

공직선거법에서 선거인은 선거권이 있는 사람으로 선거인명부(재외선거인명부)에 올라 있는 사람이며 주민등록표에 따라 조사한 인구를 기준으로 선거사무관리를 한다. 이때 지방자치단체장이나 지방의회의원 선거는 선거권이 있는 외국인의 수를 포함한다. "관공서 기타 공공기관"은 선거관리위원회의 협조요구를 받으면 우선적으로 따라야 한다. 국가는 선거권자가 선거권을 행사할 수 있도록 필요한 조치를 해야 하고 선거권자는 성실하게 선거에 참여해 선거권을 행사해야 한다(매년 5월 10일은 유권자의 날). 이에 다른 자에게 고용된 사람이 사전투표기간 또는 선거일에 모두 근무하는 경우 투표에 필요한 시간을 고용주에게 청구할 수 있고 이를 고용주는 보장해주어야 한다.

공직선거법만이 아니라 상식적으로도 공무원의 정치적 중립 의무는 지켜야만 한다. 그것은 공무원 개인만이 아니라 기관이나 단체를 포함한다.

> **공직선거법**
> [시행 2021. 1. 1] [법률 제17758호, 2020. 12. 29, 타법개정]
>
> 제9조(공무원의 중립의무 등) ① 공무원 기타 정치적 중립을 지켜야 하는 자(機關·團體를 포함한다)는 선거에 대한 부당한 영향력의 행사 기타 선거결과에 영향을 미치는 행위를 하여서는 아니된다.
> ② 검사(군검사를 포함한다) 또는 경찰공무원(檢察搜査官 및 軍司法警察官吏를 포함한다)은 이 법의 규정에 위반한 행위가 있다고 인정되는 때에는 신속·공정하게 단속·수사를 하여야 한다. 〈개정 2006. 2. 21., 2016. 1. 6., 2020. 12. 22.〉

선거에 대한 부당한 영향력 행사, 기타 선거결과에 영향을 주는 어떠한 행위도 안 되며 검사나 경찰공무원은 위반 행위가 있으면 신속 공정하게 단속 수사해야 한다. 기본적으로 공무원은 정치적 중립 의무가 있으며 이를 위반하면 관련 법률에 따라 처벌을 받는다.

|제3절| 지방선거와 정당 활동

정당은 정책 형성 과정에 중요한 이익표출과 이익결집을 고려해 정치적으로 활동한다. 이익표출은 정부에 어떤 것을 해주기를 구체적으로 요구하는 행위다. 이익표출은 이익집단에서 주로 하는 행위이지만 어느 정도 정당도 이를 수행하며 정당은 고유한 정강(정당의 목적과 규칙)에 따라 정치 활동을 하며 국민의 입장을 수렴하고 이를 대변한다(류지성, 2019).

정당은 국민의 정치적 주장을 모으고 국가 주요 정책에 의견을 표출하며 정치권력을 획득하고 정권을 창출하는 결사체를 말한다. 정당이 이런 목적을 달성하려면 선거라는 수단을 동원해야 하며 대표제(비례대표제), 선거구제(중선거구제), 투표제(다수대표제)와 같은 방법과 불가분의 관계다. 정당의 긍정적 기능은 지역 주민의 의견을 모으는 역할, 건전한 정치 발전에 기여, 후보자 선택이 쉽고 선거 관리의 편의성이 있다. 반대로 부정적 기능은 지방 분권 기능의 약화를 들 수 있다. 이는 정당은 보통 전국 단위 조직이고 중앙당에 지시에 따라 움직이므로 중앙집권적 특성을 지닌다는 뜻이다. 정당 간 경쟁이 과열되면 선거 전에 경쟁 구조가 선거 이후에도 계속 이어질 수 있다.

지방의회 의원 선거를 처음 시작할 때부터 지속적으로 지방의회에 정당 참여 여부에 대해 첨예한 논란이 있었으며 일반 국민도 이에 대한 찬반 논의가 엇갈렸다. 지방선거에 정당 참여 문제는 필요하며 투표권자가 입후보자를 선택하는 것이 쉬워진다는 입장이 있는 반면에 정당 참여는 주민의 기본 살림살이를 주민이 직접 살핀다는 주민자치 원리에 반하고 정당이 개입하면 지방행정이 중앙정치에 예속된다는 의견도 있었다. 이에 기초의회 의원 선거는 정당 참여를 배제하고 광역의회 의원 선거는 정당공천을 허용하다가 2006년부터 기초의회 의원 선거에도 정당공천제가 도입되었다. 그렇지만 그것이 적합한지 여부를 두고 많은 논란이 있는 것이 사실이다. 이른바 정당공천제의 장점은 정당에서 정치 신인을 검증 발굴 가능, 사회적 약자의 정치 참여를 제도적으로 보장한다는 것이다. 반대로 단점은 생활자치 영역인 지방행정이 중앙정치에 예속될 수 있다는 점, 특정 정당의 1당 지배 가능성, 단체장과 의회 다수당이 다르면 행정의 불안정이 있을 수 있다는 점이다(행정안전부, 2020).

지방의회 운영방식은 위원회 중심주의면서 본회의 결정주의에 따르고 있다. 의안심사는 주로 상임위원회에서 다루고 본회의는 위원회에서 보고한 내용을 중심으로 가부를 결정하는 구조다. 위원회는 본회의에 앞서 안건을 예비적으로 심사하는 절차로 소수 의원으로 구성 운영되는 합의제 기관이다. 의회에 제출된 안건은 비교적 전문지식을 가진 의원으로 구성된 위원회가 더 세부적·전문적으로 사전 심사하고 그 결과를 본회의에 보고하는 형태.

공직선거법에서는 정당과 후보자의 공정경쟁의무를 명시하고 있다. 스포츠 경기에서도 규칙에 따른 공정한 경쟁을 강조하는 것과 비슷하다. 선거에 참여하는 정당이나 후보자의 선거운동은 선량한 풍속과 사회질서를 해치면 안 되며 이를 위반하면 엄격한 처벌을 받는다.

공직선거법
[시행 2021. 1. 1] [법률 제17758호, 2020. 12. 29, 타법개정]

제7조(정당·후보자 등의 공정경쟁의무) ① 선거에 참여하는 정당·후보자(후보자가 되고자 하는 자를 포함한다. 이하 이 조에서 같다) 및 후보자를 위하여 선거운동을 하는 자는 선거운동을 함에 있어이 법을 준수하고 공정하게 경쟁하여야 하며, 정당의 정강·정책이나 후보자의 정견을 지지·선전하거나 이를 비판·반대함에 있어 선량한 풍속 기타 사회질서를 해하는 행위를 하여서는 아니된다. 〈개정 2004. 3. 12., 2008. 2. 29.〉
제11조(후보자 등의 신분보장) ② 국회의원선거, 지방의회의원 및 지방자치단체의 장의 선거의 후보자는 후보자의 등록이 끝난 때부터 개표종료시까지 사형·무기 또는 장기 5년 이상의 징역이나 금고에 해당하는 죄를 범하였거나 제16장 벌칙에 규정된 죄를 범한 경우를 제외하고는 현행범인이 아니면 체포 또는 구속되지 아니하며, 병역소집의 유예를 받는다. 〈신설 1995. 5. 10.〉

후보자의 신분보장은 후보자 등록이 끝난 때부터 개표 종료까지 중대한 죄가 아니면 체포 또는 구속되지 않으며 병역소집도 유예 받는다. 그만큼 후보자가 안정적인 선거운동을 할 수 있도록 배려한 조항이라고 볼 수 있다.

또한 18세 이상의 국민은 대통령과 국회의원 선거권이 있으며 선거일을 기준으로 5년 이상 국내에 거주하고 있는 40세 이상의 국민은 대통령의 피선거권이 있다.

공직선거법
[시행 2021. 1. 1] [법률 제17758호, 2020. 12. 29, 타법개정]

제15조(선거권) ① 18세 이상의 국민은 대통령 및 국회의원의 선거권이 있다.
제16조(피선거권) ① 선거일 현재 5년 이상 국내에 거주하고 있는 40세 이상의 국민은 대통령의 피선거권이 있다. 이 경우 공무로 외국에 파견된 기간과 국내에 주소를 두고 일정기간 외국에 체류한 기간은 국내거주기간으로 본다. 〈개정 1997. 1. 13.〉

피선거권은 당선인이 될 수 있는 자격을 말하며 대통령은 40세 이상, 국회의원은 25세 이상(거주 요건 없음), 지방자치단체장도 25세 이상(선거일 현재 60일 이상 관할구역의 주민등록 주민) 국민이 해당된다.

정당 후보자 추천도 선거구별 정수 범위 안에서 소속당원을 후보자로 추천할 수 있으며 비례대표자치구시군의원은 정수 범위를 초과해 추천할 수 있다. 정당의 득표수에 비례해 당선인 수를 배정하는 선거방식인 비례대표는 득표수 비례에 따라 의석을 부여하기 때문에 정수 범위를 초과 추천할 수 있다.

정당도 특정인을 후보자로 추천하는 과정에서 금품을 수수하는 어떠한 행위도 할 수 없으며 상식적으로도 금품을 수수하면 정당 내외부에서 "잡음"이 생길 수밖에 없다.

> **공직선거법**
> [시행 2021. 1. 1] [법률 제17758호, 2020. 12. 29, 타법개정]
>
> 제47조(정당의 후보자추천) ① 정당은 선거에 있어 선거구별로 선거할 정수 범위안에서 그 소속당원을 후보자(이하 "政黨推薦候補者"라 한다)로 추천할 수 있다. 다만, 비례대표자치구·시·군의원의 경우에는 그 정수 범위를 초과하여 추천할 수 있다. 〈개정 1995. 4. 1., 2000. 2. 16., 2005. 8. 4., 2020. 1. 14.〉
> 제47조의2(정당의 후보자추천 관련 금품수수금지) ① 누구든지 정당이 특정인을 후보자로 추천하는 일과 관련하여 금품이나 그 밖의 재산상의 이익 또는 공사의 직을 제공하거나 그 제공의 의사를 표시하거나 그 제공을 약속하는 행위를 하거나, 그 제공을 받거나 그 제공의 의사표시를 승낙할 수 없다.

공직선거법과 마찬가지로 정당법도 정당이 국민의 정치적 의사형성, 민주정치의 건전한 발전에 기여해야 한다는 목적을 가지고 있다. 이러한 목적을 달성하는데 정당의 민주적 조직과 활동을 보장할 필요가 있기에 법률이 만들어졌으며 이러한 법률이 없었던 과거 역사에서도 정당의 역할은 중요시되었다.

> **정당법**
> [시행 2020. 12. 10] [법률 제17354호, 2020. 6. 9, 타법개정]
>
> 제1조(목적) 이 법은 정당이 국민의 정치적 의사형성에 참여하는데 필요한 조직을 확보하고 정당의 민주적인 조직과 활동을 보장함으로써 민주정치의 건전한 발전에 기여함을 목적으로 한다.
> 제2조(정의) 이 법에서 "정당"이라 함은 국민의 이익을 위하여 책임있는 정치적 주장이나 정책을 추진하고 공직선거의 후보자를 추천 또는 지지함으로써 국민의 정치적 의사형성에 참여함을 목적으로 하는 국민의 자발적 조직을 말한다.
> 제3조(구성) 정당은 수도에 소재하는 중앙당과 특별시·광역시·도에 각각 소재하는 시·도당(이하 "시·도당"이라 한다)으로 구성한다.

정당은 정치적 주장이나 정책을 추진하는데 그것은 사익이 아니라 공익이며 국민의 정치적 의사형성에 참여하는 자발적 조직을 말한다. 정책학이나 행정학에서 "정당"은 "비공식적 참여자"로 분류되는 이유가 바로 자발성 때문이다. 정당은 국회(의회)와 다르게 설립과 해산을 할 수 있다는 점에서 매우 중요한 비공식적 참여자라고 할 수 있다. 보통 정당은 중앙당-시도당 형태며 기업이 본사와 지사가 있는 원리와 같다.

"정당공천제" 등 정당 활동, 후보자 선출, 선거 운동 등 지방선거 관련 내용은 매우 다양하며 정치의 고유한 특성 때문에 글로 표현하기 어려운 부분도 많다. 그렇지만 정책선거(매니페스토, Manifesto)는 매우 중요하다. 이 단어는 라틴어의 증거라는 뜻에서 유래했으며 과거의 행적을 설명하고 미래 행동의 동기를 밝히는 공적 선언이라는 의미로 사용되었다. 현재 한국에서 정책선거의 정의는 정당이나 후보자가 유권자에 대한 계약으로서 구체적 목표, 우선순위, 이행방법, 이행기간, 재원조달방안을 명시한 공약이다. 이를 유권자가 공약을 비교해서 실현가능성이 가장 높은 공약을 많이 제시한 정당이나 후보자에게 투표하는 것이다. 후보자는 공약을 작성하고 유권자는 공약을 비교한다는 점이 핵심이며 당선인은 공약을 실천하고 유권자는 공약 이행 여부를 평가해 다음 선거에서 지지할지 여부를 결정한다는 흐름이다(중앙선거관리위원회 정책공약알리미 홈페이지, 2021).

정당은 정권 창출이 목적인 집단이므로 공익을 대변하기도 하지만 자신의 이익도 어느 정도 추구해야 한다. 대표적인 정당의 활동은 선거기간에 정당과 후보자는 다양한 방법으로 그 정당과 후보자의 입장을 유권자에게 최대한 알린다. 로고송(광고 음악), 명함, 유세차량 등을 동원해서 정해진 기간에 총력전을 펼친다. 지방선거는 지역 주민을 상대하므로 걸어 다니면서 인사하기도 한다. 최근 여론조사 기법이 발달해 응답을 얻고 있으며 독특한 선거운동은 이목을 끌기도 한다.

그런데 정당의 선거 운동의 다른 기능은 바로 정치 교육적 차원이다. 유권자는 선거기간이 아니면 지역 정치에 관심이 별로 없다. 아무리 지역에서 오래 살아도 특별하게 지방자치행정에 관심이 없다면 정보의 양도 적고 별다른 의견이 없이 지내도 아무 지장이 없다. 그러한 유권자에게 선거운동은 "듣기 싫고 보기 싫어도" 정치에 관심을 가지도록 하는 기능이 있다. 공약집이 집으로 배송되면 그것을 보고 후보자의 기본 이력 등을 파악할 수 있고 내용을 살피는 가운데 "지역 현안"이 무엇인지 알 수도 있다. 극히 드물지만, 지역 현안이 잘못 설정되거나 주민이 원하는 내용이 없을 때는 유권자는 후보자에 대한 믿음이 사라질 수도 있다.

정당 활동은 어느 정도 투표율을 높이는데 기여한다. 선거운동에서 유권자 1명당 소요된 자금은 투표율과 상관관계가 있는데 선거운동이 활발해지면 유권자가 후보자를 더 알 수 있으므로 아무래도 관심이 생긴다. 유권자는 선거나 지역 정치에 별로 관심이 없지만 투표 비용 자체는 무료고 투표행위 자체에서 보람(뿌듯함)을 얻을 수도 있다는 점이 특징이다. 최근 스마트폰의 발달로 투표소 밖에서 "인증 사진"을 찍는 경우가 많아서 직간접적으로 투표를 독려하는 역할도 한다.

지방선거와 정당 활동에 대해 글로 표현하는데 제한이 있으며 생동감 있고 역동적인 지방선거의 실제를 다루기는 어렵다. 자칫 공직선거법에 저촉되거나 오해를 불러일으키는 내용이 있을 수 있기 때문이다. 그렇지만 지방선거의 중요성은 아무리 강조해도 지나치지 않으며 비유적으로 표현하자면 "초중고등학교 전교학생회장" 선거에 대한 관심이 지방선거로도 계속 이어질 수 있도록 다각도의 보완과 발전이 필요하다.

생각해보기

주민들의 손으로 지역에 적합한 정책을 만들고 이를 통해 삶의 질을 개선했다는 점에서 지방자치의 상점은 차고 넘친다. 하지만 온전한 지방자치의 실현은 녹록지 않다. 잊을 만하면 터져 나오는 단체장과 지방의원의 추잡스러운 비리에 국민들은 실망감을 감추지 못하고 있다. 때로는 지방자치 무용론으로 비화되기도 한다.

선출직의 낙마로 인한 재보궐선거는 혈세 낭비라는 값비싼 대가를 치르고 있지만 근절되지 않고 있다. 오는 4월 7일 실시하는 서울시장과 부산시장 보궐선거에는 838억원의 국민 세금이 들어간다. 지방자치 부활 30년을 축하해야 할 2021년이지만 '역대급 광역단체장 보궐선거'라는 초유의 사태 때문에 빛이 바랬다.

출처 : 세계일보(2021.02.16.). "지방자치 부활 30년과 보궐선거".

질문) 종종 보궐선거를 할 수밖에 없는 원인이 무엇인가?

지난해 말 기독교와 불교 등 종교계 및 일반인 150여명으로 구성한 국민주권시민연합은 이들 기초자치단체의 단체장과 의원들이 공천과 관련해 각종 부조리와 비리가 만연해 국민들이 분노하고 있다고 주장했다. 이들은 "지방분권의 취지를 좀 먹는 가장 큰 원인 중 하나가 바로 지방선거법제도"라며 "기초자치단체까지 만연한 줄 서기 식의 선거제도를 끝장내야 한다"고 폐지 이유를 밝혔다.

출처 : 뉴시스(2019.04.16.). "국민주권시민연합, 기초단체장·의원 정당공천제 폐지 주장".

질문) 정당공천제가 꼭 부조리와 비리만 있는 것인가?

제6장
지방의회

지방의회를 미리 알아보기

● 국회법률정보시스템
법률정보 자료(현행 법령 등)를 제공하는 곳이다.
http://likms.assembly.go.kr

● 주민참여조례
일정 주민 수 이상의 서명으로 지방자치단체장에게 조례 제정, 개정, 폐지를 청구할 수 있는 곳이다.
www.ejorye.go.kr

● 국회지방의회 의정정보
국회의정, 지방의회의정, 정책정보 등을 공개한 곳이다.
https://clik.nanet.go.kr

　지방선거를 거쳐서 지방의원이 확정되면 본격적으로 지방의회가 개최된다. 지방의회는 지방자치단체와 더불어 지방자치행정의 핵심 기둥이다. 지방의회의 의의와 특징, 지방자치법에 언급된 지방의회와 의원에 관련된 법률과 제도, 조례 제정 절차, 의회사무국의 역할 등을 알아보도록 한다.

|제1절| 지방의회의 의의와 특징

오늘날 주민이 선출하는 국회의원을 제외하고 지방의회 의원으로 구성되는 지방의회는 주민 의사를 간접적으로 반영하는 대의제적 성격을 지닌 지방자치제도를 이루는 바탕이라고 할 수 있다. 지방의회는 과거 서양의 시민혁명 과정을 거치면서 발전해왔으며 근대적 대표 개념에 기초해 주민이 선출한 의원을 구성원으로 하는 지방자치단체의 합의제 의사기관이라고 할 수 있다(행정안전부, 2020).

대표는 일정한 구역, 신분, 이익의 대표라기보다는 지방자치단체 전체 구역과 전체 주민의 이익을 대표한다는 뜻이며 의사기관은 해당 구역 내 최상위 의결기관으로 기본적으로 모든 자치사무에 대한 의사결정권을 갖는다는 의미다. 다수결 원리에 따라 기관의 의사를 결정하는 합의제를 이루고 있다.

2019년 기준 대한민국 국회의원은 253명이며 광역시도의원 824명, 시군구의원이 2,927명이다. 현재 제7기 지방의회 의원 정수 책정 기준은 시도의회 의원은 시·군·자치구마다 각 2인(하나의 시·군·자치구가 2이상의 국회의원 선거구로 되면 국회의원 선거구마다 2인, 14% 범위 내 조정 가능)으로 하한선은 19인 이상이며 시·군·자치구의회 의원은 해당 시도의 총 정수 범위 내에서 시도의 자치구·시·군의원선거구획정위원회가 자치구·시·군의 인구와 지역대표성을 고려해 중앙선거관리위원회 규칙이 정하는 기준에 따라 정하며 하한선은 7인 이상이다.

지방의회의 위상은 주민의 대표기관으로서 지방자치단체 의사를 최종적으로 확정하는 의결기관이면서 입법기관이고 행정 감시기관의 기능도 있다. 이때 대표권의 성질은 지방자치단체 지역 주민 전체에 관한 것이며 지방의회는 주민의 대표기관이라고 하더라도 지방자치단체의 대표기관은 아니라는 점을 구별해야 한다. 대한민국의 지방자치제도는 견제와 균형 원리를 기본으로 하는 기관대립 원칙 아래, 지방의회가 감시권을 행사해 집행기관의 독주를 막아 행정 업무 수행을 건전하고 합법적이며 합목적적으로 운영할 수 있도록 하고 있다. 지방의회는 지방자치단체장을 중심으로 하는 집행기관이 추진한 행정 사무가 의회가 의결한 대로 잘 하고 있는지 감시한다는 의미다. 집행기관 사무 감사, 조사, 지방자치단체장에 대한 서류제출 요구권, 관계 공무원의 출석요구, 행정사무처리상황 보고와 질문권 등이 있다.

보통 주민은 대통령, 국회의원, 지방자치단체장 선출에 대한 관심은 있으나 상대적으로 지방의회 의원에 대한 관심이 적은 편이다. 그렇지만 지방의회 의원은 지역 사회에서 "메신저" 역할을 담당하고 각종 생활 민원을 청취하며 지방자치단체와 관련된 모든 사항에 제언, 감사, 수정 등을 요구할 수 있다. 다시 말해서, 지방의회는 지역에 관련된 모든 일을 처리할 수 있는 권한을 가지고 있으며 지역 내 여론을 환기하는 등의 "일선 공직자" 역할도 한다는 점에서 가치가 크다. 또한 의회사무국 직원은 의원 활동을 원활하게 하는 주요 역할을 한다는 점에서 앞으로 더 조직이나 인력 등이 확충될 가능성이 있다.

|제2절| 지방의회에 관한 법률과 제도

지방의회에 관련된 법률과 제도는 많은 편인데 "정치" 활동이므로 이를 지키면서도 사람이나 정책에 유연하게 접근하는 경우도 적지 않다. 일단 지방자치단체에 의회를 두는 것은 당연하며 선거도 선거의 일반원칙에 따라 주민이 선출한다. 의원의 임기는 4년이며 임기가 종료되고 다시 선출되면 재선 등을 할 수 있다.

각종 여론에서 가장 쟁점이었던 의정활동비는 의원에게 지급되며 정책지원 전문 인력도 연차적으로 둘 수 있다. 과거에는 이 규정이 없었지만 지방자치법 전부개정안이 확정되면서 가능해졌다. 이로서 의원의 조례와 정책 등에 대한 전문성 확보가 더 쉬워졌으며 그 인력은 지방공무원으로 운영 필요 사항은 대통령령으로 정한다. 또한 의원은 법률에 정해진 직을 겸할 수 없으며 상식적인 범위 내에서 알고 있는 공직과 이권 사업에 관련된

> **지방자치법**
> [시행 2022. 1. 13] [법률 제17893호, 2021. 1. 12, 전부개정]
>
> 제37조(의회의 설치) 지방자치단체에 주민의 대의기관인 의회를 둔다.
> 제38조(지방의회의원의 선거) 지방의회의원은 주민이 보통·평등·직접·비밀선거로 선출한다.
> 제39조(의원의 임기) 지방의회의원의 임기는 4년으로 한다.
> 제40조(의원의 의정활동비 등) ① 지방의회의원에게는 다음 각 호의 비용을 지급한다.
> 제41조(의원의 정책지원 전문인력) ① 지방의회의원의 의정활동을 지원하기 위하여 지방의회의원 정수의 2분의 1 범위에서 해당 지방자치단체의 조례로 정하는 바에 따라 지방의회에 정책지원 전문인력을 둘 수 있다.
> ② 정책지원 전문인력은 지방공무원으로 보하며, 직급·직무 및 임용절차 등 운영에 필요한 사항은 대통령령으로 정한다.
> 제43조(겸직 등 금지) ① 지방의회의원은 다음 각 호의 어느 하나에 해당하는 직(職)을 겸할 수 없다.

직종이 해당된다. 지방의회의 의결사항은 조례, 예산, 결산인데 의원의 핵심 업무이므로 가장 중요하며 각 지방자치단체마다 조례가 많기 때문에 의원의 역할이 상당히 크다. 특히, 예산과 결산에 관한 의결은 지방자치단체장을 견제하는 수단이므로 "견제와 균형"을 실현하는 기초라고 할 수 있다.

> **지방자치법**
> [시행 2022. 1. 13] [법률 제17893호, 2021. 1. 12, 전부개정]
>
> 제47조(지방의회의 의결사항) ① 지방의회는 다음 각 호의 사항을 의결한다.
> 1. 조례의 제정·개정 및 폐지
> 2. 예산의 심의·확정
> 3. 결산의 승인
> 제48조(서류제출 요구) ① 본회의나 위원회는 그 의결로 안건의 심의와 직접 관련된 서류의 제출을 해당 지방자치단체의 장에게 요구할 수 있다.
> 제49조(행정사무 감사권 및 조사권) ① 지방의회는 매년 1회 그 지방자치단체의 사무에 대하여 시·도에서는 14일의 범위에서, 시·군 및 자치구에서는 9일의 범위에서 감사를 실시하고, 지방자치단체의 사무 중 특정 사안에 관하여 본회의 의결로 본회의나 위원회에서 조사하게 할 수 있다.

> ⑦ 제1항의 감사 또는 조사와 제3항의 감사를 위하여 필요한 사항은 「국정감사 및 조사에 관한 법률」에 준하여 대통령령으로 정하고, 제4항과 제5항의 선서·증언·감정 등에 관한 절차는 「국회에서의 증언·감정 등에 관한 법률」에 준하여 대통령령으로 정한다.
> 제50조(행정사무 감사 또는 조사 보고의 처리) ① 지방의회는 본회의의 의결로 감사 또는 조사 결과를 처리한다.
> 제51조(행정사무처리상황의 보고와 질의응답) ① 지방자치단체의 장이나 관계 공무원은 지방의회나 그 위원회에 출석하여 행정사무의 처리상황을 보고하거나 의견을 진술하고 질문에 답변할 수 있다.

지방의회 의원은 안건 심의와 관련된 서류 제출을 지방자치단체장에게 요구할 수 있는데 가장 일상적인 업무이면서 직간접적으로 견제하는 수단이다. 감사권과 조사권은 지방자치단체장을 비롯한 지방공무원의 업무를 구체적으로 감사 또는 조사할 수 있다는 점에서 지방의회가 지방자치단체의 행정 전반을 살펴볼 수 있다. 국정감사, 국정조사, 국회 증언과 감정에 준하는 절차가 대통령령으로 정해져 있으므로 결코 소홀히 할 수 없고 "긴장감"이 흐른다. 그 결과를 본회의 의결로 처리하는데 행정사무 처리상황을 보고하고 질의 응답하는 모습은 언론에서 익숙하게 볼 수 있는 "국정감사" 장면과 같다. 만약 질의하고 응답하는 사람의 생각이 다르거나 신념이 다른 경우, "감정싸움" 등이 발생하면 상당한 논쟁이 벌어지기도 한다.

지방의회는 매년 2번 정례회를 개최하고 최초 임시회는 임기 개시 일부터 25일 이내에 소집하며 의장과 부의장을 선출한다. 만약 의장과 부의장에게 문제가 있으면 지방의회는 불신임을 의결할 수 있다.

정족수 문제는 거의 모든 회의에서 가장 기본적이면서도 중요한데 지방의회 의사정족수는 재적의원 3분의 1 이상의 출석으로 개회하며 의결정족수는 재적의원 과반수 출석과 출석의원 과반수 찬성으로 의결한다. 의장은 표결권이 있으며 찬반이 동수면 부결로 본다. 가부를 표시하는 표결방법이며 무기명투표로 이루어진다. 만약 조례안을 예고하려면 5일 이상의 기간을 정해야 하며 "각 지방의회 홈페이지" 등에서 손쉽게 찾아볼 수 있다. 회기계속 원칙, 일사부재의 원칙이 적용되며 위원회에서 폐기된 의안은 본회의에 상정될

> **지방자치법**
> [시행 2022. 1. 13] [법률 제17893호, 2021. 1. 12, 전부개정]
>
> 제53조(정례회) ① 지방의회는 매년 2회 정례회를 개최한다.
> 제54조(임시회) ① 지방의회의원 총선거 후 최초로 집회되는 임시회는 지방의회 사무처장·사무국장·사무과장이 지방의회의원 임기 개시일부터 25일 이내에 소집한다.
> 제57조(의장·부의장의 선거와 임기) ① 지방의회는 지방의회의원 중에서 시·도의 경우 의장 1명과 부의장 2명을, 시·군 및 자치구의 경우 의장과 부의장 각 1명을 무기명투표로 선출하여야 한다.
> 제62조(의장·부의장 불신임의 의결) ① 지방의회의 의장이나 부의장이 법령을 위반하거나 정당한 사유 없이 직무를 수행하지 아니하면 지방의회는 불신임을 의결할 수 있다.

수 없다. 상식적으로도 알 수 있듯이 "일가친척"의 이해관계가 걸려 있는 안건에 대해서 의원은 참여할 수 없다. 다만, 의회에서 동의하면 출석해서 발언할 수 있다.

> **지방자치법**
> [시행 2022. 1. 13] [법률 제17893호, 2021. 1. 12, 전부개정]
>
> 제72조(의사정족수) ① 지방의회는 재적의원 3분의 1 이상의 출석으로 개의(開議)한다.
> ② 회의 참석 인원이 제1항의 정족수에 미치지 못할 때에는 지방의회의 의장은 회의를 중지하거나 산회(散會)를 선포한다.
> 제73조(의결정족수) ① 회의는 이 법에 특별히 규정된 경우 외에는 재적의원 과반수의 출석과 출석의원 과반수의 찬성으로 의결한다.
> ② 지방의회의 의장은 의결에서 표결권을 가지며, 찬성과 반대가 같으면 부결된 것으로 본다.
> 제74조(표결방법) 본회의에서 표결할 때에는 조례 또는 회의규칙으로 정하는 표결방식에 의한 기록표결로 가부(可否)를 결정한다. 다만, 다음 각 호의 어느 하나에 해당하는 경우에는 무기명투표로 표결한다.
> 제77조(조례안 예고) ① 지방의회는 심사대상인 조례안에 대하여 5일 이상의 기간을 정하여 그 취지, 주요 내용, 전문을 공보나 인터넷 홈페이지 등에 게재하는 방법으로 예고할 수 있다.
> ② 조례안 예고의 방법, 절차, 그 밖에 필요한 사항은 회의규칙으로 정한다.
> 제79조(회기계속의 원칙) 지방의회에 제출된 의안은 회기 중에 의결되지 못한 것 때문에 폐기되지 아니한다. 다만, 지방의회의원의 임기가 끝나는 경우에는 그러하지 아니하다.
> 제80조(일사부재의 원칙) 지방의회에서 부결된 의안은 같은 회기 중에 다시 발의하거나 제출할 수 없다.
> 제81조(위원회에서 폐기된 의안) ① 위원회에서 본회의에 부칠 필요가 없다고 결정된 의안은 본회의에 부칠 수 없다. 다만, 위원회의 결정이 본회의에 보고된 날부터 폐회나 휴회 중의 기간을 제외한 7

> 일 이내에 지방의회의 의장이나 재적의원 3분의 1 이상이 요구하면 그 의안을 본회의에 부쳐야 한다.
> ② 제1항 단서의 요구가 없으면 그 의안은 폐기된다.
> 제82조(의장이나 의원의 제척) 지방의회의 의장이나 지방의회의원은 본인·배우자·직계존비속(直系 尊卑屬) 또는 형제자매와 직접 이해관계가 있는 안건에 관하여는 그 의사에 참여할 수 없다. 다만, 의회의 동의가 있으면 의회에 출석하여 발언할 수 있다.

|제3절| 지방의회 의원과 의회사무국의 활동

지방의회 의원이 책임을 다할 수 있도록 의결권을 비롯한 다양한 권한을 부여하고 있다. 그러한 권한의 행사는 지방자치단체가 처리하는 모든 사무에 해당하는 것은 아니며 일정한 한계가 있다. 지방의회 의원은 법령의 범위 내에서 권한 행사가 가능하며 정당한 절차를 거쳐야만 한다. 만약 법령에서 주어진 권한을 벗어나거나 절차에 중대하고 명백한 하자가 있는 의결을 하면 그것은 무효가 된다.

지방의회 의원은 첫째, 의결권을 가진다. 조례 제정, 개정, 폐지의 의결, 예산 심의 의결, 주요 정책이나 방침을 결정하는 권한을 갖는다. 둘째, 선거권은 의장·부의장, 상임위원장 등 다른 법률에서 지방의회가 선거하도록 규정된 경우에 실시할 수 있다. 셋째, 행정사무감사 조사권으로 일반적이고 포괄적인 감시권인 행정사무감사권과 특정 사안에 대해 개별적 구체적으로 인정하는 행정사무조사권이 있다. 특정 안건을 질의하고 지방자치단체장이나 관계 공무원의 출석을 요구할 수 있다. 넷째, 자율권은 의회가 집행기관으로부터 관여나 간섭을 받지 않고 스스로 규율하는 권한으로 의회의 개회와 폐회, 회기 결정, 질서 유지, 징계, 의원 자격심사 등이 해당된다. 다섯째, 동의권은 집행기관의 중요사항에 대해 집행 전체 절차로 관계 법령에서 의회에 동의를 요구하고 있다. 여섯째, 승인권은 집행기관이 처리한 사무에 사후적으로 지방의회 승낙을 받도록 하는 것이다. 일곱째, 청원 수리 처리권으로 지방자치단체의 사무 전반에 대해 청원을 수리하고 처리하는 권한을 가진다. 의회에 대한 청원은 반드시 1명 이상의 의원이 소개하고 청원 취지, 제출 연원일, 청원자의 주소와 성명을 기재한 문서로 해야 한다.

지방의회 의원은 지방정무직 공무원의 지위를 가지며 대법원도 지방정무직 공무원과 형법상 공무원으로 보고 있다. 월정수당(월정액 수당) 지급 기준액 도입과 경기 불황의 지속으로 각 지방의회의 자발적 의정비 인상 자제 노력으로 2009년 이후 크게 변화 없이 유지되고 있다. 2018년 기준 의정비 평균금액은 시도의원(약 5천 7백만 원), 시군구의원(약 3천 8백만 원)이다.

지방의회 의원은 선출되면서 자격이 생기고 4년 간 신분을 유지하며 임기가 만료되면 자격을 상실한다. 다만, 임기만료 전에 사직, 퇴직, 제명, 법원의 선거 또는 당선 무효 등의 사유가 발생하면 의원직을 상실한다. 현재 의원의 자격요건은 적법한 당선인이어야 하고 겸직이 금지된 직에 취임하지 않아야 하며 법률에 규정된 피선거권을 계속 유지해야 하는 등이 있다.

지방의회 의원의 권리는 여러 가지인데 첫째, 의안발의권이 있다. 발의는 국회의원이나 지방의회 의원이 의안을 제출하는 것을 말하며 고유 권한이다. 둘째, 동의발의권으로 합의체 구성원이 회의 중에 토의할 안건을 제안하는 일이나 제안을 말한다. 구두동의를 원칙으로 하며 "수정동의", "번안동의(먼저 가결한 의안을 번복해 그 의결을 무효로 하고 다시 심의하는 것)"가 있다. 셋째, 발언권은 의회에서 질문, 토론, 의안제안사유 등에 대한 발언 권한이다. 넷째, 표결권은 의원이 표결할 때는 의장이 의원에게 기립 또는 거수하게 해서 가부를 결정하며 기명 또는 무기명 투표로 표결한다. 만약 의장도 본회의 의결에서 표결권이 있으며 가부동수면 부결로 본다. 다섯째, 선거권은 지방의회 조직 운영에 필요한 내부 선거권을 말한다. 여섯째, 요구(청구)권으로 임시회 소집 요구를 할 수 있으며 개의를 요구할 수 있고 의원 자격심사 청구도 가능하다. 또한 징계를 요구하고 행정사무감사 조사와 답변을 요구할 수 있다.

지방자치법에 따르면 지방의회 의원은 여러 가지 의무를 준수해야 한다. 공익 우선, 양심에 따른 성실한 직무 수행, 청렴, 품위 유지, 지위 남용 금지, 이해관계 개입 금지, 영리를 목적으로 거래하는 행위 금지 등이 있다. 이는 공직 관련 윤리 규정과 크게 차이가 없고 윤리강령과 실천규범도 공무원의 그것과 마찬가지다. 소속 의원의 전문성 확보 노력은 의원 개인을 비롯해 지방의회 차원에서 시행하고 있다.

지방자치법
[시행 2022. 1. 13] [법률 제17893호, 2021. 1. 12, 전부개정]

제44조(의원의 의무) ① 지방의회의원은 공공의 이익을 우선하여 양심에 따라 그 직무를 성실히 수행하여야 한다.
② 지방의회의원은 청렴의 의무를 지며, 지방의회의원으로서의 품위를 유지하여야 한다.
③ 지방의회의원은 지위를 남용하여 재산상의 권리·이익 또는 직위를 취득하거나 다른 사람을 위하여 그 취득을 알선해서는 아니 된다.
④ 지방의회의원은 해당 지방자치단체, 제43조제5항 각 호의 어느 하나에 해당하는 기관·단체 및 그 기관·단체가 설립·운영하는 시설과 영리를 목적으로 하는 거래를 하여서는 아니 된다.
⑤ 지방의회의원은 소관 상임위원회의 직무와 관련된 영리행위를 할 수 없으며, 그 범위는 해당 지방자치단체의 조례로 정한다.
제46조(지방의회의 의무 등) ① 지방의회는 지방의회의원이 준수하여야 할 지방의회의원의 윤리강령과 윤리실천규범을 조례로 정하여야 한다.
② 지방의회는 소속 의원들이 의정활동에 필요한 전문성을 확보하도록 노력하여야 한다.

지방의회 의원은 공공이익 우선, 청렴과 품위유지, 지위남용금지, 질서유지, 기타 의무가 있고 위반하면 징계사유가 된다. 모든 선출직 공무원은 법률에 따라 임기 중 일정한 직위를 겸직할 수 없는 의무가 있다. 그 이유는 첫째, 권력분립 원리 구현으로 헌법재판소는 권력분립의 원리가 인적 측면에서도 입법과 행정의 분리를 요청한다고 판시했다. 둘째, 선출직 공직자의 성실한 직무활동을 보장하는데 있다. 일정한 상근직을 같이 한다면 성실하게 일하기가 어렵다. 셋째, 공정한 직무수행을 보장해야 한다. 만약 자신 또는 자신이 속한 단체의 이익을 대변할 우려가 있기에 이를 예방하고자 겸직을 금지하고 있다. 그렇지만 현재 지방의회 의원은 현행 겸직금지 제도가 의정활동을 제약하는 측면이 있으

므로 겸직금지 범위 축소를 주장하고 있는 반면, 언론은 부당한 영향력 사례를 보도하고 있다. 일부 주민도 이미 유급제가 되었으니 겸직금지를 오히려 강화해야 한다고 주장하고 있으며 국민권익위원회는 겸직금지 조항의 실효성 제고가 필요하다며 제도개선을 권고한 적이 있다.

조례에 따라 위원회를 둘 수 있는데 윤리특별위원회와 윤리심사자문위원회는 윤리강령, 윤리실천규범, 징계, 겸직과 영리행위 등에 관해서 심사 자문할 수 있다.

지방자치법
[시행 2022. 1. 13] [법률 제17893호, 2021. 1. 12, 전부개정]

제64조(위원회의 설치) ① 지방의회는 조례로 정하는 바에 따라 위원회를 둘 수 있다.
제65조(윤리특별위원회) ① 지방의회의원의 윤리강령과 윤리실천규범 준수 여부 및 징계에 관한 사항을 심사하기 위하여 윤리특별위원회를 둔다.
제66조(윤리심사자문위원회) ① 지방의회의원의 겸직 및 영리행위 등에 관한 지방의회의 의장의 자문과 지방의회의원의 윤리강령과 윤리실천규범 준수 여부 및 징계에 관한 윤리특별위원회의 자문에 응하기 위하여 윤리특별위원회에 윤리심사자문위원회를 둔다.

위의 법률도 지방의회 의원에 대한 윤리 행위 준수를 강조하는 조항이라고 할 수 있다. 이것은 모든 공직자에게 의미를 놓고 볼 때 거의 비슷하게 적용된다. 의원은 다른 사람을 모욕하거나 사생활을 발언해서는 안 되는데 이는 업무 도중에 당연히 적용된다. 만약 모욕을 당한 의원은 징계를 요구할 수 있고 회의 중에 폭력 행사, 소란 행위, 발언 방해, 단상이나 연단 점거와 같은 돌발 행위를 금지하고 있다.

> **지방자치법**
> **[시행 2022. 1. 13] [법률 제17893호, 2021. 1. 12, 전부개정]**
>
> 제95조(모욕 등 발언의 금지) ① 지방의회의원은 본회의나 위원회에서 다른 사람을 모욕하거나 다른 사람의 사생활에 대하여 발언해서는 아니 된다.
> ② 본회의나 위원회에서 모욕을 당한 지방의회의원은 모욕을 한 지방의회의원에 대하여 지방의회에 징계를 요구할 수 있다.
> 제96조(발언 방해 등의 금지) 지방의회의원은 회의 중에 폭력을 행사하거나 소란한 행위를 하여 다른 사람의 발언을 방해할 수 없으며, 지방의회의 의장이나 위원장의 허가 없이 연단(演壇)이나 단상(壇上)에 올라가서는 아니 된다.

"지방의회의원 행동강령"은 「부패방지 및 국민권익위원회의 설치와 운영에 관한 법률」에 근거를 두고 지방의회의원이 준수할 행동기준을 특별히 규정하고 있다. 공정한 직무수행, 민간 분야 업무활동 내역 제출, 직무 관련 조언 자문 제한, 가족 채용 제한, 수의계약 체결 제한, 예산의 목적 외 사용 금지, 인사 청탁 금지, 부당이득 수수 금지, 국내외 활동 제한, 외부 강의 등 사례금 수수 제한, 경조사의 통제 제한(의원은 직무관련자에게 경조사를 알려서는 안 된다) 등이 규정되어 있다.

지방의회 의장단은 의장과 부의장 임기를 2년으로 하고 있다. 그렇게 임기를 정한 이유는 지방의회 의장은 의회 운영의 중추이므로 지방의원 임기 중에 한번쯤 신임을 물으려는 목적으로 4년의 절반인 2년으로 했으며 부의장도 마찬가지다. 그렇지만 의장이 직무 수행에 심각한 문제가 있으면 불신임 의결도 할 수 있으므로 2년 임기는 실익이 없다는 의견도 있다. 의장·부의장 선서, 보궐선서, 임시의장 선서, 선서 시 의장직무 대행, 사임, 불신임에 대한 규정이 포함된다. 지방의회 의장의 권한은 의회대표권, 의사정리권, 질서유지권, 사무감독권이 있다. 의회대표권은 지방의회를 대표한다는 의미며 "(지방의회) 회의규칙"을 정할 수 있다. 의사정리권은 개의 일시를 정하는 것부터 전반적인 의사를 진행할 책임이 있다는 의미다. 질서유지권은 의사가 원활히 진행되고 의회 품위가 유지될 수 있도록 의원과 방청객 등의 행위를 규제해 회의장의 질서를 유지하는 권한을 말한다. 사무감독권은 의회 개회나 폐회에 관계없이 사무처를 통괄하고 감독하는 일이다.

| 제4절 | 자치법규 제정 절차

1 자치법규의 개념과 중요성

자치법규의 업무 방식이나 절차는 해당 지방자치단체의 조례, 규칙, 지침 등에 따르는 것이 원칙이므로 다를 수 있지만 행정안전부에서 발간한 "자치법규 업무 매뉴얼"을 참고할 필요가 있다. 지방자치단체는 기본적으로 조례 등을 제정, 개정, 폐지할 수 있는 권한을 가졌기에 이를 살펴보는 것은 중요하다(행정안전부, 2019).

지방자치제도는 "일정한 지역을 단위로 일정한 지역의 주민이 그 지방주민의 복리에 관한 사무, 재산관리에 관한 사무, 기타 법령이 정하는 사무를 그들 자신의 책임 하에서 자신들이 선출한 기관을 통하여 직접 처리하게 함으로써 지방자치행정의 민주성과 능률성을 제고하고 지방의 균형 있는 발전과 아울러 국가의 민주적 발전을 도모하는 제도"(헌재 2009. 3. 26 선고, 2006헌마240 결정례)를 말한다.

정책은 행정적 · 재정적 · 정치적 환경을 분석하고 의견 수렴 등으로 자신의 권한이 허락하는 한에서 의도한 기간 내에 일정한 목표를 달성하거나 일정한 상태를 구현하는 것이다. 지방자치단체는 정책으로 사무를 처리한다. 지방자치제도에서 지방자치단체는 자신의 사무를 처리할 수 있는 범위 내에서 필요한 권한을 가지며 헌법과 법률에 따라 그것을 보장받고 있다.

헌법과 지방자치법에서는 지방자치단체 또는 지방자치단체장은 법령의 범위에서 그 권한에 속하는 사무에 대하여 조례 또는 규칙인 자치법규를 제정할 수 있다고 규정하고 있다. 이를 자치입법권이라고 부르며 헌법에서 자치입법권을 보장하는 이유는 이 권한이 지방자치제도 운영의 핵심이기 때문이다. 지방자치단체는 자치입법권을 활용해 국가의 도움 없이도 스스로 정책에 대한 법적 근거를 마련할 수 있다. 헌법과 법령의 범위 내에서만 입법을 할 수밖에 없기도 하지만 법치주의 국가에서 행정의 법적 근거를 스스로 마련할 수 있다는 점에서 지방자치단체의 자율성을 보장하는 핵심이다.

자치법규는 주민의 세금을 사용하는 근거이면서 주민의 권리나 의무를 제한할 수 있는 근거로 작용한다. 자치법규 입법절차는 제·개정하려는 자치법규 내용이 적정한지를 검토하고 확인해야 하며 지방자치단체장, 지방의회, 주민에게도 일정한 권리를 보장하고 그 과정에 참여하거나 주도적 역할을 할 수 있도록 하고 있다. 입법절차 준수는 그 자체로 자치법규의 정당성을 부여해주는 것이고 자치법규가 더 합리적이며 수용성이 높은 결론에 도달하도록 한다.

2 조례와 규칙

조례는 지방의회의 의결로 제정하는 자치입법 형식이다. 지방자치법에서는 "지방자치단체는 법령의 범위 안에서 그 사무에 관하여 조례를 제정할 수 있다. 다만, 주민의 권리제한 또는 의무부과에 대한 사항이나 벌칙을 정할 때에는 법률의 위임이 있어야 한다."라고 명시되어 지방자치단체가 조례를 제정할 수 있다(행정안전부, 2019).

조례는 위임근거 유무에 따라 자치조례와 위임조례로 구분할 수 있다. 자치조례는 지방자치단체가 처리해야 하는 고유한 사무에 대해 법령의 직접적이고 개별적인 근거가 없더라도 스스로 판단에 따라 제정하는 조례다. 자치조례는 스스로 자기 사무범위 안에서 조례를 정한다는 점에서 사무 수행의 기본이 되는 조례다. 위임조례는 법률 또는 대통령령·부령 등 법령에서 조례 제정의 근거를 두고 있어 이에 따라 제정하는 조례다. 대통령령이나 부령에서도 주민의 권리제한, 의무부과, 벌칙 등을 규정하려면 법률의 위임이 있어야 하는데 이러한 내용의 조례는 법률의 위임이 있어야 하므로 위임조례일 수밖에 없다. 조례는 지방자치단체 사무의 처리를 목적으로 제정하는 것이므로 결국 조례로 정할 수 있는 사무가 무엇인지를 확인하는 것이 중요하다. 그것이 바로 지방자치단체가 고유하게 수행해야 하는 자치사무과 단체위임사무다.

규칙은 지방자치단체장이 자신이 사무를 수행하는데 필요한 사항을 규정한 자치입법 형식이다. 지방자치법에서 "지방자치단체의 장은 법령이나 조례가 위임한 범위에서 그 권한에 속하는 사무에 관하여 규칙을 제정할 수 있다."고 규정하고 있다. 지방자치단체장 권한에 속하는 사무는 자치사무인지 기관위임사무인지 여부를 구분하지 않고 상위법령이나 해당 지방자치단체의 조례 등을 위반하지 않는 범위 내에서 사무 집행의 구체적 사항을 규칙으로 제정할 수 있다. 대표적으로 지방자치법, 지방자치법 시행령, 지방재정법, 지방공무원법, 지방공무원 임용령이 있다.

지방의회는 지방의회 내부 운영에 필요한 사항 중 지방자치법에서 규정한 사항 외에 필요한 사항을 규칙으로 정할 수 있고 이를 "의회규칙"이라 한다. 또한 "회의규칙"은 지방의회에서 회의 운영에 필요한 사항을 규칙으로 정하는 사항을 말한다. 지방의회의 자율적 권한에 따라 지방의회 내부적 운영에 필요한 사항을 규율한 기관 내부적 규정으로 본다.

❸ 자치법규 입법절차의 특징

자치법규의 입법절차는 지방자치법의 관련 규정을 따르면서 지방자치법에 규정 되지 않은 사항은 "자치법규 입법에 관한 조례"나 "법제사무처리 규칙" 등 자치법규 입법과 관련해 각 지방자치단체에서 자율적으로 마련한 규정에 따르며 조례안의 입법절차는 대체로 아래의 세 단계를 거친다(행정안전부, 2019).

① 조례안의 입안과 발의
② 조례안의 의회 심의와 의결
③ 조례안의 공포와 효력 발생

"규칙안"은 지방자치단체장만 발의할 수 있다는 점과 달리 조례안은 지방자치단체장이 발의할 수도 있고 지방의회 의원이 발의할 수도 있으며 주민이 청구해 지방자치단체장이 발의할 수도 있다. 발의자가 누구인지에 따라 첫 번째 단계가 달라진다.

지방자치단체장이 발의하는 조례안은 그 조례안의 소관부서에서 입법계획(입법방침)을 수립하고 관계기관과 협의한다. 이때 입법안에 대해 규제심사·부패영향평가·성별영향평가 등을 거치며 입법예고를 실시해 주민 의견을 수렴하고 법제심사를 거쳐 조례·규칙심의회에 상정해 심사를 받게 된다.

지방의회 의원이 발의하는 조례안은 입법계획 수립, 규제심사·부패영향평가·성별영향평가 등 집행부(지방자치단체) 내부 심사, 조례·규칙심의회 심사 과정을 거치지 않는다. 이에 의원이 조례안을 발의하면 바로 소관 위원회에 회부된다. 그 이유는 입법권은 기본적으로 민주적 정당성을 가지는 지방의회에 속하기 때문이다.

주민이 조례의 제정·개정·폐지를 청구하면 청구에 따라 지방자치단체장이 발의하는 조례안이 있다. 이러한 청구권은 지방자치법에 따라 주민에게 보장되는 권리로 정해진 절차에 따라 이루어진다.

조례안이 발의되면 의회의 심의절차를 거친다. 의회의 심의절차로 소관 위원회 심사를 거쳐서 본회의의 심의 절차를 거친다. 본회의에서 의결된 조례안은 다시 집행부로 이송되어 공포 절차를 밟는다. 공포절차 전에 조례안은 조례·규칙심의회의 심의를 다시 한 번 거치는데 이전에 조례·규칙심의회의 거쳐 의회에서 원안의결된 조례안은 이 절차를 생략할 수 있다.

조례·규칙심의회의 심의결과에 따라 지방자치단체장은 지방의회에 조례안의 재의를 요구할 수 있다. 한편, 조례·규칙심의회 심의를 거친 조례안은 상급기관에 사전보고를 하는데 이 때 사전보고 받은 상급기관은 재의요구지시여부를 결정해야 한다. 조례·규칙심의회 심의와 사전보고 절차를 거친 결과가 "재의요구를 하지 않기"로 했다면 조례안은 절차에 따라 공포되고 효력이 발생한다.

규칙의 제정절차는 규칙의 입안 절차와 공포·효력 발생 절차 2단계로 이루어진다. 규칙은 지방자치단체장에게 제정권한이 있기 때문에 의회 심의 의결 절차가 제외되어 비교적 절차가 간편하다.

자치법규 "제정절차 흐름"은 각 지방자치단체 규정에 따른 법제업무 절차를 따르며 참고할 수 있다. 지방자치단체별 법제심사를 한번만 거치는지, 입법예고 전후로 두 번 하는지 여부, 이후 입법안 확정방침의 결재 여부 등은 지방자치단체에 따라 다를 수 있다(행정안전부, 2019).

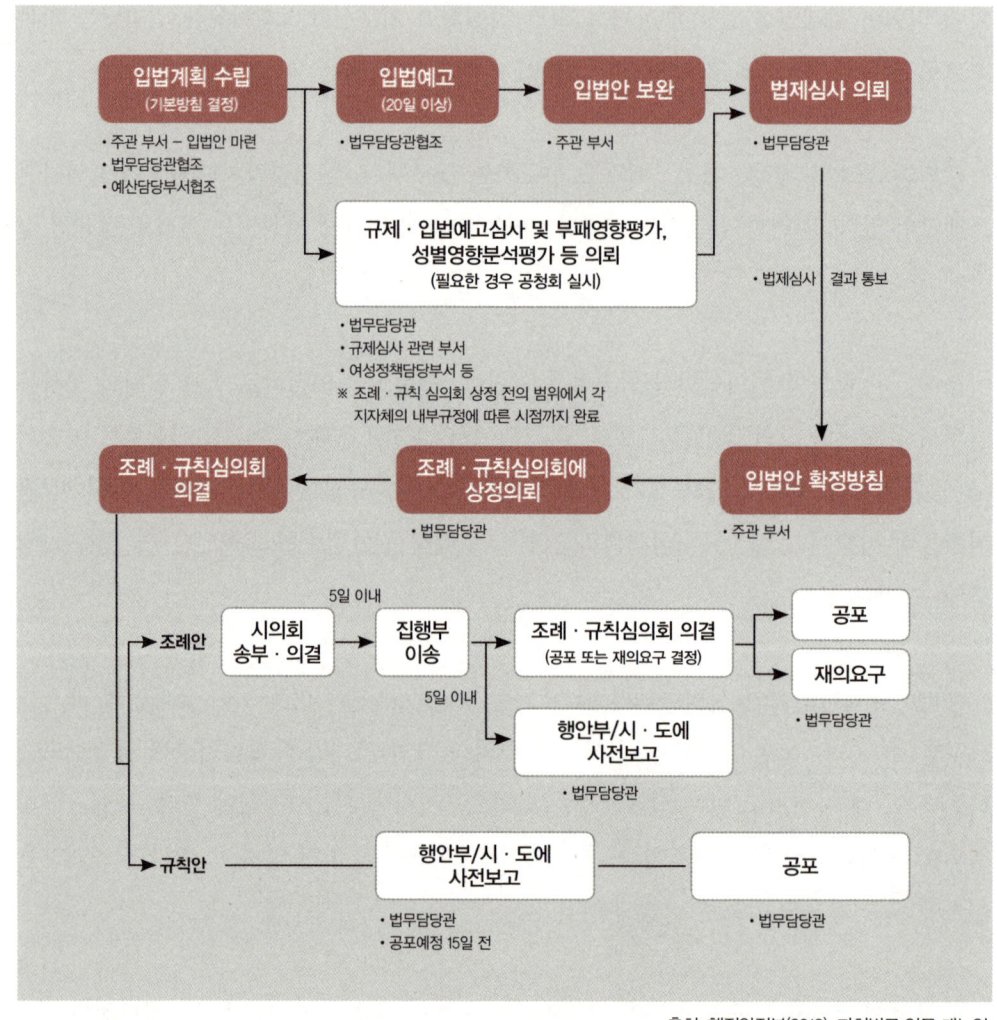

출처: 행정안전부(2019). 자치법규 업무 매뉴얼.

[그림] 자치법규 제정 절차 흐름도 1

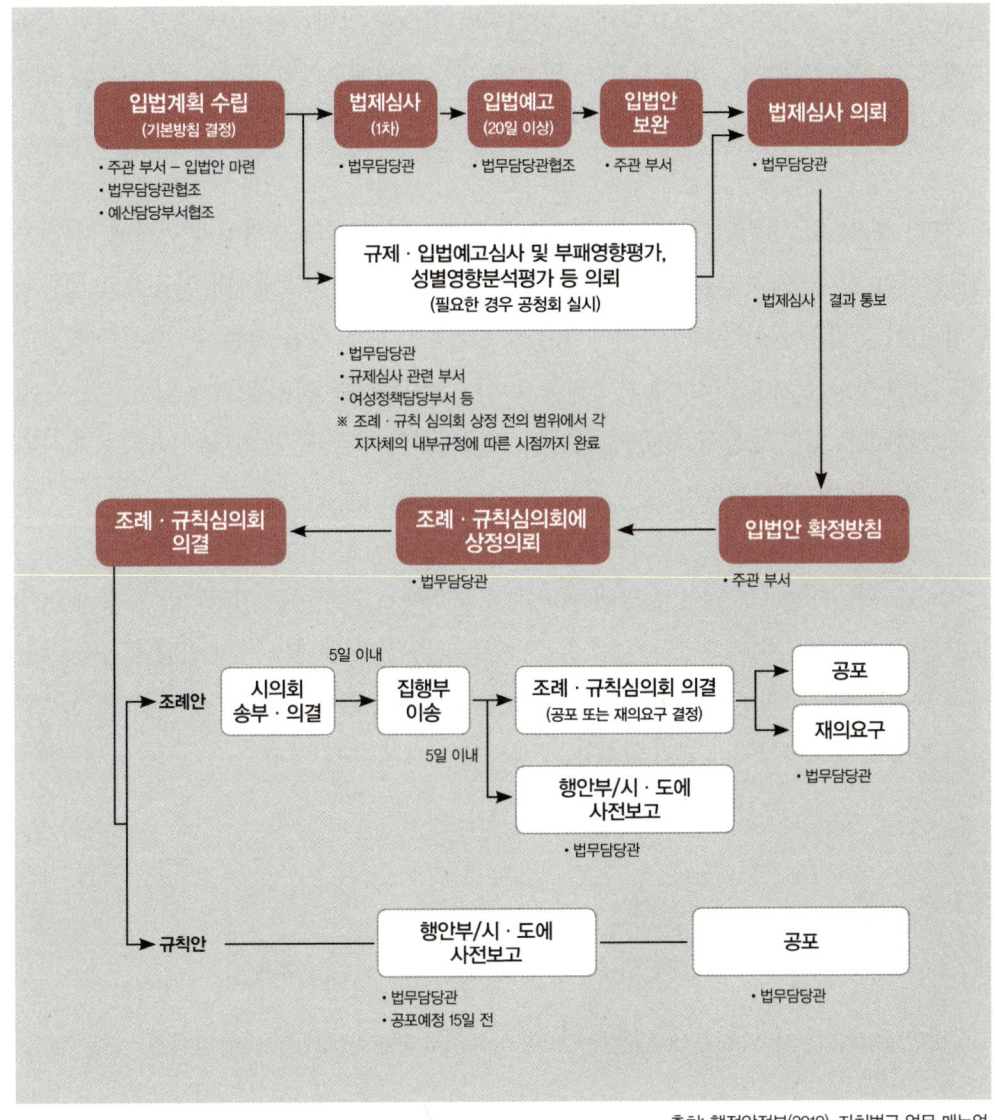

[그림] 자치법규 제정 절차 흐름도 2

자치법규 제정 절차 흐름도 두 개의 차이점은 "법제심사(1차)" 유무라고 할 수 있으며 법무담당관의 협조를 받는다. 조례규칙심의회 의결을 거치면 조례안과 규칙안은 절차가 나누어지고 규칙안이 상대적으로 절차가 간편하다는 점을 확인할 수 있다. 이러한 업무

처리에 사용할 수 있도록 "참고서식"이 마련되어 있으며 입법계획(입법방침)안, 의회 제출 조례안, 신구조문대비표, 비용추계서, 입법예고안, 입법예고처리 결과서 등의 기본 규격과 틀이 "어느 정도 세밀하게" 정해져 있다.

다만, 자치법규 정비의 필요성을 역설하기도 하는데 조례의 적법성과 관련해 "사전보고"를 해야 한다. 자치입법권 행사는 '법령에 반하지 않는 범위'에서만 가능하고 법률의 근거 없이 국민의 권리를 제한하거나 의무를 부과하는 내용 등을 만들 수 없다. 지방자치제도 발전 방향은 지방자치단체 자치권을 얼마나 확보해 주는지에 맞춰져 있었지만 이 제도로 헌법정신 실현 등을 고려할 때 이제는 '지방자치의 보장' 뿐만 아니라 '자치권 행사의 적법성'을 고려할 필요가 있다.

의회규칙은 지방의회 내부 운영에 필요하며 의회에서 처리하는 전반적인 사항이 이에 포함된다. 앞으로 순차적으로 충원될 전문위원은 위원장과 위원의 자치 입법 활동을 지원하며 위원회에서 다양한 업무를 수행하며 그 인원과 직급은 대통령령으로 정한다. 전문위원이 확충되면 지방자치에 관련된 역량이 상승할 것으로 기대한다.

지방자치법
[시행 2022. 1. 13] [법률 제17893호, 2021. 1. 12, 전부개정]

제52조(의회규칙) 지방의회는 내부운영에 관하여 이 법에서 정한 것 외에 필요한 사항을 규칙으로 정할 수 있다.
제68조(전문위원) ① 위원회에는 위원장과 위원의 자치입법활동을 지원하기 위하여 지방의회의원이 아닌 전문지식을 가진 위원(이하 "전문위원"이라 한다)을 둔다.
② 전문위원은 위원회에서 의안과 청원 등의 심사, 행정사무감사 및 조사, 그 밖의 소관 사항과 관련하여 검토보고 및 관련 자료의 수집·조사·연구를 한다.
③ 위원회에 두는 전문위원의 직급과 수 등에 관하여 필요한 사항은 대통령령으로 정한다.

사무처는 지방의회의 업무를 실질적으로 처리하는 기관으로 중요하다. 조례에 따라 사

무처를 둘 수 있으며 의정활동에 필요한 인원이 근무하고 있다. 모두 지방공무원으로 인원과 인건비 등은 대통령령으로 정하는 기준에 따라 조례에서 정하며 지방의회 의장은 사무직원을 지휘 감독하고 각종 사항을 처리한다. 사무처장, 국장, 과장, 직원은 시청이나 구청에서 일하는 공무원에 비해서 상대적으로 주민이 모르는 경우도 있는데 모두 지방의회 의원과 긴밀한 관계에 있으며 수많은 업무를 처리하고 있다.

지방자치법
[시행 2022. 1. 13] [법률 제17893호, 2021. 1. 12, 전부개정]

제102조(사무처 등의 설치) ① 시·도의회에는 사무를 처리하기 위하여 조례로 정하는 바에 따라 사무처를 둘 수 있으며, 사무처에는 사무처장과 직원을 둔다.
② 시·군 및 자치구의회에는 사무를 처리하기 위하여 조례로 정하는 바에 따라 사무국이나 사무과를 둘 수 있으며, 사무국·사무과에는 사무국장 또는 사무과장과 직원을 둘 수 있다.
③ 제1항과 제2항에 따른 사무처장·사무국장·사무과장 및 직원(이하 제103조, 제104조 및 제118조에서 "사무직원"이라 한다)은 지방공무원으로 보한다.
제103조(사무직원의 정원과 임면 등) ① 지방의회에 두는 사무직원의 수는 인건비 등 대통령령으로 정하는 기준에 따라 조례로 정한다.
② 지방의회의 의장은 지방의회 사무직원을 지휘·감독하고 법령과 조례·의회규칙으로 정하는 바에 따라 그 임면·교육·훈련·복무·징계 등에 관한 사항을 처리한다.
제104조(사무직원의 직무와 신분보장 등) ① 사무처장·사무국장 또는 사무과장은 지방의회의 의장의 명을 받아 의회의 사무를 처리한다.
② 사무직원의 임용·보수·복무·신분보장·징계 등에 관하여는 이 법에서 정한 것 외에는 「지방공무원법」을 적용한다.

지방의회는 "조례"를 최종 의결하는 곳이기에 지방자치단체장을 비롯해 지방의원과 의회사무국은 어떤 조례를 제정하는지에 관심을 가질 수밖에 없다. 조례가 지역 주민에게 주는 법률적 사실적 영향이 있으므로 주민도 자신과 관련된 조례는 유심히 살펴본다. 조례(안)을 만들 때 뚜렷한 목적을 가지거나 의미를 지닌 경우도 적지 않은데 아래와 같이 특색 있는 조례를 살펴볼 수 있다.

조례는 지방자치단체의 자율성과 특수성을 가장 공식적으로 보여줄 수 있는 "기회"라고 할 수 있다. 서울특별시 자치헌장 조례는 헌법, 법률, 판례의 범위 안에서 자치권의 경계와 범위를 재확인하는 것을 주요 내용으로 하고 있다. 서울특별시 은평구 이호철 통일로 문학상 운영 조례는 유수한 문학 작품을 남긴 작가를 기리고자 제정되었다는 점에서 의미가 있다.

부산광역시 재난안전산업육성 및 지원에 관한 조례는 재난안전산업 종합계획 수립의 근거가 되었으며 세종특별자치시 청소년 문화카드 지원 조례는 청소년이 문화 활동·직업 체험 등 다양한 활동에 주체적이고 자발적으로 참여해 재능을 계발하고 꿈과 희망을 실현할 기회를 제공하려는 목적으로 청소년 문화카드 사용 활성화에 필요한 사항을 담고 있다.

부천시 원가관리에 의한 박물관 등 입장료·관람료 징수표준조례는 전국 최초로 원가회계를 업무에 활용할 수 있도록 명문화했다는 점에서 의미가 있으며 효율적 의사결정과 예산 절감에 기여하고 있다.

고양시 시민안전지킴이 구성 및 지원에 관한 조례는 39개 동 500명으로 구성되었으며 직장인과 주부를 중심으로 각종 안전 관련 서비스를 수행한다는 목적을 가지고 있다.

용인시 용인학 운영 및 지원에 관한 조례는 지역의 특색을 잘 드러내고 연구 활동을 지원하는 등의 내용을 포함하고 있으며 용인시 지방자치 시민교육진흥에 관한 조례는 민주시민교육 등으로 시민 교육 발전 기반을 표방했다는 점에서 특징적이다. 용인시 태교도시 조성에 관한 조례는 여성친화도시 정책 등과 연계되어 자연휴양림 숲 태교 프로그램을 추진하는 기반이 되었다.

강원도 잊혀질 권리 확보 사업 지원 조례는 개인정보보호법에 따라 강원도민의 권리를 확보하는 시스템 도입과 비용 지원에 관한 사항을 담았다. 강원도 나눔·감사의 문화 확산을 위한 기본 조례에서는 각박해지는 사회 분위기에서 나눔과 감사의 의미를 되새기는

1. 서울특별시 자치헌장 조례(2017년)
2. 서울특별시 은평구 이호철 통일로 문학상 운영 조례(2018년)
3. 부산광역시 재난안전산업육성 및 지원에 관한 조례(2016년)
4. 세종특별자치시 청소년 문화카드 지원 조례(2016년)
5. 부천시 원가관리에 의한 박물관 등 입장료·관람료 징수표준조례(2017년)
6. 고양시 시민안전지킴이 구성 및 지원에 관한 조례(2016년)
7. 용인시 용인학 운영 및 지원에 관한 조례(2015년)
8. 용인시 지방자치 시민교육진흥에 관한 조례(2016년)
9. 용인시 태교도시 조성에 관한 조례(2016년)
10. 강원도 잊혀질 권리 확보 사업 지원 조례(2015년)
11. 강원도 나눔·감사의 문화확산을 위한 기본 조례(2018년)
12. 영월군 슬로시티 김삿갓 운영 및 지원 조례(2015년)
13. 충청북도 생산적 일손봉사지원 조례(2016년)
14. 청주시 1인 1책 펴내기 운동 지원 조례(2015년)
15. 청주시 시유재산찾기 지원 조례(2017년)
16. 나주시 전라도 정명(定名) 천년 기념사업 운영에 관한 조례(2017년)
17. 영광군 청년발전기금 설치 및 운용조례(2017년)
18. 포항시 청정해안 가꾸기 조례(2018년)
19. 안동시 안동포 및 대마산업 육성·지원 조례(2018년)
20. 영주시 선비도시 조성 및 지원에 관한 조례(2018년)
21. 군위군 김수환 추기경 사랑과 나눔공원 관리 및 운영 조례(2017년)
22. 고령군 고천원제 지원에 관한 조례(2015년)
23. 예천군 이불빨래방 설치 및 운영에 관한 조례(2018년)
24. 제주특별자치도 해녀어업 보존 및 육성에 관한 조례(2017년)
25. 제주특별자치도 오름 보전 및 관리에 관한 조례(2017년)
26. 제주메밀 산업 육성 및 지원에 관한 조례(2015년)
27. 제주특별자치도 4·3희생자추념일의 지방공휴일 지정에 관한 조례(2018년)

주1) 은평구에서 50년 이상 거주하며 집필활동을 하다 타계한 故 이호철 작가의 뜻을 기리고자 추진
(자품 : 남녘사람 북녘사람, 탈향, 판문점 등)
주2) 고려 현종 9년(1018년) 강남도와 해양도를 합쳐 명명한지 1000년이 되는 2018년을 기념한다는 의미의 정명(定名)
주3) 고천원제는 대가야축제와 연계

출처 : 행정안전부, 「지방자치단체의 재의·제소 조례 모음집」, 2019. ; 개정, 폐지는 고려하지 않음

취지를 담고 있으며 영월군 슬로시티 김삿갓 운영 및 지원 조례는 김삿갓 축제 등과 연계해 지역의 특색을 잘 드러내는 조례다.

충청북도 생산적 일손봉사지원 조례는 일손봉사에 참여하는 사람에게 충청북도 내 일손부족 농가와 제조분야 중소기업의 일할 곳을 연결해주는 내용을 담고 있다. 청주시 1인 1책 펴내기 운동 지원 조례는 청주시의 문화유산 "직지"의 정신을 이어가려는 의지를 조례로 표현했으며 집필로 삶의 전환점을 마련하고자 하는 내용이다. 청주시 시유재산찾기 지원 조례는 청주시가 소송 등을 진행하면서 발생하는 어려움을 극복하면서도 시민의 재산을 온전하게 보호한다는 취지를 담고 있다.

나주시 전라도 정명(定名) 천년 기념사업 운영에 관한 조례는 고려 왕조부터 이어지는 역사성을 표현했으며 지역 정체성을 확립한다는 목적을 가지고 있다. 영광군 청년발전기금 설치 및 운용조례는 청년 능력 개발, 창업 육성, 문화예술 활성화 등을 목적으로 제정되었고 포항시 청정해안 가꾸기 조례는 바다 오염을 방지하려는 의지와 실질적인 정책 기반을 만들었다.

안동시 안동포 및 대마산업 육성·지원 조례는 안동산 대마(헴프 : Hemp) 산업의 활성화에 해당된다. 대마를 환각물질로 생각할 수도 있지만 섬유, 건축자재, 식품, 화장품 등과 관련이 있다. 영주시 선비도시 조성 및 지원에 관한 조례는 선비에 관련된 상표출원을 가지고 있는 영주시의 특색을 잘 보여준다. 군위군 김수환 추기경 사랑과 나눔공원 관리 및 운영 조례는 故 김수환 추기경의 사랑 나눔 정신을 생활화하자는 취지를 담고 있다. 고령군 고천원제 지원에 관한 조례는 역사 전통 축제의 발전에 관련되어 있으며 예천군 이불빨래방 설치 및 운영에 관한 조례를 이불을 세탁해서 성금을 전달하는 등의 활동을 할 수 있는 기반이 되었다.

제주특별자치도 해녀어업 보존 및 육성에 관한 조례는 제주도 해녀를 보존해야 한다는 의식을 담고 있으며 제주특별자치도 오름 보전 및 관리에 관한 조례는 환경자원으로서 가치가 높은 오름을 보전 관리하려는 목적을 제시하고 있다. 제주메밀 산업 육성 및 지원에 관한 조례는 제주메밀을 지역 상품화하는데 근거가 되며 제주특별자치도 4·3희생자추념일의 지방공휴일 지정에 관한 조례는 희생자를 추념하려는 목적으로 만들어진 조례라고 할 수 있다.

이렇게 조례는 지방의회 의원이 수행하는 고유의 업무이자 가장 중요한 일이며 지역의 정체성과 특수성을 표현하는 조례부터 지역 산업 활성화와 사회봉사를 실현하는 조례까지 다양하게 만들 수 있다는 점에서 지방자치행정에 커다란 의미가 있다.

생각해보기

개정안은 지방의회의 투표결과 및 의정활동, 집행기관의 조직·재무 등 지방자치 정보를 주민에게 선제적으로 공개하고, 정보공개시스템을 구축해 주민의 정보 접근성도 제고하도록 했다. 아울러 제 식구 감싸기 식의 솜방망이 징계를 예방하고 지방의회의 윤리성과 책임성을 제고할 수 있도록 윤리특별위원회 설치를 의무화하며, 민간위원으로 구성된 윤리심사자문위원회를 설치해 의원에 대한 징계 등을 논의할 때 의무적으로 의견을 수렴하도록 했다. 지방의원이 직무를 통해 부당한 이득을 취하는 것을 예방하기 위해 그동안 논란이 돼 왔던 겸직금지 의무 규정은 보다 구체화하고, 겸직이 허용되는 경우라도 의무적으로 겸직내역을 공개하도록 했다.

출처 : 아시아경제(2020.12.09.), "'지방자치법' 32년만에 전면 개정 … 지방의회 권한·책임 강화".

질문) 자신이 살고 있는 지역의 지방의회 의원이 어떤 일을 하고 있는지 알고 있는가?

제7장
지방자치단체

지방자치단체를 미리 알아보기

● **대한민국시도지사협의회**
전국 17개 시도지사 협력체로 시도 상호간 교류와 협력을 증진하는 협의회.
www.gaok.or.kr

● **전국시장군수구청장협의회**
지방의 공동문제를 협의하고 지방의 의견을 대변하고자 설립한 협의회.
www.namk.or.kr

● **인사혁신처**
공직 인사 혁신 등을 전담하는 기구다.
www.mpm.go.kr

지방자치단체는 지역 주민의 실질적인 일을 모두 처리하는 곳으로 지방의회와 더불어 지방자치행정에서 가장 중요한 조직이다. 일반적으로 행정학이나 정책학에서 다루는 정부조직은 "중앙부처"이지만 일상에 관련된 행정은 대부분 지방자치단체에서 처리한다. 특히, 지역 특색을 살려서 사무를 집행할 수 있는 권한을 가진 집단은 지방자치단체밖에 없다. 지방자치단체의 의의와 특징, 법률과 제도, 지방자치단체장의 위상과 역할을 알아보도록 한다.

|제1절| 지방자치단체의 의의와 특징

　지방자치단체(Local Government, Local Authority, Local Public Entities)는 국가 영토 일정한 구역을 정하고 그 구역 내 모든 주민을 구성원으로 하며 일정한 자치권을 가진 법인격 있는 단체라고 할 수 있다. 이는 법률적 개념이며 지역사회를 기반으로 그 지역 주민이 공통 이해관계를 스스로 처리하도록 국법으로 인정한 법률 주체다.

　지방자치단체는 장소인 구역, 사람인 주민, 법률인 자치권으로 구성되어 있다. 일정한 지역에 구민에 대해 지배권을 가지는 공공 단체라는 점에서 국가 영토 전체에 국민에 대해 통치권을 가지는 국가로부터 유래된다.

　지방자치단체의 특성은 첫째, 헌법상 기관으로 자치단체며 헌법 개정이 아니면 그 권한과 기능을 제한하거나 폐지할 수 없다. 이에 지방자치단체는 해당 지역에 대한 포괄적 행정권을 국가로부터 받고 있다. 둘째, 공법인으로서 지방자치단체는 국가와 별개의 권리와 의무의 주체라는 뜻이며 국가가 행정 집행의 편의 때문에 설치한 단순한 행정 구역이 아니다. 지방자치단체는 법인으로 고유한 명칭, 스스로 재산을 취득하고 관리하며 사업하는 등의 독자성을 가지고 있다. 소송의 주체나 객체가 될 수도 있고 권리와 의무의 주체로 법률에서 명시적으로나 묵시적으로 금지된 것을 제외하고 스스로 의사와 책임에 따라 행위를 할 수 있다. 특히, 법률에서 공공 사무를 목적으로 하는 지방자치단체는 임의단체, 사단법인, 재단법인, 주식회사와 구별된다. 셋째, 지방자치단체는 일정한 구역과 주민을 포괄하기에 조합과 구별되며 다른 공공기관과도 다르다.

　지방자치단체는 일정 구역에 하나만 있는 "단층제", 상하 계층 구조를 가지고 여러 개가 중첩해서 존재하는 "다층제"가 있다. 단층제의 장점으로는 중복을 방지하고 신속한 행정을 할 수 있다는 점, 행정 책임 소재가 명확하다는 점, 주민 여론을 중앙정부에 빨리 전달할 수 있다는 점이 있다. 그 단점으로는 국토가 넓고 인구가 많은 곳에서는 채택하기가 어렵다는 점이 있다. 다층제의 장점으로는 기초자치단체와 광역자치단체 간 행정 기능이 나누어져 효율성을 높일 수 있다. 예를 들어, 주민 일상에 관련된 기능은 기초자치단체가 담당하고 대규모 사업 등은 광역자치단체가 담당할 수 있다. 국가가 지방을 감독하기가 수월하다. 중앙정부는 모든 기초자치단체를 직접 감독할 수 없으므로 광역자치단체에 감독권을 부여해 중앙정부의 지위에서 기초자치단체를 감독할 수 있다. 다만, 단점으로는 행정 기능이 중복될 우려가 있다는 점, 기초자치단체는 중앙정부와 광역자치단체로부터 이중 감독을 받아 혼란을 초래할 수 있다는 점 등이 있다.

지방자치는 민주주의 정치 원리를 잘 살리는데 의미가 있지만 실질적으로는 지방자치단체가 그 지역 주민의 행정 수요를 정확히 파악해 실효성 있는 기능을 수행해 주민의 복리 향상에 기여하는데 목적이 있다. 지방자치단체 사무는 자치사무(고유 또는 본래 사무), 단체위임사무, 기관위임사무 등으로 구분한다.

자치사무는 지방자치단체가 스스로 책임과 부담을 가지고 자주적으로 처리하는 사무를 말한다. 이에 대해서 지방자치단체는 그 시행 여부를 스스로 결정할 수 있는데 법령에서 수의적 자치사무(시행 여부를 임의로 결정 가능)과 필요적 자치사무(시행을 해야만 하는 경우)로 나눌 수 있다.

단체위임사무는 지방자치단체의 고유사무는 아니지만 법령의 특별한 규정에 따라 국가 또는 다른 지방자치단체로부터 위임받아 처리하는 사무다. 단체위임사무도 기본적으로 지방자치단체에 위임되면 자치사무처럼 취급된다.

기관위임사무는 지방에 따른 이해관계기 없고 법령에 따라 국가 또는 상급 자치단체로부터 지방지차단체장 또는 기타 집행기관에 위임되는 사무다. 한국에서 많은 비중을 차지하는 것이 바로 기관위임사무다. 기관위임사무는 개별적 법령의 근거가 필요 없는 포괄적 수권주의다. 이에 필요한 경비는 원칙적으로 전액을 국고에서 부담하며 국가 감독도 엄격하다.

이렇게 사무가 많다보니 "사무재분배" 필요성이 논의되었고 지방행정이 갈수록 규모가 커지고 다양해지면서 지방자치의 재편성 방안의 하나로 중앙정부와 지방자치단체 간 사무재분배. 즉, 사무재분배는 기존 중앙정부가 관장하던 사무의 일부를 지방자치단체에 더 이양하고 지역 특수성에 맞도록 행정사무 수행을 돕는데 목적이 있다. 기관위임사무나 단체위임사무가 고유사무보다 비중이 크고 중앙정부의 엄격한 지휘와 감독이 계속 존재하고 있으며 책임과 권한 소재가 불분명한 부분이 있다. 사무재분배의 방식을 여러 가지로 나누기도 한다. 먼저 "개별적 지정 방식"으로 지방자치단체별, 사무별로 개별 지정해 배분하는 방식이다. 그 다음 "포괄적 위탁 방식"으로 지방자치단체 구별 없이 일괄 규정한다. 또한 절충형도 있으나 사무재분배의 기준은 국가마다 지방마다 나름대로 사정이 있기 때문에 그 방식이 실제로는 더 복잡하다. 이에 사무 범위의 예시가 모호하다는 비판, 배분 원칙 자체에 대한 비판 등이 존재한다.

2019년 기준 지방공무원은 총 310,654명이며 정무직, 별정직, 특정직(소방직, 자치경찰직, 교육직), 고위공무원으로 구분된다. 지방공무원은 지방자치단체에서 업무를 담당하는 "일선(street) 관료"로 도시군구청(이른바 본청)에서 근무하거나 주민센터(행정복지센터, 읍면동 사무소)에서 민원 업무를 맡고 있다. 시간이 갈수록 주민과 함께 의논하고 처리할 일이 많으므로 지방공무원의 양적·질적 확충이 필요하다. 특히, 많은 청년이 지방공무원에 응시하고 있으며 공무원 시험에 도전하는 사람이 매년 꾸준하게 유지된다는 점에서 지방자치단체의 의의와 특징을 미리 이해할 필요가 있다(지방자치단체 인터넷원서접수센터, 2021).

|제2절| 지방자치단체에 관한 법률과 제도

지방자치법에 따르면 지방자치단체는 주민, 국가에 관련된 기본 관계를 정하고 지방자치행정을 민주적, 능률적으로 수행해야 한다. 또한 지방 균형 발전과 국가 전체의 민주적 발전을 목적으로 한다. 지방자치단체도 정부이므로 당연히 국가와 주민에게 성실하게 일해야 한다.

> **지방자치법**
> **[시행 2022. 1. 13.] [법률 제17893호, 2021. 1. 12, 전부개정]**
>
> 제1조(목적) 이 법은 지방자치단체의 종류와 조직 및 운영, 주민의 지방자치행정 참여에 관한 사항과 국가와 지방자치단체 사이의 기본적인 관계를 정함으로써 지방자치행정을 민주적이고 능률적으로 수행하고, 지방을 균형 있게 발전시키며, 대한민국을 민주적으로 발전시키려는 것을 목적으로 한다.
> 제2조(지방자치단체의 종류) ① 지방자치단체는 다음의 두 가지 종류로 구분한다.
> 1. 특별시, 광역시, 특별자치시, 도, 특별자치도
> 2. 시, 군, 구
> ② 지방자치단체인 구(이하 "자치구"라 한다)는 특별시와 광역시의 관할 구역의 구만을 말하며, 자치구의 자치권의 범위는 법령으로 정하는 바에 따라 시·군과 다르게 할 수 있다.
> ③ 제1항의 지방자치단체 외에 특정한 목적을 수행하기 위하여 필요하면 따로 특별지방자치단체를 설치할 수 있다. 이 경우 특별지방자치단체의 설치 등에 관하여는 제12장에서 정하는 바에 따른다.
> 제3조(지방자치단체의 법인격과 관할) ① 지방자치단체는 법인으로 한다.
> ② 특별시, 광역시, 특별자치시, 도, 특별자치도(이하 "시·도"라 한다)는 정부의 직할(直轄)로 두고, 시는 도의 관할 구역 안에, 군은 광역시나 도의 관할 구역 안에 두며, 자치구는 특별시와 광역시의 관할 구역 안에 둔다.
> ③ 특별시·광역시 또는 특별자치시가 아닌 인구 50만 이상의 시에는 자치구가 아닌 구를 둘 수 있고, 군에는 읍·면을 두며, 시와 구(자치구를 포함한다)에는 동을, 읍·면에는 리를 둔다.
> ④ 제10조제2항에 따라 설치된 시에는 도시의 형태를 갖춘 지역에는 동을, 그 밖의 지역에는 읍·면을 두되, 자치구가 아닌 구를 둘 경우에는 그 구에 읍·면·동을 둘 수 있다.
> ⑤ 특별자치시와 특별자치도의 하부행정기관에 관한 사항은 따로 법률로 정한다.

　현재 법률에 따른 지방자치단체의 종류는 크게 두 가지로 나눈다. 첫째, 서울특별시(1시)를 비롯한 인천·대전·대구·울산·부산·광주광역시(6시)가 있다. 세종특별자치시(1시)와 경기도·강원도·충청북도·충청남도·경상북도·경상남도·전라북도·전라남도(8도), 제주특별자치도(1도)가 있다. 둘째, 시군구는 전국에 75시, 82군, 69구가 있으며 230읍, 1,182면, 2,079동이 있다. 자치구는 특별시와 광역시의 관할 구역 구만 해당되며 자치권의 범위는 법령으로 정하고 있다. 특정한 목적을 수행하려면 따로 특별지방자치단체를 설치할 수 있으며 지방자치단체는 법인으로 한다. 정부 직할, 도 관할 구역 안에 시가 있으며 광역시나 도 관할 구역 안에 군이 있으며 특별시와 광역시 관할 구역 안에 자치구를 둔다. 인구 50만 이상의 시는 자치구가 아닌 구를 둘 수 있고 군에 읍면을 두며 시와 구에 동을 두고 읍면에 리를 둔다. 이렇게 "도시군구 읍면동"으로 기본적인 행정 계층을 알 수 있다. 또

한 "도시" 형태를 갖춘 지역이라는 표현이 특징적이며 지방자치행정에서 이는 중요하다.

　지방자치단체의 사무배분의 기본원칙은 중복을 피하면서 배분해야 하며 지방자치잔체의 종합적, 자율적 사무 수행과 편익증진과 집행 효과 등을 고려해야 한다. 지역주민생활에 밀접한 사무는 원칙적으로 시군구의 사무로 하지만 그것이 어려우면 시도에 배분하고 더 어려우면 국가 사무로 배분해야 한다.

> **지방자치법**
> **[시행 2022. 1. 13] [법률 제17893호, 2021. 1. 12, 전부개정]**
>
> 제11조(사무배분의 기본원칙) ① 국가는 지방자치단체가 사무를 종합적·자율적으로 수행할 수 있도록 국가와 지방자치단체 간 또는 지방자치단체 상호 간의 사무를 주민의 편익증진, 집행의 효과 등을 고려하여 서로 중복되지 아니하도록 배분하여야 한다.
> 　② 국가는 제1항에 따라 사무를 배분하는 경우 지역주민생활과 밀접한 관련이 있는 사무는 원칙적으로 시·군 및 자치구의 사무로, 시·군 및 자치구가 처리하기 어려운 사무는 시·도의 사무로, 시·도가 처리하기 어려운 사무는 국가의 사무로 각각 배분하여야 한다.
> 　③ 국가가 지방자치단체에 사무를 배분하거나 지방자치단체가 사무를 다른 지방자치단체에 재배분할 때에는 사무를 배분받거나 재배분받는 지방자치단체가 그 사무를 자기의 책임하에 종합적으로 처리할 수 있도록 관련 사무를 포괄적으로 배분하여야 한다.
> 제12조(사무처리의 기본원칙) ① 지방자치단체는 사무를 처리할 때 주민의 편의와 복리증진을 위하여 노력하여야 한다.
> 　② 지방자치단체는 조직과 운영을 합리적으로 하고 규모를 적절하게 유지하여야 한다.
> 　③ 지방자치단체는 법령을 위반하여 사무를 처리할 수 없으며, 시·군 및 자치구는 해당 구역을 관할하는 시·도의 조례를 위반하여 사무를 처리할 수 없다.

　사무의 배분과 재배분할 때 "받는" 입장의 지방자치단체가 책임을 지고 종합적으로 처리할 수 있도록 "포괄적"으로 배분해야 한다. 그렇지 않으면 업무 분장이나 책임 소재가 불분명해지고 사무 처리에 번거로움이 있을 수 있다. 기본원칙은 주민 편의와 복리증진이며 이는 다른 법률이나 조례에서 기본적으로 해당된다고 볼 수 있다. 규모의 적절성, 조직과 운영의 합리성, 법령 준수 의무, 조례 위반 금지 등을 명시하고 있다. 이 조항에 있는 내용은 다른 법률이나 조례에서 추구하는 목적과 크게 다름이 없다.

지방자치법에서 정하는 지방자치단체의 사무 범위는 관할 구역의 사무와 법령에 따른 사무를 말한다. 사무의 예시는 몇 줄밖에 안 되지만 일상에 적용해보면 매우 다양하고 복잡하다. 일단 지방자치단체 구역 안에서 해당되는 조직과 행정 관리 전반, 주민 복지 증진(복지 사업이나 프로그램 등), 농림 수산 상공업 등에 관련된 각종 사업이나 프로그램, 지역 개발 사업(토목이나 건설 등), 자연환경보전 규제(단속), 생활환경시설 설치와 관리(안전 관련 시설, 폐기물 관련 시설 등), 교육(청소년 등), 체육(체육관 등), 문화(공연 등), 예술(축제 등)이 해당된다.

지방자치법
[시행 2022. 1. 13] [법률 제17893호, 2021. 1. 12, 전부개정]

제13조(지방자치단체의 사무 범위) ① 지방자치단체는 관할 구역의 자치사무와 법령에 따라 지방자치단체에 속하는 사무를 처리한다.
② 제1항에 따른 지방자치단체의 사무를 예시하면 다음 각 호와 같다. 다만, 법률에 이와 다른 규정이 있으면 그러하지 아니하다.
 1. 지방자치단체의 구역, 조직, 행정관리 등
 2. 주민의 복지증진
 3. 농림·수산·상공업 등 산업 진흥
 4. 지역개발과 자연환경보전 및 생활환경시설의 설치·관리
 5. 교육·체육·문화·예술의 진흥
 6. 지역민방위 및 지방소방
 7. 국제교류 및 협력
제14조(지방자치단체의 종류별 사무배분기준) ① 제13조에 따른 지방자치단체의 사무를 지방자치단체의 종류별로 배부하는 기준은 다음 각 호와 같다. 다만, 제13조제2항제1호의 사무는 각 지방자치단체에 공통된 사무로 한다.
 1. 시·도
  가. 행정처리 결과가 2개 이상의 시·군 및 자치구에 미치는 광역적 사무
  나. 시·도 단위로 동일한 기준에 따라 처리되어야 할 성질의 사무
  다. 지역적 특성을 살리면서 시·도 단위로 통일성을 유지할 필요가 있는 사무
  라. 국가와 시·군 및 자치구 사이의 연락·조정 등의 사무
  마. 시·군 및 자치구가 독자적으로 처리하기 어려운 사무
  바. 2개 이상의 시·군 및 자치구가 공동으로 설치하는 것이 적당하다고 인정되는 규모의 시설을

> 설치하고 관리하는 사무
>   2. 시·군 및 자치구
> 제1호에서 시·도가 처리하는 것으로 되어 있는 사무를 제외한 사무. 다만, 인구 50만 이상의 시에 대해서는 도가 처리하는 사무의 일부를 직접 처리하게 할 수 있다.
>   ② 제1항의 배분기준에 따른 지방자치단체의 종류별 사무는 대통령령으로 정한다.
>   ③ 시·도와 시·군 및 자치구는 사무를 처리할 때 서로 겹치지 아니하도록 하여야 하며, 사무가 서로 겹치면 시·군 및 자치구에서 먼저 처리한다.

아울러 지방자치단체장은 지역민방위를 통솔하고 지방소방에 관련된 지원 업무를 맡고 있다. 국제교류와 협력은 "자매결연도시"를 떠올릴 수 있다. 지방자치단체 사무배분기준에 따르면 시도와 시군구로 나눌 수 있으며 시도는 광역적 사무, 동일 기준 처리 사무, 통일성 유지 사무, 독자적 처리가 어려운 사무, 공동 설치 규모의 사무가 있다. 시군구는 시도 처리 사무를 제외한 사무를 담당하며 중복을 방지해야 하는데 만약 중복된다면 시군구에서 먼저 처리하도록 되어 있다.

다만, 지방자치단체는 국가사무에 대한 처리가 제한되는데 상식적으로도 이해할 수 있는 부분이 있다.

> **지방자치법**
> **[시행 2022. 1. 13] [법률 제17893호, 2021. 1. 12, 전부개정]**
>
> 제15조(국가사무의 처리 제한) 지방자치단체는 다음 각 호의 국가사무를 처리할 수 없다. 다만, 법률에 이와 다른 규정이 있는 경우에는 국가사무를 처리할 수 있다.
>   1. 외교, 국방, 사법(司法), 국세 등 국가의 존립에 필요한 사무
>   2. 물가정책, 금융정책, 수출입정책 등 전국적으로 통일적 처리를 할 필요가 있는 사무
>   3. 농산물·임산물·축산물·수산물 및 양곡의 수급조절과 수출입 등 전국적 규모의 사무
>   4. 국가종합경제개발계획, 국가하천, 국유림, 국토종합개발계획, 지정항만, 고속국도·일반국도, 국립공원 등 전국적 규모나 이와 비슷한 규모의 사무
>   5. 근로기준, 측량단위 등 전국적으로 기준을 통일하고 조정하여야 할 필요가 있는 사무

6. 우편, 철도 등 전국적 규모나 이와 비슷한 규모의 사무
7. 고도의 기술이 필요한 검사·시험·연구, 항공관리, 기상행정, 원자력개발 등 지방자치단체의 기술과 재정능력으로 감당하기 어려운 사무

먼저 국가만이 할 수 있는 외교, 국방, 사법이 해당되며 전국 단위에서 해결할 물가, 금융, 수출입, 각종 물자의 수급조절, 전국 단위 규모인 자연·시설, 통일성이 매우 중요한 사무(최저임금 등), 우편(우정사업본부), 철도(한국철도공사 등), 항공우주, 기상(기상청), 검사시험(식품의약품 등) 등이다. 전국 규모에서 감당할 수 있는 사무나 국민 전체에 영향을 줄 수밖에 없는 사무는 지방자치단체가 처리하기 어렵다.

지방자치법에서 손해배상금 관련 조항은 제22조(주민소송) 제2항 제4호인 "해당 지방자치단체의 장 및 직원, 지방의회의원, 해당 행위와 관련이 있는 상대방에게 손해배상청구 또는 부당이득반환청구를 할 것을 요구하는 소송이다. 다만, 그 지방자치단체의 직원이 회계관계직원 등의 책임에 관한 법률에 따른 변상책임을 져야 하는 경우에는 변상명령을 할 것을 요구하는 소송"과 관련이 있다.

지방자치법
[시행 2022. 1. 13] [법률 제17893호, 2021. 1. 12, 전부개정]

제23조(손해배상금 등의 지급청구 등) ① 지방자치단체의 장(해당 사항의 사무처리에 관한 권한을 소속 기관의 장에게 위임한 경우에는 그 소속 기관의 장을 말한다. 이하 이 조에서 같다)은 제22조제2항 제4호 본문에 따른 소송에 대하여 손해배상청구나 부당이득반환청구를 명하는 판결이 확정되면 판결이 확정된 날부터 60일 이내를 기한으로 하여 당사자에게 그 판결에 따라 결정된 손해배상금이나 부당이득반환금의 지급을 청구하여야 한다. 다만, 손해배상금이나 부당이득반환금을 지급하여야 할 당사자가 지방자치단체의 장이면 지방의회의 의장이 지급을 청구하여야 한다.
② 지방지치단체는 제1항에 따라 지급청구를 받은 자가 같은 항의 기한까지 손해배상금이나 부당이득반환금을 지급하지 아니하면 손해배상·부당이득반환의 청구를 목적으로 하는 소송을 제기하여야 한다. 이 경우 그 소송의 상대방이 지방자치단체의 장이면 그 지방의회의 의장이 그 지방자치단체를 대표한다.

제24조(변상명령 등) ① 지방자치단체의 장은 제22조제2항제4호 단서에 따른 소송에 대하여 변상할 것을 명하는 판결이 확정되면 판결이 확정된 날부터 60일 이내를 기한으로 하여 당사자에게 그 판결에 따라 결정된 금액을 변상할 것을 명령하여야 한다.
② 제1항에 따라 변상할 것을 명령받은 자가 같은 항의 기한까지 변상금을 지불하지 아니하면 지방세 체납처분의 예에 따라 징수할 수 있다.
③ 제1항에 따라 변상할 것을 명령받은 자는 그 명령에 불복하는 경우 행정소송을 제기할 수 있다. 다만, 「행정심판법」에 따른 행정심판청구는 제기할 수 없다.

소송 결과 손해배상 또는 부당이득반환이 확정되면 기한 내에 지급을 청구한다는 취지며 지급이 이루어지지 않으면 청구를 목적으로 소송을 제기해야 한다. 이에 기한을 정해 변상할 것을 명령해야 하며 이때 지불하지 않으면 지방세 체납처분에 따라 징수할 수 있다. 다만, 명령에 불복하는 사람은 행정소송을 제기할 수 있다.

지방자치단체는 법령 범위에서 조례를 제정할 수 있는데 주민의 권리를 제한하거나 의무를 부과하는 경우는 법률의 위임이 있어야 한다. 법률의 위임은 법률에 근거를 두어야 한다는 뜻이다. 법령에서 조례로 위임한 사항은 법령의 하위 법령에서 그 위임 내용과 범위를 제한하거나 규정할 수 없다. 지방자치단체장은 규칙을 제정할 수 있는데 그것은 법령과 조례 범위 안에서 가능하다. 시군구 조례나 규칙은 시도 조례나 규칙을 위반할 수 없다. 이러한 조항은 모두 법률, 명령, 조례, 규칙의 서열(범위)에 관련된 것이다.

지방자치법
[시행 2022. 1. 13] [법률 제17893호, 2021. 1. 12, 전부개정]

제28조(조례) ① 지방자치단체는 법령의 범위에서 그 사무에 관하여 조례를 제정할 수 있다. 다만, 주민의 권리 제한 또는 의무 부과에 관한 사항이나 벌칙을 정할 때에는 법률의 위임이 있어야 한다.
② 법령에서 조례로 정하도록 위임한 사항은 그 법령의 하위 법령에서 그 위임의 내용과 범위를 제한하거나 직접 규정할 수 없다.
제29조(규칙) 지방자치단체의 장은 법령 또는 조례의 범위에서 그 권한에 속하는 사무에 관하여 규칙

을 제정할 수 있다.
제30조(조례와 규칙의 입법한계) 시·군 및 자치구의 조례나 규칙은 시·도의 조례나 규칙을 위반해서는 아니 된다.
제32조(조례와 규칙의 제정 절차 등) ① 조례안이 지방의회에서 의결되면 지방의회의 의장은 의결된 날부터 5일 이내에 그 지방자치단체의 장에게 이송하여야 한다.
  ② 지방자치단체의 장은 제1항의 조례안을 이송받으면 20일 이내에 공포하여야 한다.
  ③ 지방자치단체의 장은 이송받은 조례안에 대하여 이의가 있으면 제2항의 기간에 이유를 붙여 지방의회로 환부(還付)하고, 재의(再議)를 요구할 수 있다. 이 경우 지방자치단체의 장은 조례안의 일부에 대하여 또는 조례안을 수정하여 재의를 요구할 수 없다.
  ④ 지방의회는 제3항에 따라 재의 요구를 받으면 조례안을 재의에 부치고 재적의원 과반수의 출석과 출석의원 3분의 2 이상의 찬성으로 전(前)과 같은 의결을 하면 그 조례안은 조례로서 확정된다.
  ⑤ 지방자치단체의 장이 제2항의 기간에 공포하지 아니하거나 재의 요구를 하지 아니하더라도 그 조례안은 조례로서 확정된다.
  ⑥ 지방자치단체의 장은 제4항 또는 제5항에 따라 확정된 조례를 지체 없이 공포하여야 한다. 이 경우 제5항에 따라 조례가 확정된 후 또는 제4항에 따라 확정된 조례가 지방자치단체의 장에게 이송된 후 5일 이내에 지방자치단체의 장이 공포하지 아니하면 지방의회의 의장이 공포한다.
  ⑦ 제2항 및 제6항 전단에 따라 지방자치단체의 장이 조례를 공포하였을 때에는 즉시 해당 지방의회의 의장에게 통지하여야 하며, 제6항 후단에 따라 지방의회의 의장이 조례를 공포하였을 때에는 그 사실을 즉시 해당 지방자치단체의 장에게 통지하여야 한다.
  ⑧ 조례와 규칙은 특별한 규정이 없으면 공포한 날부터 20일이 지나면 효력을 발생한다.
제33조(조례와 규칙의 공포 방법 등) ① 조례와 규칙의 공포는 해당 지방자치단체의 공보에 게재하는 방법으로 한다. 다만, 제32조제6항 후단에 따라 지방의회의 의장이 조례를 공포하는 경우에는 공보나 일간신문에 게재하거나 게시판에 게시한다.

조례와 규칙의 제정 절차는 조례안의 의결로 5일 이내에 지방자치단체장에게 이송되며 20일 이내에 공포해야 한다. 만약 이송 받은 조례안에 이의가 있으면 환부하고 재의를 요구힐 수 있다. 이때 조례인의 일부 또는 수정해서 재의할 수 없다. 지방의회는 재의해서 이전과 같은 의결을 하면 조례안은 조례로 확정된다. 지방자치단체장이 공포하지 않거나 재의 요구를 하지 않아도 조례로 확정된다. 지체 없이 지방자치단체장은 조례를 공포해야 하고 5일 이내에 공포하지 않으면 지방의회 의장이 공포한다. 특별한 규정이 없으면 공포한 날부터 20일이 지나면 효력이 생긴다. 조례와 규칙은 공보(일간신문)에 게재하며 "자치법규정보시스템(www.elis.go.kr)"에서 확인할 수 있다.

부지사·부시장·부군수·부구청장에 관한 규정도 있으며 권한대행을 맡기도 한다. 권한대행은 지방자치단체장이 궐위(어떤 직위나 비어 있는 상태, 지방자치단체장의 사망 등)된 경우, 공소 제기 후 구금된 경우, 60일 이상 입원한 경우에 해당된다. 지방자치단체 행정기구와 공무원은 사무 분장에 따라 업무를 처리하며 기구, 정원, 인건비 등은 대통령령이 정하는 기준에 따라 조례로 정하고 있다. 이를 적절하게 운영하고 균형이 유지되도록 행정안전부장관은 권고할 수 있다(대체로 전국 단위의 통일된 지침이 만들어진다). 지방공무원에 관한 사항은 법률로 정하며 법률에 따라 국가공무원을 두기도 하며 5급 이상과 6급 이하의 국가공무원에 대한 임명도 규정되어 있다.

지방자치법
[시행 2022. 1. 13] [법률 제17893호, 2021. 1. 12, 전부개정]

제123조(부지사·부시장·부군수·부구청장) ① 특별시·광역시 및 특별자치시에 부시장, 도와 특별자치도에 부지사, 시에 부시장, 군에 부군수, 자치구에 부구청장을 두며, 그 수는 다음 각 호의 구분과 같다.
제124조(지방자치단체의 장의 권한대행 등) ① 지방자치단체의 장이 다음 각 호의 어느 하나에 해당되면 부지사·부시장·부군수·부구청장(이하 이 조에서 "부단체장"이라 한다)이 그 권한을 대행한다.
 1. 궐위된 경우
 2. 공소 제기된 후 구금상태에 있는 경우
 3. 「의료법」에 따른 의료기관에 60일 이상 계속하여 입원한 경우
제125조(행정기구와 공무원) ① 지방자치단체는 그 사무를 분장하기 위하여 필요한 행정기구와 지방공무원을 둔다.
 ② 제1항에 따른 행정기구의 설치와 지방공무원의 정원은 인건비 등 대통령령으로 정하는 기준에 따라 그 지방자치단체의 조례로 정한다.
 ③ 행정안전부장관은 지방자치단체의 행정기구와 지방공무원의 정원이 적절하게 운영되고 다른 지방자치단체와의 균형이 유지되도록 하기 위하여 필요한 사항을 권고할 수 있다.
 ④ 지방공무원의 임용과 시험·자격·보수·복무·신분보장·징계·교육·훈련 등에 관한 사항은 따로 법률로 정한다.
 ⑤ 지방자치단체에는 제1항에도 불구하고 법률로 정하는 바에 따라 국가공무원을 둘 수 있다.
 ⑥ 제5항에 규정된 국가공무원의 경우 「국가공무원법」 제32조제1항부터 제3항까지의 규정에도 불구하고 5급 이상의 국가공무원이나 고위공무원단에 속하는 공무원은 해당 지방자치단체의 장의 제청으로 소속 장관을 거쳐 대통령이 임명하고, 6급 이하의 국가공무원은 그 지방자치단체의 장의 제청으로 소속 장관이 임명한다.

지방자치법에 따라 직속기관은 자치경찰, 소방기관, 교육훈련기관, 보건진료기관, 시험연구기관(00연구소, 00연구원 등), 중소기업지도기관(일자리 관련 00센터 등)을 설치할 수 있다. 사업소(도로 관련 00관리사업소 등)는 업무 효율성을 목적으로 조례로 설치할 수 있으며 출장소도 격오지(隔奧地, 외진 곳)에 사는 주민의 편의와 특정 지역 개발 촉진에 조례로 설치할 수 있다(시청이나 군청이 과거에 있었던 곳이 출장소로 설치되기도 한다).

지방자치법
[시행 2022. 1. 13] [법률 제17893호, 2021. 1. 12, 전부개정]

제126조(직속기관) 지방자치단체는 소관 사무의 범위에서 필요하면 대통령령이나 대통령령으로 정하는 범위에서 그 지방자치단체의 조례로 자치경찰기관(제주특별자치도만 해당한다), 소방기관, 교육훈련기관, 보건진료기관, 시험연구기관 및 중소기업지도기관 등을 직속기관으로 설치할 수 있다.
제127조(사업소) 지방자치단체는 특정 업무를 효율적으로 수행하기 위하여 필요하면 대통령령으로 정하는 범위에서 그 지방자치단체의 조례로 사업소를 설치할 수 있다.
제128조(출장소) 지방자치단체는 외진 곳의 주민의 편의와 특정지역의 개발 촉진을 위하여 필요하면 대통령령으로 정하는 범위에서 그 지방자치단체의 조례로 출장소를 설치할 수 있다.
제129조(합의제행정기관) ① 지방자치단체는 소관 사무의 일부를 독립하여 수행할 필요가 있으면 법령이나 그 지방자치단체의 조례로 정하는 바에 따라 합의제행정기관을 설치할 수 있다.
② 제1항의 합의제행정기관의 설치·운영에 필요한 사항은 대통령령이나 그 지방자치단체의 조례로 정한다.
제130조(자문기관의 설치 등) ① 지방자치단체는 소관 사무의 범위에서 법령이나 그 지방자치단체의 조례로 정하는 바에 따라 자문기관(소관 사무에 대한 자문에 응하거나 협의, 심의 등을 목적으로 하는 심의회, 위원회 등을 말한다. 이하 같다)을 설치·운영할 수 있다.
② 자문기관은 법령이나 조례에 규정된 기능과 권한을 넘어서 주민의 권리를 제한하거나 의무를 부과하는 내용으로 자문 또는 심의 등을 하여서는 아니 된다.

합의제행정기관은 보통 "위원회(노동 또는 감사위원회 등)"라는 이름으로 활동하며 소관 사무의 일부를 독립 수행할 필요가 있을 때 설치할 수 있다. 이때 독립할 정도로 뚜렷한 목적과 업무 범위가 있는 경우가 대부분이며 자문기관의 설치 운영도 자율적으로 이루어지고 있다. 다만, 자문은 "어떤 일을 효율적이고 바르게 처리하려고 그 방면의 전문가나 전문가로 이루어진 기구에 의견을 묻는" 것이므로 주민의 권리를 제한하거나 의무를 부과

하는 내용으로 자문 또는 심의할 수 없다.

하부행정기관장은 자치구가 아닌 구청장, 읍장, 면장, 동장으로 지방공무원이며 시장(자치구의 구청장)이 임명한다.

> **지방자치법**
> **[시행 2022. 1. 13] [법률 제17893호, 2021. 1. 12, 전부개정]**
>
> 제131조(하부행정기관의 장) 자치구가 아닌 구에 구청장, 읍에 읍장, 면에 면장, 동에 동장을 둔다. 이 경우 면·동은 행정면·행정동을 말한다.
> 제132조(하부행정기관의 장의 임명) ① 자치구가 아닌 구의 구청장은 일반직 지방공무원으로 보하되, 시장이 임명한다.
>   ② 읍장·면장·동장은 일반직 지방공무원으로 보하되, 시장·군수 또는 자치구의 구청장이 임명한다.
> 제133조(하부행정기관의 장의 직무권한) 자치구가 아닌 구의 구청장은 시장, 읍장·면장은 시장이나 군수, 동장은 시장(구가 없는 시의 시장을 말한다)이나 구청장(자치구의 구청장을 포함한다)의 지휘·감독을 받아 소관 국가사무와 지방자치단체의 사무를 맡아 처리하고 소속 직원을 지휘·감독한다.
> 제134조(하부행정기구) 지방자치단체는 조례로 정하는 바에 따라 자치구가 아닌 구와 읍·면·동에 소관 행정사무를 분장하기 위하여 필요한 행정기구를 둘 수 있다. 이 경우 면·동은 행정면·행정동을 말한다.
> 제135조(교육·과학 및 체육에 관한 기관) ① 지방자치단체의 교육·과학 및 체육에 관한 사무를 분장하기 위하여 별도의 기관을 둔다.
>   ② 제1항에 따른 기관의 조직과 운영에 필요한 사항은 따로 법률로 정한다.

하부행정기관장의 직무권한은 지휘 감독을 받아 소관 국가사무와 지방자치단체 사무를 처리하고 소속 직원을 지휘 감독한다. 하부행정기구는 조례에 따라 둘 수 있는데 특정 기능이 필요할 때 설치하기도 한다. 교육 과학 체육 관련 기관은 별도로 설치할 수 있으며 관련 법률에 따라 조직을 운영한다(도서관, 미술관, 박물관 등).

자치구의 재원은 지방재정법에 근거해서 관할 구역의 자치구-자치구의 재원을 조정해야 한다. 예를 들어, 서울특별시는 자치구가 25곳이므로 재원 조정이 중요하다고 볼 수 있다.

이번 지방자치법에서 전부 개정된 부분 가운데 가장 특징적인 내용은 "특례시" 인정인데 서울특별시는 법률에 따라 특례를 둘 수 있고 세종특별자치시와 제주특별자치도도 행정체제의 특수성을 고려해 법률로 정하는 바에 따라 특례를 둘 수 있다. 이미 세종시와 제주도는 관련된 법령이 있을 뿐만 아니라 특수성이 강하다는 점에서 이 조항이 새롭게 만들어졌다.

지방자치법
[시행 2022. 1. 13] [법률 제17893호, 2021. 1. 12, 전부개정]

제196조(자치구의 재원) 특별시장이나 광역시장은 「지방재정법」에서 정하는 바에 따라 해당 지방자치단체의 관할 구역의 자치구 상호 간의 재원을 조정하여야 한다.

제197조(특례의 인정) ① 서울특별시의 지위·조직 및 운영에 대해서는 수도로서의 특수성을 고려하여 법률로 정하는 바에 따라 특례를 둘 수 있다.

② 세종특별자치시와 제주특별자치도의 지위·조직 및 행정·재정 등의 운영에 대해서는 행정체제의 특수성을 고려하여 법률로 정하는 바에 따라 특례를 둘 수 있다.

제198조(대도시 등에 대한 특례 인정) ① 서울특별시·광역시 및 특별자치시를 제외한 인구 50만 이상 대도시의 행정, 재정 운영 및 국가의 지도·감독에 대해서는 그 특성을 고려하여 관계 법률로 정하는 바에 따라 특례를 둘 수 있다.

② 제1항에도 불구하고 서울특별시·광역시 및 특별자치시를 제외한 다음 각 호의 어느 하나에 해당하는 대도시 및 시·군·구의 행정, 재정 운영 및 국가의 지도·감독에 대해서는 그 특성을 고려하여 관계 법률로 정하는 바에 따라 추가로 특례를 둘 수 있다.

1. 인구 100만 이상 대도시(이하 "특례시"라 한다)
2. 실질적인 행정수요, 국가균형발전 및 지방소멸위기 등을 고려하여 대통령령으로 정하는 기준과 절차에 따라 행정안전부장관이 지정하는 시·군·구

③ 제1항에 따른 인구 50만 이상 대도시와 제2항제1호에 따른 특례시의 인구 인정기준은 대통령령으로 정한다.

다음으로는 대도시 특례 인정으로 인구 50만 이상은 법률에 따라 특례를 둘 수 있다는 점에서 행정, 재정, 지도, 감독에서 과거보다 더 역량을 발휘할 수 있다. 언론에서 보도된 특례시는 인구 100만 이상 대도시(수원, 고양, 용인, 창원)며 이에 해당된 지역은 신도시 건설, 과거 거주민과 신규 주민의 유입이 합쳐지는 등의 변화를 겪은 곳이다. 반대로 인구 3

만 명 미만의 지방자치단체(2021년 기준 12곳)은 "지방소멸위기"에 해당되면서 특례를 둘 수 있다는 점에서 이 조항은 지방자치법에서 가장 커다란 변화를 가져왔다.

지방자치법이 지방자치단체에 관련된 조항을 포함했다면 그곳에서 일하는 지방공무원에 관련된 규정도 당연히 있다. 지방공무원법은 지방자치단체의 공무원에게 적용되는 인사행정이며 민주성과 능률성을 도모한다. 기본적으로 공무원은 경력직과 특수경력직으로 구분하며 전자는 일반직과 특정직으로 나눌 수 있다. 후자는 정무직공무원(보통 선출직 공무원), 별정직공무원(선출직 공무원을 보좌하는 경우 등)이 있으며 임용조건, 임용절차, 근무상한연령 등은 대통령령과 조례로 정한다.

지방공무원법
[시행 2020. 7. 30] [법률 제16884호, 2020. 1. 29, 일부개정]

제1조(목적) 이 법은 지방자치단체의 공무원에게 적용할 인사행정의 근본 기준을 확립하여 지방자치행정의 민주적이며 능률적인 운영을 도모함을 목적으로 한다. [전문개정 2008. 12. 31.]
제2조(공무원의 구분) ① 지방자치단체의 공무원(지방자치단체가 경비를 부담하는 지방공무원을 말하며, 이하 "공무원"이라 한다)은 경력직공무원과 특수경력직공무원으로 구분한다.
② "경력직공무원"이란 실적과 자격에 따라 임용되고 그 신분이 보장되며 평생 동안(근무기간을 정하여 임용하는 공무원의 경우에는 그 기간 동안을 말한다) 공무원으로 근무할 것이 예정되는 공무원을 말하며, 그 종류는 다음 각 호와 같다. 〈개정 2012. 12. 11., 2019. 12. 10.〉
  1. 일반직공무원: 기술·연구 또는 행정 일반에 대한 업무를 담당하는 공무원
  2. 특정직공무원: 공립 대학 및 전문대학에 근무하는 교육공무원, 교육감 소속의 교육전문직원 및 자치경찰공무원과 그 밖에 특수 분야의 업무를 담당하는 공무원으로서 다른 법률에서 특정직공무원으로 지정하는 공무원
  3. 삭제 〈2012. 12. 11.〉
③ "특수경력직공무원"이란 경력직공무원 외의 공무원을 말하며, 그 종류는 다음 각 호와 같다. 〈개정 2012. 12. 11.〉
  1. 정무직공무원
    가. 선거로 취임하거나 임명할 때 지방의회의 동의가 필요한 공무원
    나. 고도의 정책결정업무를 담당하거나 이러한 업무를 보조하는 공무원으로서 법령 또는 조례에서 정무직으로 지정하는 공무원

> 2. 별정직공무원: 비서관·비서 등 보좌업무 등을 수행하거나 특정한 업무 수행을 위하여 법령에서 별정직으로 지정하는 공무원
> 3. 삭제 〈2012. 12. 11.〉
> 4. 삭제 〈2011. 5. 23.〉
> ④ 제3항에 따른 별정직공무원의 임용조건, 임용절차, 근무 상한연령, 그 밖에 필요한 사항은 대통령령 또는 조례로 정한다. 〈개정 2011. 5. 23., 2012. 12. 11.〉

지방공무원법도 국가공무원법과 마찬가지로 공직자로서 기본 원칙은 공통적으로 적용된다. 직위분류제 확립, 직무분석, 개방형직위, 공모직위, 승진, 복무(복무 선서, 성실, 복종, 직장이탈 금지, 친절 공정, 종교중립, 비밀 엄수, 청렴, 품위 유지, 영리 업무와 겸직 금지, 정치운동 금지, 집단행위 금지), 신분보장, 휴직, 징계 등이 규정되어 있다.

|제3절| 지방자치단체장의 위상과 역할

지방자치법에서 지방자치단체장은 중요한 위치를 차지한다. 일단 공직선거법에 따라 당선인은 인수 권한을 갖는다. 이때 인수위원회를 설치할 수 있는데 대통령직인수위원회와 원리가 비슷하다.

> **지방자치법**
> [시행 2022. 1. 13] [법률 제17803호, 2021. 1. 12, 전부개정]
>
> 제105조(지방자치단체의 장의 직 인수위원회) ① 「공직선거법」 제191조에 따른 지방자치단체의 장의 당선인(같은 법 제14조제3항 단서에 따라 당선이 결정된 사람을 포함하며, 이하 이 조에서 "당선인"이라

> 한다)은 이 법에서 정하는 바에 따라 지방자치단체의 장의 직 인수를 위하여 필요한 권한을 갖는다.
> ② 당선인을 보좌하여 지방자치단체의 장의 직 인수와 관련된 업무를 담당하기 위하여 당선이 결정된 때부터 해당 지방자치단체에 지방자치단체의 장의 직 인수위원회(이하 이 조에서 "인수위원회"라 한다)를 설치할 수 있다.
> ③ 인수위원회는 당선인으로 결정된 때부터 지방자치단체의 장의 임기 시작일 이후 20일의 범위에서 존속한다.

지방자치단체장이 완전하게 취임해서 공식적인 임기가 시작된 20일 안에 "해산"하는데 인수위원회의 방향이나 공약의 정책화는 임기 전체를 미리 전망할 수 있다는 점에서 중요하다.

> **지방자치법**
> [시행 2022. 1. 13] [법률 제17893호, 2021. 1. 12, 전부개정]
>
> 제106조(지방자치단체의 장) 특별시에 특별시장, 광역시에 광역시장, 특별자치시에 특별자치시장, 도와 특별자치도에 도지사를 두고, 시에 시장, 군에 군수, 자치구에 구청장을 둔다.
> 제107조(지방자치단체의 장의 선거) 지방자치단체의 장은 주민이 보통·평등·직접·비밀선거로 선출한다.
> 제108조(지방자치단체의 장의 임기) 지방자치단체의 장의 임기는 4년으로 하며, 3기 내에서만 계속 재임(在任)할 수 있다.
> 제109조(겸임 등의 제한) ① 지방자치단체의 장은 다음 각 호의 어느 하나에 해당하는 직을 겸임할 수 없다.

지방자치단체장은 일반적으로 모두 알고 있는 지방자치단체의 대표를 말하며 선거의 일반 원칙에 따라 선출된다. 임기는 지방의회 의원과 마찬가지로 4년이며 재선된다면 3기 내에서 재임(12년)할 수 있으며 겸임 제한 조항이 있다.

지방자치단체의 근본적인 변동이 있을 때 새롭게 지방자치단체장이 선출될 때까지 대행자를 지정해야 한다.

> **지방자치법**
> **[시행 2022. 1. 13.] [법률 제17893호, 2021. 1. 12., 전부개정]**
>
> 제110조(지방자치단체의 폐지·설치·분리·합병과 지방자치단체의 장) 지방자치단체를 폐지하거나 설치하거나 나누거나 합쳐 새로 지방자치단체의 장을 선출하여야 하는 경우에는 그 지방자치단체의 장이 선출될 때까지 시·도지사는 행정안전부장관이, 시장·군수 및 자치구의 구청장은 시·도지사가 각각 그 직무를 대행할 사람을 지정하여야 한다. 다만, 둘 이상의 동격의 지방자치단체를 통폐합하여 새로운 지방자치단체를 설치하는 경우에는 종전의 지방자치단체의 장 중에서 해당 지방자치단체의 장의 직무를 대행할 사람을 지정한다.
> 제111조(지방자치단체의 장의 사임) ① 지방자치단체의 장은 그 직을 사임하려면 지방의회의 의장에게 미리 사임일을 적은 서면(이하 "사임통지서"라 한다)으로 알려야 한다.
> 　② 지방자치단체의 장은 사임통지서에 적힌 사임일에 사임한다. 다만, 사임통지서에 적힌 사임일까지 지방의회의 의장에게 사임통지가 되지 아니하면 지방의회의 의장에게 사임통지가 된 날에 사임한다.
> 제112조(지방자치단체의 장의 퇴직) 지방자치단체의 장이 다음 각 호의 어느 하나에 해당될 때에는 그 직에서 퇴직한다.
> 　1. 지방자치단체의 장이 겸임할 수 없는 직에 취임할 때
> 　2. 피선거권이 없게 될 때. 이 경우 지방자치단체의 구역이 변경되거나 없어지거나 합한 것 외의 다른 사유로 그 지방자치단체의 구역 밖으로 주민등록을 이전하였을 때를 포함한다.
> 　3. 제110조에 따라 지방자치단체의 장의 직을 상실할 때
> 제113조(지방자치단체의 장의 체포 및 확정판결의 통지) ① 수사기관의 장은 체포되거나 구금된 지방자치단체의 장이 있으면 지체 없이 영장의 사본을 첨부하여 해당 지방자치단체에 알려야 한다. 이 경우 통지를 받은 지방자치단체는 그 사실을 즉시 행정안전부장관에게 보고하여야 하며, 시·군 및 자치구가 행정안전부장관에게 보고할 때에는 시·도지사를 거쳐야 한다.
> 　② 각급 법원장은 지방자치단체의 장이 형사사건으로 공소가 제기되어 판결이 확정되면 지체 없이 해당 지방자치단체에 알려야 한다. 이 경우 통지를 받은 지방자치단체는 그 사실을 즉시 행정안전부장관에게 보고하여야 하며, 시·군 및 자치구가 행정안전부장관에게 보고할 때에는 시·도지사를 거쳐야 한다.

만약 지방자치단체장이 사임하려면 지방의회 의장에서 미리 사임일을 적고 서면으로 통지해야 한다. 지방자치단체장이 겸임할 수 없는 직에 취임하거나 피선거권이 없으면 퇴직한다. 수사기관에 체포되거나 확정 판결되면 행정안전부장관에 보고해야 한다. 법원에서는 지방자치단체장이 형사사건으로 공소 제기 후 판결이 확정되면 지체 없이 지방자치단체에 알려야 한다. 가끔 언론에서 볼 수 있는 지방자치단체장의 형사 사건 판결 확정 결과는 지방자치단체 전체에 부정적인 영향을 가져오고 추진하던 사업이 중지되기도 한다.

지방자치단체장은 지방자치단체의 대표자이면서 사무를 총괄하며 위임된 국가사무를 수행한다. 사무 관리와 집행권을 가지고 일하며 조례나 규칙에 따라 사무를 일부 위임할 수 있다.

지방자치법
[시행 2022. 1. 13] [법률 제17893호, 2021. 1. 12, 전부개정]

제114조(지방자치단체의 통할대표권) 지방자치단체의 장은 지방자치단체를 대표하고, 그 사무를 총괄한다.

제115조(국가사무의 위임) 시·도와 시·군 및 자치구에서 시행하는 국가사무는 시·도지사와 시장·군수 및 자치구의 구청장에게 위임하여 수행하는 것을 원칙으로 한다. 다만, 법령에 다른 규정이 있는 경우에는 그러하지 아니하다.

제116조(사무의 관리 및 집행권) 지방자치단체의 장은 그 지방자치단체의 사무와 법령에 따라 그 지방자치단체의 장에게 위임된 사무를 관리하고 집행한다.

 제117조(사무의 위임 등) ① 지방자치단체의 장은 조례나 규칙으로 정하는 바에 따라 그 권한에 속하는 사무의 일부를 보조기관, 소속 행정기관 또는 하부행정기관에 위임할 수 있다.
  ② 지방자치단체의 장은 조례나 규칙으로 정하는 바에 따라 그 권한에 속하는 사무의 일부를 관할 지방자치단체나 공공단체 또는 그 기관(사업소·출장소를 포함한다)에 위임하거나 위탁할 수 있다.
  ③ 지방자치단체의 장은 조례나 규칙으로 정하는 바에 따라 그 권한에 속하는 사무 중 조사·검사·검정·관리업무 등 주민의 권리·의무와 직접 관련되지 아니하는 사무를 법인·단체 또는 그 기관이나 개인에게 위탁할 수 있다.
  ④ 지방자치단체의 장이 위임받거나 위탁받은 사무의 일부를 제1항부터 제3항까지의 규정에 따라 다시 위임하거나 위탁하려면 미리 그 사무를 위임하거나 위탁한 기관의 장의 승인을 받아야 한다.

제118조(직원에 대한 임면권 등) 지방자치단체의 장은 소속 직원(지방의회의 사무직원은 제외한다)을 지휘·감독하고 법령과 조례·규칙으로 정하는 바에 따라 그 임면·교육훈련·복무·징계 등에 관한 사항을 처리한다.

제119조(사무인계) 지방자치단체의 장이 퇴직할 때에는 소관 사무 일체를 후임자에게 인계하여야 한다.

주민의 권리나 의무와 직접 관련되지 않는 사무를 법인이나 단체에 위탁할 수 있고 이때 위탁하는 지방자치단체나 수탁하는 각종 단체는 계약 등 여러 가지 통로로 협업한다. 소속 직원에 대한 임면권이 지방자치단체에서 근무하는 모든 공직자가 가장 관심을 가지는 부분이며 지방자치단체장의 고유 권한이라고 할 수 있다. 만약 퇴직할 때 소관 사무

일체를 후임자에게 인계해야 한다.

　지방의회와 관련해서 지방자치단체장은 지방의회 의결에 기간 이내에 재의를 요구할 수 있다. 그 결과를 다시 찬성으로 의결하면 확정된다. 만약 재의결 사항이 법령에 위반된다고 인정하면 대법원에 소를 제기할 수 있다.

지방자치법
[시행 2022. 1. 13] [법률 제17893호, 2021. 1. 12, 전부개정]

제120조(지방의회의 의결에 대한 재의 요구와 제소) ① 지방자치단체의 장은 지방의회의 의결이 월권이거나 법령에 위반되거나 공익을 현저히 해친다고 인정되면 그 의결사항을 이송받은 날부터 20일 이내에 이유를 붙여 재의를 요구할 수 있다.
　② 제1항의 요구에 대하여 재의한 결과 재적의원 과반수의 출석과 출석의원 3분의 2 이상의 찬성으로 전과 같은 의결을 하면 그 의결사항은 확정된다.
　③ 지방자치단체의 장은 제2항에 따라 재의결된 사항이 법령에 위반된다고 인정되면 대법원에 소(訴)를 제기할 수 있다. 이 경우에는 제192조제4항을 준용한다.
제121조(예산상 집행 불가능한 의결의 재의 요구) ① 지방자치단체의 장은 지방의회의 의결이 예산상 집행할 수 없는 경비를 포함하고 있다고 인정되면 그 의결사항을 이송받은 날부터 20일 이내에 이유를 붙여 재의를 요구할 수 있다.
　② 지방의회가 다음 각 호의 어느 하나에 해당하는 경비를 줄이는 의결을 할 때에도 제1항과 같다.
　1. 법령에 따라 지방자치단체에서 의무적으로 부담하여야 할 경비
　2. 비상재해로 인한 시설의 응급 복구를 위하여 필요한 경비
　③ 제1항과 제2항의 경우에는 제120조제2항을 준용한다.
제122조(지방자치단체의 장의 선결처분) ① 지방자치단체의 장은 지방의회가 지방의회의원이 구속되는 등의 사유로 제73조에 따른 의결정족수에 미달될 때와 지방의회의 의결사항 중 주민의 생명과 재산 보호를 위하여 긴급하게 필요한 사항으로서 지방의회를 소집할 시간적 여유가 없거나 지방의회에서 의결이 지체되어 의결되지 아니할 때에는 선결처분(先決處分)을 할 수 있다.
　② 제1항에 따른 선결처분은 지체 없이 지방의회에 보고하여 승인을 받아야 한다.
　③ 지방의회에서 제2항의 승인을 받지 못하면 그 선결처분은 그때부터 효력을 상실한다.
　④ 지방자치단체의 장은 제2항이나 제3항에 관한 사항을 지체 없이 공고하여야 한다.

　지방자치단체장은 지방의회 의결이 예산으로 집행할 수 없는 경비를 포함한다고 인정

하면 기한 내 재의를 요구할 수 있다. 의무 경비를 줄이거나 응급 복구 경비를 줄이는 의결에도 해당된다. 지방의회의 불가피한 사유로 지방자치단체장은 긴급한 경우에 선결 처분할 수 있다. 이때 지체 없이 지방의회에 보고해 승인을 받아야 하며 승인받지 못하면 효력을 잃는다.

지방자치단체장은 임용권을 가지고 있으며 조례에 따라 권한의 일부를 위임할 수도 있는데 임용권자이므로 지방자치단체의 모든 공직자는 이에 관심을 가지고 있다. 특히, 채용과 관련해서 많은 사람의 관심이 있는 까닭에 임용 과정이나 기준에 대해 과거보다 많은 제도적 보완이 이루어지고 있다.

지방공무원법
[시행 2020. 7. 30] [법률 제16884호, 2020. 1. 29, 일부개정]

제6조(임용권자) ① 지방자치단체의 장(특별시 · 광역시 · 도 또는 특별자치도의 교육감을 포함한다. 이하 같다)은 이 법에서 정하는 바에 따라 그 소속 공무원의 임명 · 휴직 · 면직과 징계를 하는 권한(이하 "임용권"이라 한다)을 가진다.
② 제1항에 따라 임용권을 가지는 자는 그 권한의 일부를 그 지방자치단체의 조례로 정하는 바에 따라 보조기관, 그 소속 기관의 장, 지방의회의 사무처장 · 사무국장 · 사무과장 또는 교육위원회의 의사국장에게 위임할 수 있다.
③ 임용권자(임용권의 위임을 받은 자를 포함한다. 이하 같다)는 대통령령으로 정하는 바에 따라 소속 공무원의 인사기록을 작성 · 보관하여야 한다. [전문개정 2008. 12. 31.]

지방자치단체장을 설명하는 부분에 감염병예방법이 생소할 수도 있지만 코로나 상황을 고려해 언급할 수 있다. 보건소는 지방자치단체에서 중요한 업무를 수행하고 있는 기관이며 보건소장은 시군구의 지방자치단체장에게 각종 사항을 보고해야 한다. 지방자치단체를 대표해 지방자치단체장은 감염병 병원체 검사를 하게 할 수 있다.

감염병의 예방 및 관리에 관한 법률(약칭: 감염병예방법)
[시행 2021. 1. 1] [법률 제17689호, 2020. 12. 22, 타법개정]

제13조(보건소장 등의 보고 등) ① 제11조 및 제12조에 따라 신고를 받은 보건소장은 그 내용을 관할 특별자치도지사 또는 시장·군수·구청장에게 보고하여야 하며, 보고를 받은 특별자치도지사 또는 시장·군수·구청장은 이를 질병관리청장 및 시·도지사에게 각각 보고하여야 한다. 〈개정 2010. 1. 18., 2020. 8. 11.〉

② 제1항에 따라 보고를 받은 질병관리청장, 시·도지사 또는 시장·군수·구청장은 제11조제1항제4호에 해당하는 사람(제1급감염병 환자로 의심되는 경우에 한정한다)에 대하여 감염병병원체 검사를 하게 할 수 있다. 〈신설 2020. 3. 4., 2020. 8. 11.〉

제49조(감염병의 예방 조치) ① 질병관리청장, 시·도지사 또는 시장·군수·구청장은 감염병을 예방하기 위하여 다음 각 호에 해당하는 모든 조치를 하거나 그에 필요한 일부 조치를 하여야 하며, 보건복지부장관은 감염병을 예방하기 위하여 제2호, 제2호의2부터 제2호의4까지 및 제12호의2에 해당하는 조치를 할 수 있다. 〈개정 2015. 7. 6., 2015. 12. 29., 2020. 3. 4., 2020. 8. 11., 2020. 8. 12., 2020. 9. 29.〉

 1. 관할 지역에 대한 교통의 전부 또는 일부를 차단하는 것
 2. 흥행, 집회, 제례 또는 그 밖의 여러 사람의 집합을 제한하거나 금지하는 것
 2의2. 감염병 전파의 위험성이 있는 장소 또는 시설의 관리자·운영자 및 이용자 등에 대하여 출입자 명단 작성, 마스크 착용 등 방역지침의 준수를 명하는 것
 2의3. 버스·열차·선박·항공기 등 감염병 전파가 우려되는 운송수단의 이용자에 대하여 마스크 착용 등 방역지침의 준수를 명하는 것
 2의4. 감염병 전파가 우려되어 지역 및 기간을 정하여 마스크 착용 등 방역지침 준수를 명하는 것
 3. 건강진단, 시체 검안 또는 해부를 실시하는 것
 4. 감염병 전파의 위험성이 있는 음식물의 판매·수령을 금지하거나 그 음식물의 폐기나 그 밖에 필요한 처분을 명하는 것
 5. 인수공통감염병 예방을 위하여 살처분(殺處分)에 참여한 사람 또는 인수공통감염병에 드러난 사람 등에 대한 예방조치를 명하는 것
 6. 감염병 전파의 매개가 되는 물건의 소지·이동을 제한·금지하거나 그 물건에 대하여 폐기, 소각 또는 그 밖에 필요한 처분을 명하는 것
 7. 선박·항공기·열차 등 운송 수단, 사업장 또는 그 밖에 여러 사람이 모이는 장소에 의사를 배치하거나 감염병 예방에 필요한 시설의 설치를 명하는 것
 8. 공중위생에 관계있는 시설 또는 장소에 대한 소독이나 그 밖에 필요한 조치를 명하거나 상수도·하수도·우물·쓰레기장·화장실의 신설·개조·변경·폐지 또는 사용을 금지하는 것
 9. 쥐, 위생해충 또는 그 밖의 감염병 매개동물의 구제(驅除) 또는 구제시설의 설치를 명하는 것
 10. 일정한 장소에서의 어로(漁撈)·수영 또는 일정한 우물의 사용을 제한하거나 금지하는 것
 11. 감염병 매개의 중간 숙주가 되는 동물류의 포획 또는 섭식을 금지하는 것
 12. 감염병 유행기간 중 의료인·의료업자 및 그 밖에 필요한 의료관계요원을 동원하는 것
 12의2. 감염병 유행기간 중 의료기관 병상, 연수원·숙박시설 등 시설을 동원하는 것
 13. 감염병병원체에 오염되었거나 오염되었을 것으로 의심되는 시설 또는 장소에 대한 소독이나 그

> 밖에 필요한 조치를 명하는 것
> 14. 감염병의심자를 적당한 장소에 일정한 기간 입원 또는 격리시키는 것
>
> ② 시·도지사 또는 시장·군수·구청장은 제1항제8호 및 제10호에 따라 식수를 사용하지 못하게 하려면 그 사용금지기간 동안 별도로 식수를 공급하여야 하며, 제1항제1호·제2호·제6호·제8호·제10호 및 제11호에 따른 조치를 하려면 그 사실을 주민에게 미리 알려야 한다.
>
> ③ 특별자치도지사 또는 시장·군수·구청장은 제1항제2호의2의 조치를 따르지 아니한 관리자·운영자에게 해당 장소나 시설의 폐쇄를 명하거나 3개월 이내의 기간을 정하여 운영의 중단을 명할 수 있다. 다만, 운영중단 명령을 받은 자가 그 운영중단기간 중에 운영을 계속한 경우에는 해당 장소나 시설의 폐쇄를 명하여야 한다. 〈신설 2020. 9. 29.〉
>
> ④ 특별자치도지사 또는 시장·군수·구청장은 제3항에 따른 폐쇄 명령에도 불구하고 관리자·운영자가 그 운영을 계속하는 경우에는 관계 공무원에게 해당 장소나 시설을 폐쇄하기 위한 다음 각 호의 조치를 하게 할 수 있다. 〈신설 2020. 9. 29.〉
> 1. 해당 장소나 시설의 간판이나 그 밖의 표지판의 제거
> 2. 해당 장소나 시설이 제3항에 따라 폐쇄된 장소나 시설임을 알리는 게시물 등의 부착
>
> ⑤ 제3항에 따른 행정처분의 기준은 그 위반행위의 종류와 위반 정도 등을 고려하여 보건복지부령으로 정한다. 〈신설 2020. 9. 29.〉

질병관리청장과 지방자치단체장은 감염병 예방에 필요한 조치를 해야 하며 이는 보건복지부장관의 조치와 거의 비슷하다. 사람의 집합 제한 또는 금지, 방역지침 준수 안내, 위험성이 있는 음식물의 판매나 수령 금지, 소독, 공중위생 관계 시설이나 장소에 대한 금지(최근 빨간색 테이프로 표시한 곳이 해당), 감염병 유행기간 중 숙박시설 동원, 의심자를 적당한 장소에 일정 기간 입원 또는 격리하는 조치, "폐쇄 명령", "폐쇄 명령 안내문 부착(보통 대문에 붙어 있다)" 등의 강력한 집행을 할 수 있다.

2019년 대한민국 지방자치경영대전 우수사례는 우수시책을 발굴, 공유, 확산해 각 지방자치단체에서 접목(참고) 가능한 사업을 찾도록 지원하는데 목적을 둔다. 이를 살펴보는 이유는 지방자치단체의 실질적인 성과이면서도 다양한 사업 가운데 전국에 알릴만한 우수한 사례라는 점에서 주민의 일상에 긍정적인 영향을 준다.

대표적으로 도시 재생, 방범 CCTV 안전망, 신재생에너지, 공공디자인, 지역일자리창출, 농축특산물 판매, 해양기후변화, 해상케이블카, 청정 해양환경, 스마트 방사능 방재

안전, 화재 인명 피해 방지, 청년 취업, 창업 인큐베이팅(준비 지원), 창업지원허브, 노인일자리, 축제, 농작물(토란 재배), 양파소비촉진운동, 농촌일자리, 지역기업 지원, 기업투자 활성화, 아이 돌봄, 사회적 경제, 가축분뇨 통합관리센터, 테마 거리 등이 있다(행정안전부, 2020).

지방자치단체장은 행정가이면서 정치가일 수밖에 없는 이중적 지위다. 평소에 행정 업무를 총괄해야 하므로 사무 처리할 것이 많지만 선거에 임박하면 정치가의 모습을 보여야 한다. 대체로 초선을 지내면 "재선"에 도전하므로 주민에게 업적을 홍보하는 일은 매우 중요하다.

행정학에서 말하는 홍보(Public Relation, PR)는 일반적으로 대중의 반응과 태도를 파악해 이를 공익에 맞춰 대중의 이해와 수용을 획득하는 기능을 말한다. 홍보는 정부와 주민 사이에 형성되는 포괄적 관계며 정부를 일방적으로 홍보하는 것이 아니라 서로 신뢰와 지지를 바탕으로 하는 쌍방향적 관계다. 홍보는 정부를 잘 모르거나 잘못된 비판에 대응하는 역할도 있다. 가장 중요한 주민의 신뢰나 지지를 얻는 활동인 홍보는 행정이나 정책에 무관심한 사람에게 정보를 제공하는 역할, 정부와 주민 사이의 친밀성을 높이는 기능을 한다. 지방자치단체에서 하는 홍보를 "대민홍보"라고 말하기도 한다. 다른 표현으로는 "행정사항, 안내사항"이라고 말도 있다. 지방자치단체 홍보의 특성은 정부와 주민의 수평적 관계, 정부는 주민의 알 권리를 충족해야 한다는 의무감, 주민의 반응을 살펴서 정책에 반영한다는 대응성, 주민에게 사실을 알려야 하는 진실성, 지역 주민의 건전한 여론을 형성하는 교육적 측면까지 다양하다.

지역주민만이 아니라 외부인에게 홍보는 정부의 성과를 올바르게 알리고 지역 사회의 안정성을 유지하는데 필요하다. 가끔 잘못된 정보나 근거 없는 소문 때문에 어떤 행정구역(지역)이나 시설을 비난하는 경우도 있는데 이에 대한 방어 기능도 있다. 이러한 방어는 보통 지방자치단체 홈페이지에 "보도자료", "해명자료"에 나타나 있다. 홍보는 일종의 대화 방법으로 시청자(독자)의 동의와 협력을 추구해야 한다는 목적을 지니고 있다. 특히, 대한민국의 대부분의 지방자치단체는 "SNS(트위터, 페이스북, 인스타그램, 네이버 블로그)"를 동시에 사용하면서 대민 홍보를 적극적으로 하고 있다. 지방자치단체 홈페이지를 직접 방문하기보다 자신이 좋아하는 SNS에 접속해서 직간접적으로 소식을 보는 경우가 더 많다. 지방자치단체만이 아니라 경찰, 소방, 재난 등 공공기관도 적극적으로 이를 활용하고 있다. 지방자치단체에서 제공하는 각종 생활정보에 관심이 없는 사람도 많지만 "이득"을 손쉽게 얻을 수 있는 내용은 조회수가 높다.

지방자치단체의 홍보 과정은 일반적인 홍보 단계와 거의 같다. 그 순서는 의견 수렴, 개선, 홍보, 반응이다. 의견 수렴은 지방자치단체가 주민의 의견이나 태도를 파악해 정책이나 서비스를 기획한다. 이어서 주민을 설득하는 다양한 수단을 동원하며 어떤 반응이 나올지를 지켜봐야 한다. 그 수단은 홈페이지 공고, SNS 활용, 언론보도, 설명회 등 직접적 입장 표명, 간행물 발간, 현수막, 전단지, 일대일 대면 등의 방법이 복합적으로 쓰인다. 가장 선명하게 눈에 들어오는 방법은 "현수막"이며 지방공기업에서 관리하는 "공식 현수막 게시대"를 사용하는 일이 많다. 이와 유사하게 주민센터 앞에 현수막을 게시하거나 공공기관 건물 앞에 보이도록 현수막을 걸어둔다. 지방자치단체 건물 앞 게시판에 공문서를 붙이는 경우도 있는데 민원인이 이를 유심히 살펴보는 경우도 있다. 전단지를 제작해서 나누어주는 방식, 담당 공무원(통장 포함, 반상회 포함)이 주민을 일대일로 만나서 설명하기도 한다. 이는 거동이 불편한 주민을 대상으로 프로그램 신청 등을 받을 때 활용하는 방법이다.

이렇게 홍보에 대한 노력에도 불구하고 국민이 정부를 불신하는 일도 있으며 주민이 지방자치단체를 비난하는 경우도 있다. 어떤 사안은 지방자치단체가 주민이 생각한 만큼 정보를 공개하지 않거나 누락해서 비난을 받기도 한다. 아직도 홍보를 정부가 국민에게 일방적으로 하는 선전(프로파간다)으로 간주하면서 생기는 문제도 있고 정부에 대한 비협조적 태도나 무관심도 문제가 된다.

서울이나 수도권이 아닌 지방자치단체는 특산품이나 관광 자원을 개발하고 홍보하는데 사활을 걸기도 한다. 행정안전부 내고장알리미(www.laiis.go.kr)에서는 전국 모든 지방자치단체의 문화관광 정보를 제공하고 있으며 "지역사랑상품권", "반상회", "청백봉사상",

"생산성 대상", "지방행정의 달인", "다산목민대상" 등과 같이 지방자치단체 활동에 동기를 부여할 수 있는 각종 제도 등을 폭넓게 설명하고 있다. 특히, 지방자치단체의 상품이나 서비스를 알리는 통로가 매우 다양하므로 앞으로 홍보는 더욱 적극적으로 진행될 것이다.

생각해보기

우리나라의 전면적인 지방자치는 1991년 기초의회와 광역의회 의원선거 그리고 1995년 전국동시 지방선거(기초·광역의회, 기초·광역단체장)를 거쳐 현재까지 이어져 오고 있다. 풀뿌리민주주의, 민주정치의 꽃이라 불리는 지방자치는 정치적으로 주권보장과 참여민주주의 확립에 기여하고 행정적으로는 지방자치행정의 효율성, 책임성 그리고 대응성을 확보하는 중요한 기능을 한다.

무엇보다도 지방자치는 중앙정부에 집중된 권한과 권력의 분산을 통해 형식주의, 절차주의, 획일주의, 무사안일을 완화시키는 길을 열었고 주민의 참여와 통제를 통해 지역사회의 현안과 주민의 요구에 민감하게 반응할 수 있는 환경을 조성하였다. 하지만 재정자립도로 대표되는 지방자치단체의 열악한 재정상태는 중앙정부 의존도를 가중시키는 대신 행정적 자율성은 더욱 약화시킴으로써 주민과 가장 밀접하게 접촉하며 대민서비스를 제공하여야 하는 주체적이고 능동적인 행정의 큰 장애요인 중 하나로 평가 받는다.

지역 주민들의 욕구는 지속적으로 증가하지만 지방자치단체가 보유하고 있는 자원이 한정적일 수밖에 없다면 결국 중요한 가치로 대두되는 것은 지방자치행정의 효율성이다. 세계화의 영향이 지방자치단체에 까지 미치고 있는 무한경쟁 속에서 국내외적으로 비교우위를 확보하기 위해서는 효율적인 행정관리가 무엇보다 중요하다. 그러나 제한된 양과 질의 자원을 '투입'함에도 불구하고 지방자치단체마다 다른 성과가 '산출'된다는 것은 관리·운영상 '효율성'에 문제가 있다는 것을 말해준다.

효율적인 것이란 자원을 최대한 이용하여 높은 수준의 업적을 이룩하고 나아가 조직의 목적과 목표를 성공적으로 달성하며 이해관계자들에게 책임을 다하는 것으로 이해된다. 지방자치단체가 효율적인 행정서비스를 제공하는데 있어서 고려되어야 할 요소들은 매우 다양하지만 대표적으로 강조되는 것은 행정기관의 기능적 전문화, 조직의 규모, 의사결정의 분권화, 구성원(공무원)의 직무만족 및 지식·기술 수준, 단체장의 리더십 등이다.

연구결과에 따르면 이들 요소 중에서 단체장의 리더십은 효율성에 가장 큰 영향을 미치는 요소 중 하나이다. 효율적 지방자치행정을 가능하게 하는 것은 민주적이고 쇄신적이며 기업가적 창조성을 가진 리더의 역할이다. 특히, 의사결정의 분권화를 추구하는 단체장의 경우 정보를 공유하고 참여를 확대하는 등 공무원들의 능력을 발휘할 수 있는 기회를 최대화함으로써 행정서비스의 대응성과 유연성을 증대시키는 것으로 인식되고 있다. 단체장의 리더십은 공무원들의 업무능력 향상, 직무훈련 강화, 관리자의 관리능력 개선, 인적자원 개발을 위한 프로그램의 도입 등을 통하여 효율성 향상의 기반을 만들어 낼 수 있고 공무원들의 높은 직무만족과 직무성과를 유도한다.

그러나 우리나라의 지방자치에 대한 비판 중에는 지역사회 특유의 귀속주의(학연, 지연, 혈연)에서 자유롭지 못한 단체장 그리고 재당선을 위해 독주(獨走)하는 단체장에 대한 지적이 언제나 빠지지 않는다. 이는 한정되어 있는 자원의 배분을 왜곡시킴으로써 효율성에 역행할 수 있다는 것을 말한다.

출처 : 경인일보(2015.12.02.). "지방자치단체장의 리더십".

질문) 자신이 살고 있는 지방자치단체장이 어떤 일을 하고 있는지 알고 있는가?

제8장

지방공기업

지방공기업을 미리 알아보기

● 공공기관 채용정보시스템
공공기관 경영정보공개, 각 기관 조회, 경영실적 등을 제공하는 곳이다.
https://job.alio.go.kr

● 공공기관 알리오플러스
공공기관 사업과 서비스를 쉽게 알아볼 수 있는 곳이다.
www.alioplus.go.kr

● 지방공공기관 통합채용정보공개시스템
지방공기업 경영정보를 일반 국민에게 공개하는 목적으로 운영하는 곳이다.
https://job.cleaneye.go.kr

지방공기업은 「책임운영기관의 설치 · 운영에 관한 법률」, 「공공기관 운영에 관한 법률」과 더불어 지방자치단체에서 수행하기가 곤란하거나 어려운 분야를 도맡아서 처리한다. 지방자치단체에서 행정 업무에 초점이 있다면 지방공기업은 현장에서 해결해야 하는 민원을 담당한다. 지방공기업은 일상의 많은 부분을 관리하고 있기에 개념과 특징을 이해하고 법률과 제도를 검토한다. 또한 지방공기업은 아니지만 구역 내에서 역할을 담당하는 유관기관을 알아보도록 한다.

|제1절| 지방공기업의 개념과 특징

　공기업과 일반 기업은 모두 목표를 달성하는 협동적 노력이 필요하다. 이는 조직의 공통점을 가지고 있는 양자의 차이점도 있다. 첫째, 일반 기업에서 소유자는 개인 또는 법인이지만 공기업은 국가 또는 지방자치단체다. 공기업은 주민, 지방자치단체, 정부 등의 통제를 받는다는 점에서 일반 기업보다 정치성이 강하다. 둘째, 공기업은 독점성을 가지고 있다. 사회간접자본 등 일반 기업이 수행하기 어려운 영역을 독점하고 있다. 셋째, 공기업은 지역 주민에게 가능한 공평한 서비스를 제공해야 한다. 그렇지만 일반 기업은 고객이 명확하다. 넷째, 공기업은 공익 추구가 우선이지만 일반 기업은 사익(이윤 추구) 추구가 우선이다. 다섯째, 공기업은 일반 기업보다 시장에 노출되는 정도가 낮다. 일반 기업은 일단 노출되어야만 판매로 이어질 가능성이 있지만 공기업은 그렇지 않다. 마지막으로 일반 기업은 자본 위험을 기업이 부담하지만 공기업은 국가 또는 지방자치단체도 부담한다(주운현·김형수·임정빈·정원희·최유진·이동규, 2021).

　지방공기업은 아니지만 "책임운영기관"이나 "공공기관"도 원리 자체는 비슷하다. 공공성을 유지하면서도 경쟁 원리에 따라 운영해야 하므로 일정한 자율성이 있다. 예를 들어, 책임운영기관은 조사연구, 교육훈련, 문화, 의료, 시설관리 유형으로 나눌 수 있으며 독립성, 자율성, 경영혁신 등을 실천하고 있다. 국립과학수사연구원(KCSI), 국방홍보원, 통일교육원, 국립중앙극장, 국립현대미술관, 고용노동부고객상담센터, 국세상담센터, 통계개발원 등이 있는데 전국 단위 업무를 수행하면서도 특정 지역에 위치하고 있기에 지역 경제 활성화에 커다란 도움이 된다.

　"공공기관"은 자율경영과 책임경영체제를 바탕으로 대국민 서비스 증진에 기여하고 있으며 책임운영기관과 비슷하게 자율성을 지니고 있다. 2021년 기준 공공기관은 350개로 공기업(36개), 준정부기관(96개), 기타공공기관(218개)에 이르고 있다. 그 가운데 시장형 공기업은 16개로 자산규모가 2조 원 이상이고 총 수입액 중 자체 수입액이 85% 이상인 공기업으로 한국전력공사와 한국가스공사 등이 있다. 준시장형 공기업은 시장형 공기업이 아닌 공기업으로 한국조폐공사, 한국방송광고진흥공사 등이 있다. 기금관리형 공기업은 13개로 국가재정법에 따라 기금을 관리하거나 기금의 관리를 위탁받은 준정부기관으로 국민체육진흥공단이나 근로복지공단 등이 있다. 위탁집행형은 기금관리형 준정부기관이 아닌 곳으로 한국국제협력단이나 한국장학재단이 있다. 이런 공공기관은 본사와 지사를 두는 경우가 많아서 지역 경제 활성화 등에 도움이 된다(공공기관 경영정보 공개시스템 홈페이지, 2021).

공기업은 공공성을 추구하면서도 수익성을 어느 정도 확보해야 한다. 그렇기 때문에 사회적 기능과 경제적 기능을 동시에 달성해야 한다. 먼저 사회적 기능으로는 정부가 일부 산업을 통제하려는 목적으로 공기업을 설립한다. 공기업이 사회공헌이나 공익사업을 같이 하는 이유이기도 하다. 공기업은 지역 주민의 개인 수요 충족도 목적이지만 공공 수요 전체를 고민할 때가 많다. 자발적인 기업의 투자가 어려운 지역에서 공기업은 지역 개발 기능도 가지고 있다. 경제적 기능으로는 일반 기업의 상업적 운영이 불가능할 때 공기업이 이를 대신하며 공기업이 일단 투자하고 시간이 흐르면 일반 기업으로 전환하는 일도 있다(민영화). 두 가지 기능은 서로 완전히 분리되지 않고 상당 부분 겹쳐져 있다.

공기업의 특징은 첫째, 일반 기업보다 자금 조달이 비교적 쉽고 크다. 여기서 자금 조달은 사업에 실패해 결손이 생기더라도 국가 또는 지방자치단체로부터 그것을 보전할 수 있다는 의미이다. 둘째, 공기업은 독점적 지위에서 얻는 이익도 크다. 필요한 물품을 구매하는데 우선적 지위가 있고 법률에 근거를 두기 때문에 고유한 업무 영역을 확보할 수 있다. 셋째, 정치적 영향을 많이 받는다. 정부(지방자치단체)가 국회(지방의회)의 견제를 받는 것처럼 공기업도 다양한 방법으로 통제를 받는다. 넷째, 공기업은 기본적으로 법률이나 예산에 따라 움직이므로 경직되어 있다. 다섯째, 경영 책임성, 전문성 부족 등의 문제를 해결하기가 쉽지 않다.

그렇지만 지방공기업은 지역에서 일어나는 각종 현장 민원을 처리하고 있으며 많은 시설을 관리하고 있기에 주민이 의식하지 못하는 일까지 맡는다. 이에 관련된 법률과 제도는 지방공기업의 공공성과 수익성 추구의 근거가 된다.

|제2절| 지방공기업에 관한 법률과 제도

지방공기업은 관할 구역에서 일상에 직결되는 각종 활동을 수행하고 있다. 지방자치단체는 특정 분야에 대한 사업의 효율적 수행을 목적으로 지방공기업을 설치 운영하고 있다.

> **지방자치법**
> [시행 2022. 1. 13] [법률 제17893호, 2021. 1. 12, 전부개정]
>
> 제163조(지방공기업의 설치·운영) ① 지방자치단체는 주민의 복리증진과 사업의 효율적 수행을 위하여 지방공기업을 설치·운영할 수 있다.
> ② 지방공기업의 설치·운영에 필요한 사항은 따로 법률로 정한다.

지방공기업법에 근거해 경영 합리화, 지방자치 발전, 주민복리 증진을 목적으로 하는데 지방자치단체와 다소 다르게 경영 합리화라는 표현이 명시되어 있다. 기본적으로 "공기업"이므로 경제성(수익성)을 고려해야 한다는 뜻이다.

> **지방공기업법**
> [시행 2021. 1. 21] [법률 제17522호, 2020. 10. 20, 일부개정]
>
> 제1조(목적) 이 법은 지방자치단체가 직접 설치·경영하거나, 법인을 설립하여 경영하는 기업의 운영에 필요한 사항을 정하여 그 경영을 합리화함으로써 지방자치의 발전과 주민복리의 증진에 이바지함을 목적으로 한다.
> 제3조(경영의 기본원칙) ① 지방직영기업, 지방공사 및 지방공단(이하 "지방공기업"이라 한다)은 항상 기업의 경제성과 공공복리를 증대하도록 운영하여야 한다.
> ② 지방자치단체는 지방공기업을 설치·설립 또는 경영할 때에 민간경제를 위축시키거나, 공정하고 자유로운 경제질서를 해치거나, 환경을 훼손시키지 아니하도록 노력하여야 한다.
> 제4조(지방공기업에 관한 법령 등의 제정 및 시행) 지방공기업에 관한 법령, 조례, 규칙, 그 밖의 규정은 제3조에 따른 기본원칙에 따라야 한다.

지방공기업법의 적용 범위는 일상에 직결된 것이 많고 "너무나도 당연히 이용"하는 서비스인 경우가 대다수다. 수도, 궤도(도시철도사업 등), 자동차운송, 지방도로, 하수도, 주택, 토지개발, 주택, 토지가 대표적이며 민간인 경영 참여가 어려운 사업, 체육시설업, 관광사업도 해당된다. 지방공기업은 기본적으로 지역 경제에 도움이 되는 방향으로 업무를 추진하며 최대한 지역 상권에 피해를 주지 않으려고 한다. 아울러 환경 보호, 경제 질서 준수와 같은 기본원칙에 근거를 두고 그에 관련된 사업이나 프로그램을 추진하고 있다.

이때 중앙부처인 행정안전부는 지방공기업 경영 기본원칙을 고려해 지방공기업 경영평가를 실시하고 그 결과에 따라 필요한 조치를 해야 한다. 경영목표 달성도, 업무 능률성, 공익성, 고객서비스 등에 관한 평가를 경영평가에 포함해야 한다. 특히, 공공기관 경영공시는 공공기관의 경영 투명성, 국민 감시 기능을 강화를 목적으로 최근 5년간 주요 경영정보를 국민에게 공시하고 있다(매년 항시 공시하고 있음).

공시항목은 일반현황, 인사 조직 현황(인원, 임원, 직원, 징계, 재취업), 일자리 현황(신규채용, 정규직 전환실적, 유연근무, 시간선택제, 육아휴직, 채용정보), 예산 현황, 인건비 현황(임원, 기관장 업무추진비, 직원 평균임금, 신입사원 평균임금), 사업성과 재무현황(경영정보, 예산 자금, 경영성과, 총괄원가 요금현실화율, 중장기 재무관리계획, 공사채 발행현황, 자본금과 주주, 타법인 출자, 기타 경영 현황, 결산), 부채 현황(부채 규모, 금융 부채, 우발 부채, 부채감축 이행현황), 복리후생 현황(보육비와 학자금, 주택자금, 의료비, 생활안정자금, 경조비, 선택적 복지제도, 기념품비, 행사지원비, 경로효친비, 문화여가비, 재해보상과 재해부조, 기타, 1인당 복리후생비, 사내복지기금, 유가족특별채용, 휴직급여, 퇴직금, 휴가휴직, 경영인사), 감사결과(회계감사인의 결산검사, 구분회계, 외부기관, 내부기관), 경영평가 혁신(경영평가등급, CEO 경영성과, 경영혁신과제 사례, 경영진단결과, 이행명령 추진상황), 규정(정관, 내규), 보고서(타당성 검토보고서, 연구보고서, 사업보고서), 공고 입찰 채용(고시 공고 안내, 입찰 정보), 노사관계 현황(노동조합, 협약정보, 복수노조 교섭단체 단일화 정부), 기타 경영공시자료(주요 사건 사고, 주요 소송, 이사회 의사록, 고객만족도 조사결과, 기관운영 휴양시설, 친환경차량보유현황, 기타), 산업안전(산업재해, 안전사고, 안전관리책임자)로 구분되어 있다(지방공공기관통합공시 홈페이지, 2021).

이밖에도 지방공기업은 경영평가 관련 사항을 수시로 공시하고 있으며 혁신 우수 사례 알림, 공공분야 갑질 근절 지침, 비정규직의 정규직 전환 노력, 대국민 공모 사업 등을 추진하고 있다. 지방공기업은 시대 흐름이나 사회 분위기에 맞춰서 각종 사업이나 프로그램을 집행하고 있으며 지역 주민이나 고객(이용자)가 이에 관심을 기울이고 있다.

| 제3절 | 지방공기업과 유관기관의 기능

1 지방공기업의 규모와 역할

지방공기업의 기능은 매우 다양한데 "2020년 지방공기업 혁신성과 콘서트" 우수사례를 기준으로 살펴보면 임대주택 입주민에게 맞춤형 주거 서비스 제공 노력으로 맞춤형 주거 돌봄을 추진하고 있으며, 청년입주자가 주도하는 영구임대주택 공동체 재생 시범사업도 시행하고 있다. 또한 청소년·공기업·시니어의 세대 공감을 활용한 봉사 시스템 구축, 스마트시티 산업생태계 구축 지원, 중소기업 일자리 인식 개선을 목표로 인재 양성과 채용 지원을 돕는 사업까지 있다. 지방공기업은 일자리, 주거, 세대 간 교류 등 광범위한 분야에 대해 일을 맡고 있다.

지방공기업은 상수도(120곳), 하수도(100곳), 공영개발(29곳), 자동차운송(1곳), 도시개발공사(16곳), 도시철도공사(6곳), 기타공사(40곳), 지방공단(89곳), 출자출연(695곳)이다. 상수도와 하수도는 필수적인 사회간접자본이므로 지역 단위로 관리해야 하며 공영개발은 임대아파트, 주차장, 산업단지 등을 관리하고 있으며 지역 발전을 주도하고 있다. 자동차운송은 제주특별자치도공영버스가 있으며 도시철도는 부산, 대구, 인천, 광주, 대전, 서울이 있다. 도시개발공사도 주거난 해결을 목적으로 주택을 보급하거나 지역 균형 발전 등에 기여하고 있다. 기타 공사는 그 종류가 여러 가지인데 농수산식품, 컨벤션센터, 관광, 항만, 영양고추유통, 청송사과유통, 마케팅, 에너지 등이 있다. 지방공단은 지방자치단체 구역 내에 각종 시설을 관리하며 "시설관리공단"으로 불린다. 경륜공단(창원경륜공단)을 비롯해 주식회사 벡스코, 스마트시티, 주식회사 킨텍스, 테크노밸리, 풍력발전, 리조트, 농업회사법인, 물(식수, 생수 등), 산업단지, 진흥원, 연구원, 재단, 교향악단, 복지재단, 문화재단, 장학회, 신용보증재단, 개발원 등으로 명칭과 기능이 매우 다양하다.

이렇게 지방공기업은 임금피크제(사업주가 근로자에게 일정 연령 이상까지 고용을 보장하는 조건으로 임금을 조정하는 제도), 노동이사제(근로자 대표가 이사회에 참여해 기업 경영자 중심 의사결정을 견제하고 경영투명성을 강화하는 제도), 청년의무고용(지방공기업의 매년 정원 3% 이상 청년 신규 고용 의무 부과), 정규직전환(기간제, 파견 용역 근로자의 정규직 전환 단계적 추진) 등으로 지역 사회에 직간접적으로 기여하고 있다.

지방공기업은 자율적으로 업무를 수행하지만 관련된 개인이나 기업이 많으므로 결과적으로 지역 경제를 활성화하고 지방 균형 발전에 영향을 준다. 우수한 지방공기업의 성과는 건전한 경쟁을 촉진하며 그것은 결국 주민에게 편익이 제공된다.

2 유관기관의 범위와 기능

법률에서 의미하는 지방공기업은 아니지만 사실상 구역 내에서 공공성을 추구하는 유관기관이 적지 않다. 여기서 뜻하는 유관기관은 지역에 설립되어 업무를 수행하면서도 전국 단위로 연결되어 있는 곳이다. 특정한 분야에서 전문성과 역할을 확보하는 경우가 많으므로 독특한 면모를 가지고 있다.

특히, 지방의료원은 지역 주민의 건강 증진과 지역 보건의료 발전에 커다란 기여를 하고 있으며 의료인이 근무하고 있기에 확실한 전문성이 있다.

> **지방의료원의 설립 및 운영에 관한 법률(약칭: 지방의료원법)**
> **[시행 2017. 9. 19] [법률 제14894호, 2017. 9. 19, 일부개정]**
>
> 제1조(목적) 이 법은 지방의료원의 설립·운영 및 지원에 관한 사항을 정함으로써 지역주민의 건강증진과 지역보건의료의 발전에 이바지함을 목적으로 한다. [전문개정 2012. 2. 1.]
> 제2조(정의) 이 법에서 "지방의료원"이란 지역주민에 대한 의료사업을 수행할 목적으로 이 법에 따라 설립된 의료기관을 말한다.

지방자치단체는 지방의료원을 설립할 수 있고 통합 또는 분원도 가능하다. 지역주민 진료, 공공보건의료, 지역주민 보건교육, 감염병 각종 사업 지원 등이 주요 업무다. 지방의료원은 1987년 설립 이래 전국 35개 지방의료원이 운영되고 있으며 지역거점공공병원 발전 역할을 수행하고 있다(전국지방의료원연합회 홈페이지, 2021).

지방자치단체 출자 출연 기관 운영에 관한 법률에 기초해 각종 기관은 경영을 합리화하고 운영 투명성을 높여 지역주민에 대한 서비스 증진에 이바지해야 한다. 경영 효율성을 높이고 지역주민 공공복리 증진에 노력하고 있는데 지방공기업과 유사한 원칙을 가지고 있다.

> **지방자치단체 출자·출연 기관의 운영에 관한 법률(약칭: 지방출자출연법)**
> **[시행 2020. 12. 10] [법률 제17389호, 2020. 6. 9, 일부개정]**
>
> 제1조(목적) 이 법은 지방자치단체가 출자(出資)하거나 출연(出捐)하여 설립한 기관의 운영에 필요한 사항을 정하여 그 기관의 경영을 합리화하고 운영의 투명성을 높임으로써 지역주민에 대한 서비스 증진에 이바지함을 목적으로 한다.
> 제3조(경영의 기본원칙) ① 출자·출연 기관은 해당 기관의 경영의 효율성을 높이고, 지역주민에 대한 공공복리가 증진될 수 있도록 노력하여야 한다.
> ② 지방자치단체는 출자·출연 기관의 자율적인 운영을 보장하며, 공정하고 자유로운 경제질서를 해치지 아니하도록 노력하여야 한다.

이 법은 지방자치단체가 자본금 또는 재산의 전액을 출자 출연해 주식회사나 재단법인을 설립할 때 근거가 된다. 문화, 예술, 장학, 체육, 의료 분야에서 주민 복리 증진에 이바지할 수 있는 사업, 지역주민 소득 증대에 필요할 때가 대표적이다. 또한 「지방자치단체 출연 연구원의 설립 및 운영에 관한 법률」에서 지방자치단체 출연 연구원의 설립 지원 육성, 체계적 관리와 책임경영 사항을 규정하고 있다.

대한지방행정공제회, 한국지방재정공제회, 한국지방행정연구원은 각 법률에 따라 설립된 기관으로 생활안전과 복지증진, 건전 재정 운영과 발전, 연구 조사를 오래 전부터 수행해왔다.

대한지방행정공제회법
[시행 2019. 4. 17] [법률 제15797호, 2018. 10. 16, 일부개정]

제1조(목적) 이 법은 대한지방행정공제회를 설립하여 지방자치단체의 공무원 또는 지방행정사무에 종사하거나 종사하였던 사람 등에 대한 효율적인 공제제도를 확립·운영함으로써 이들의 생활안정과 복지증진을 도모함을 목적으로 한다. [전문개정 2012. 10. 22.]

한국지방재정공제회법
[시행 2019. 4. 17] [법률 제15805호, 2018. 10. 16, 일부개정]

제1조(목적) 이 법은 한국지방재정공제회를 설립하여 지방자치단체 등에 대한 효율적인 공제제도를 확립·운영함으로써 지방자치단체의 건전한 재정 운영과 지방재정 발전에 이바지함을 목적으로 한다. [전문개정 2011. 8. 4.]

한국지방행정연구원 육성법(약칭: 지방행정연구원법)
[시행 2017. 7. 26] [법률 제14839호, 2017. 7. 26, 타법개정]

제1조(목적) 이 법은 지방 행정·재정·세제 발전 및 지역개발 등을 위하여 필요한 연구·조사를 종합적이고 체계적으로 실시하기 위하여 설립된 재단법인 한국지방행정연구원을 보호·육성함으로써 지방자치의 발전에 기여함을 목적으로 한다. [전문개정 2011. 3. 8.]

대한지방행정공제회는 지방자치단체에 근무하는 공무원을 비롯한 회원에게 생활안정과 복지증진을 도모하는 목적으로 설립되었다(POBA 행정공제회 홈페이지, 2021). 한국지방재정공제회도 지방재정발전지원으로 지방자치단체의 성공적 지역 경영을 뒷받침한다는 목적으로 각종 사업(옥외광고 등)을 실시하고 있으며 지방회계와 계약 제도 등을 연구하고 있다(한국지방재정공제회 홈페이지, 2021). 재단법인 한국지방행정연구원은 연구원에 기금을 설치하며 그것은 지방자치단체와 그 외의 출연금으로 조성한다. 연구원은 출연금과 그 밖의 수입금으로 운영하며 국가는 예산 범위 내에서 출연금을 지급하고 지방자치단체도 마찬가지다. 국가나 지방자치단체는 지방자치와 관련되는 연구 조사를 위탁하는 경우에 다른 연구기관에 우선해 이곳에 위탁해야 한다.

대학은 행정구역에서 보통 많은 면적을 차지한다. 만약 대학이 한 개 시군구에 두 개 이상 위치하면 주거, 상권 등이 현저하게 달라지므로 대학도 일종의 공공기관처럼 생각해야 한다. 현재 한국의 대학은 2021년 기준 모두 415개교(대학, 전문대학, 대학원대학)가 있으며 서울(56개교), 인천(13개교), 경기(87개교)를 수도권이라고 한다면 다른 지역에 있는 강원(24개교), 충남(28개교), 세종(5개교), 충북(19개교), 경북(40개교), 전국(23개교), 대전(20개교), 대구(14개교), 울산(6개교), 전남(22개교), 광주(18개교), 경남(23개교), 부산(26개교), 제주(5개교)에 대한 경쟁력 강화와 균형 발전에 필요하다는 취지에 따라 아래의 법률이 있다. (대학알리미 홈페이지, 2021).

지방대학 및 지역균형인재 육성에 관한 법률(약칭: 지방대육성법)
[시행 2019. 6. 19] [법률 제15959호, 2018. 12. 18, 일부개정]

제1조(목적) 이 법은 지방대학 및 지역균형인재의 육성 및 지원에 관한 사항을 규정함으로써 지방대학의 경쟁력 강화 및 지역 간의 균형 있는 발전에 이바지함을 목적으로 한다.
제2조(정의) 이 법에서 사용하는 용어의 뜻은 다음과 같다.
  1. "지방대학"이란 「수도권정비계획법」 제2조제1호에 따른 수도권(이하 "수도권"이라 한다)이 아닌 지역에 소재하는 「고등교육법」 제2조 각 호에 따른 학교(원격대학 및 각종학교는 제외한다)를 말한다.
  2. "지역균형인재"(이하 "지역인재"라 한다)란 지방대학의 학생 또는 지방대학을 졸업한 사람을 말한다.

이 법률에 따르면 지방대학 경쟁력 강화와 지역 균형 발전을 목적으로 수도권이 아닌 지역에 소재하는 학교를 대상으로 국가와 지방자치단체는 종합적인 시책을 수립 시행해야 한다. 이에 필요한 예산을 확보하는 등의 재정 지원 방안을 마련하고 지역인재 취업 기회 확대 대책을 수립 시행하는 등의 노력을 해야 한다. 이에 근거해 지역인재 할당제, 공공기관의 지방인재 채용 활성화 노력, 지역인재 선발 비율 의무화 노력 등이 관련되어 있다.

지방문화원은 지역의 역사, 문화, 체험 등 프로그램을 운영하고 있으며 문화예술 관련한 관심이 높아질수록 더욱 영역이 커질 것이다. 특히, 공익성을 추구하고 있기에 전국 문화의 균형적 발전에 이바지해야 한다.

지방문화원진흥법(약칭: 지방문화원법)
[시행 2021. 1. 1] [법률 제17417호, 2020. 6. 9, 일부개정]

제1조(목적) 이 법은 지방문화원(地方文化院)의 설립·운영 및 지원에 관한 사항을 규정하여 지방문화원을 건전하게 육성·발전시킴으로써 지역문화를 균형있게 진흥시키는 데에 이바지함을 목적으로 한다.
제2조(정의) 이 법에서 "지방문화원"이란 지역문화의 진흥을 위한 지역문화사업을 수행하기 위하여 이 법에 따라 설립된 법인을 말한다. [전문개정 2007. 12. 21.]
제3조(국가 등의 책무) ① 국가와 지방자치단체는 지방문화원을 지원·육성하여야 한다.
  ② 국가와 지방자치단체는 지방문화원을 육성·지원하기 위하여 필요한 시책을 수립·추진하여야 한다. 〈신설 2011. 7. 21., 2020. 6. 9.〉
  ③ 지방문화원은 제8조에 따른 지역문화사업을 성실히 수행하여야 한다. 〈개정 2011. 7. 21.〉 [전문개정 2007. 12. 21.] [제목개정 2020. 6. 9.]

지방문화원은 균형 있는 지역문화진흥을 목적으로 1994년 제정되었고 국가와 지방자치단체는 이를 지원 육성해야 한다. 지역고유문화의 계발, 보급, 전승, 선양과 향토사 조사, 연구 사료 수집 보존, 지역문화행사 개최, 문화 자료 수집, 보존, 보급, 지역전통문화의 국내외 교류 등의 사업을 담당한다. 전국 16개 시도, 230개의 지방문화원은 창조적 지역문화활동을 지원 교류하는데 노력하고 있다(한국문화원연합회 홈페이지, 2021). 문화 관련

기관은 앞으로 증가할 것으로 예상하며 문화재단(예 : 서울문화재단, 경기문화재단 등), 학술연구단체, 공연전시 등에 관련된 단체(협회, 재단 등)가 이미 각 사업목적에 맞게 일하고 있다.

지방공기업을 비롯한 유관기관은 전국 또는 지역 단위에서 일상에 직결되는 일선 행정을 수행하고 있다. 그 영역은 행정 수요에 맞게 더욱 다양해질 것이며 앞으로 그 규모나 범위가 확장될 것이다.

생각해보기

지방에 기반을 둔 공공기관들은 이 같은 신입 러시 현상으로 고민이 많다. 지방 공기업 인재들이 서울 등 수도권으로 옮겨가는 이직 현상은 이전부터 있었던 현상이지만 이를 붙잡을 뚜렷한 유인이 마땅치 않기 때문이다.

2차 공공기관 지방이전이 본격화될 경우 이 같은 2차 러시는 또 벌어질 수 있어 우려하는 분위기라는 게 업계 관계자의 설명이다. 지방 공공기관 관계자는 "순환근무이거나 일부 지방에만 지사가 있는 공공기관은 타지 생활에 어려움을 겪어 이직하는 직원들이 꽤 있다"고 전했다.

실제로 지난해 국정감사에서 최근 5년간 기획재정부 산하 공공기관을 다니다 퇴직한 인원을 조사한 결과 60%가 입사 5년차 미만이라는 통계가 나오기도 했다. 당시 국감에서는 "각 기관은 핵심인력의 퇴직 원인에 대해 조직문화, 제도 등 다각적 관점에서 진단과 분석이 필요하다"는 지적이 나왔다.

출처 : 파이낸셜뉴스(2020.11.10.). "지방서 수도권으로 재입사… 공기업 '중고신입' 늘었다".

질문) 지방공기업에 근무하려면 스스로 어떤 점을 고려해야 하는가?

학령인구 감소와 교육재정 확보 어려움으로 위기에 몰린 지방대학을 살리기 위한 대책 마련에 지방자치단체가 발 벗고 나섰다.

　지방대학이 문을 닫을 경우 지역경제에 미치는 영향이 크기 때문이다. 지역 경제에서 두 대학이 차지하는 비중이 30%에 달할 것으로 추정하고 있다. 두 대학이 흔들릴 경우 고스란히 지역경제에도 악영향을 줄 것이라는 것이 시의 판단이다.

　지역 주민 800명(만 19세 이상 성인남녀)이 대상인 이 설문조사는 다양한 상생방안을 찾기 위한 시가 구상한 것이다. 조사결과를 토대로 지역과 대학의 상생협력 시책을 발굴할 예정이다. 지역 대학의 종합발전계획을 수립하는 등 체계적인 대학협력 시스템을 구축한다. 시 관계자는 "지역대학이 어려워지면 지역 경제 역시 영향을 받을 수밖에 없다"며 "상생방안을 적극 모색할 것"이라고 말했다.

출처 : 연합뉴스(2018.10.07.). ""지역경제 차지 비중 30% 지방대 살리자"…지자체 상생 모색".

질문) 지역 경제에서 대학이 차지하는 비중이 어느 정도라고 생각하는가?

제9장
지방재정

지방재정을 미리 알아보기

● **열린재정**
국가 재정 전반을 알기 쉽게 소개하는 곳이다.
www.openfiscaldata.go.kr

● **지방재정365**
지방재정을 통합 공시해 편리하게 이용을 돕는 곳이다.
https://lofin.mois.go.kr

● **지방교육재정알리미**
지방교육재정을 쉽고 편리하게 파악할 수 있는 곳이다.
https://eduinfo.go.kr

지방재정은 지방자치단체를 비롯해서 지역주민도 상당히 관심이 많다. 중앙정부의 보조금 등에 지역 여론이 달라지기도 하며 반대로 지역 여론이 그러한 재정의 변화를 일으키기도 한다. 지방재정은 가장 실제적인 지방자치행정의 "살림살이"를 보여주는 대목이므로 다양한 법률과 제도가 있으며 지역마다 사정도 크게 다르다. 개념과 특징, 법률과 제도, 건전성과 예산을 둘러싼 정치 등을 살펴본다.

|제1절| 지방재정의 개념과 특징

　지방재정은 지방자치단체의 목적을 달성하는데 필요한 재화를 획득, 사용, 관리하는 과정을 말한다. 국세에 의존하는 국가재정과 구별되며 지방자치단체마다 지방재정의 특징이 서로 다르다. 오래 전부터 지방재정에 관한 많은 발전 방안이 제시되었고 건전성을 확보하려는 노력이 이어지고 있으며 재정건전성 악화와 같은 어려움에 부딪치기도 한다. 그 원인으로는 지방자치단체의 수입 자체가 국고보조금에 의존하고 있다는 점, 지방세의 구조를 지방자치단체가 자율적으로 조정할 수 없다는 점, 지방자치단체의 비효율적 재정관리가 원인이라고 할 수 있다.

　이러한 어려움을 극복하고자 지방재정은 지방자치단체가 수행하는 세입과 세출의 재정활동 전체를 말한다. 지방재정은 해당 지역에 한정된 지출이이라는 점에서 지리적 범위가 중요하다. 지방재정은 지방자치와 밀접한데 자치권이 부여되면 자치재정이 된다는 점에서 다른 지역과 차이가 나타나며 때로는 중앙정부와 갈등이 생기기도 한다. 지방재정은 재정수입과 지출에서 지리적 범위가 일치하는지 여부에 따라 쟁점이 생긴다. 이른바 지역 내에서 발생하는 수입을 가지고 각종 사업을 했을 때 그 효과는 지역을 벗어나서 나타나기도 한다. 중앙정부의 각종 보조금을 둘러싸고 여러 지방자치단체가 경쟁하는 모습도 찾아볼 수 있다. 특히, 지방재정이 우수한 지역과 그렇지 못한 지역의 편차가 생기면서 지방자치의 위기로 이어진다는 우려가 점차 현실화되고 있다. 특정한 지역에서 사용되는 지방재정은 주민의 참여와 이해관계가 더 밀접하고 직접적인데서 드러나는 특징도 있다.

　기본적으로 재정은 세 가지 기능을 가지고 있다. 첫째, 자원배분 기능은 시장 실패 때문에 발생하는 문제를 해소하는 기능을 말한다. 이때 정부는 경제적 효율성을 확보하려면 공공서비스를 최적 수준으로 생산 공급해야 한다. 둘째, 소득분배 기능은 정부가 형평성에 기초해서 적정 수준에서 생산 공급해야 한다는 의미다. 대표적으로 사회복지 영역이 있으며 최적이 아닌 적정 수준에서 사회 갈등을 완화한다고 볼 수 있다. 셋째, 경제안정 기능은 물가, 실업률 등을 안정적으로 조절한다는 의미로 국가 거시경제 관리에서 중요하다.

　과거와 다르게 지방자치와 정부 간 관계의 의미와 범위가 달라지면서 지방재정의 기본적인 여건도 크게 변하고 있다. 첫째, 지역에 실질적으로 영향을 주는 주민의 범위가 지역에 국한된 것이 아니라 확대되고 다양해졌다. 특정 지역에서 사용된 재정이 광역·전국에 영향을 주는 일이 빈번해졌다. 공동체 형성과 이동이 자유롭다는 점에서 지방자치단체 간 재정 운용의 협력 또는 갈등 사례가 생기도 있다. 만약 지방자치단체 간 재정 관련 갈등이 발생하면 중앙정부가 이를 일률적으로 조정할 수 있다는 점에서 중앙집권이 강화될 수 있다. 일부 지방자치단체의 재정 역량이 주민 욕구에 미치지 못하면 지방자치에 대한 회의감과 불신을 키우는 역할도 있다.

　지방재정 특징은 회계에서도 나타난다. 먼저 일반회계는 지방자치단체의 일반적 재정 활동에 사용된다. 특별회계는 특정 사업이나 재원을 독립적으로 관리할 필요가 있을 때 사용하며 재원을 관리하는 목적으로 기금이 설치되어 있다. 지방재정은 대체로 일반회계 중심이며 특별회계 재원이 독립적으로 운용되는 경우가 적다. 지방자치단체마다 소규모 기금이 많은데 지역의 특성을 반영하기도 하지만 중앙정부 소관 법률에 근거해 설치 운영되기도 한다.

　그렇지만 지방재정은 국가재정과 유사한 측면이 있으면서도 국가재정과 지방재정의 관계를 고려해야 한다는 이중적 구조라고 할 수 있다.

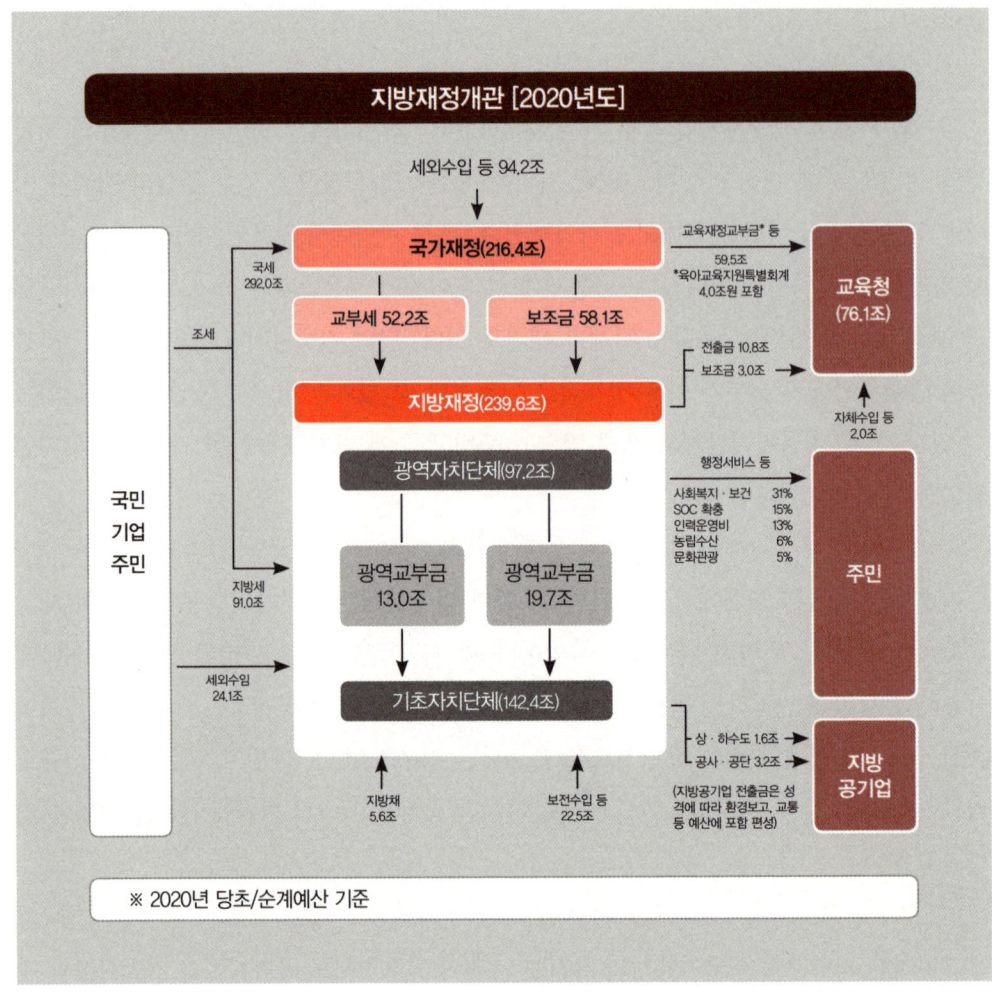

[그림] 지방재정 개관(2020년 기준)

　국민, 기업, 주민은 조세인 "국세와 지방세", 세외수입을 납부한다. 여기서 국세는 국가재정이며 지방세와 세외수입은 지방재정이다. 이렇게 국가재정과 지방재정(광역과 기초)로 이원화된 구조인데 이는 교육청, 지방공기업을 비롯해 행정서비스의 형태로 주민에게 제공된다. 그런데 교육청에 주는 각종 재정도 결국 학생인 국민에게 전달되며 행정서비스는 사회복지, 보건, 사회간접자본, 환경보호, 농림수산, 문화관광 등의 형태로 전해진다. 또한 상하수도 등 필수 시설에 관련된 비용도 지방공기업을 거쳐서 결국 국민에게 이어진다는 점을 알 수 있다.

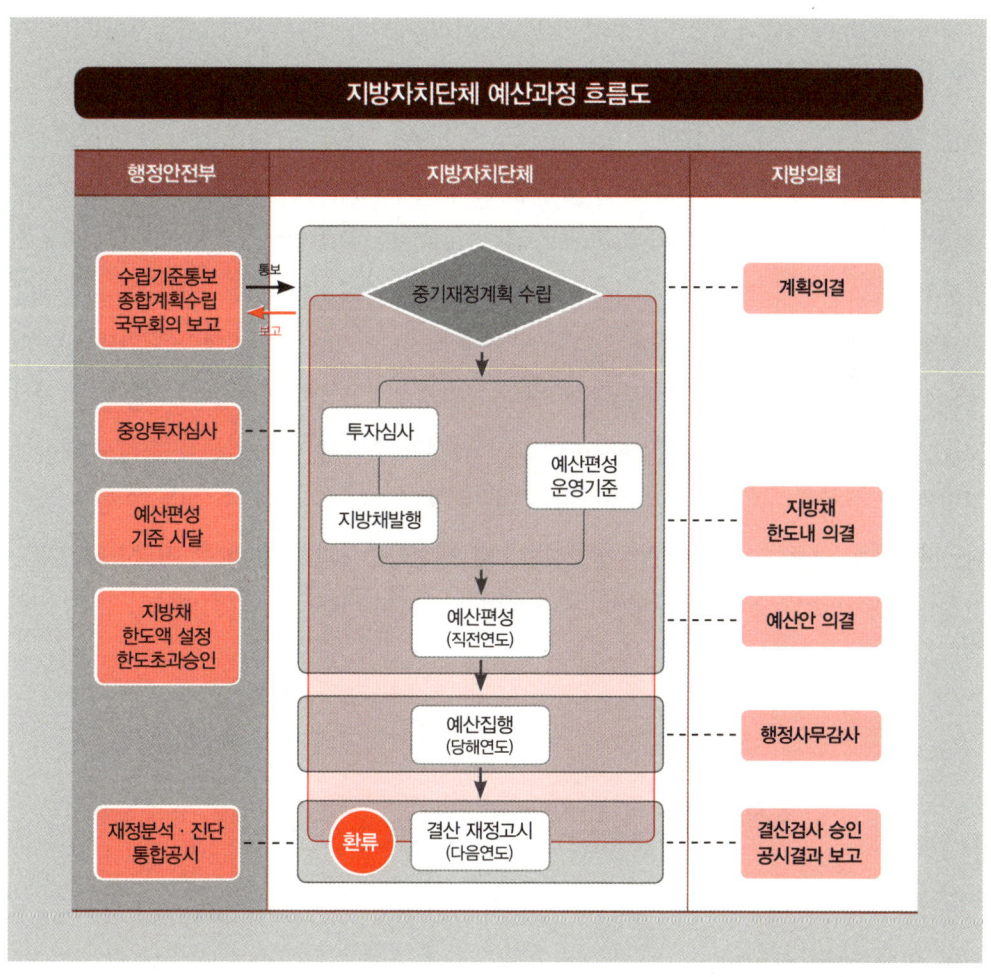

[그림] 지방자치단체 예산 흐름도

중앙부처-지방자치단체-지방의회는 예산과정 안에서 서로 업무를 협조하는 관계며 이는 예산 수립부터 결산검사가 마무리될 때까지 이루어진다. 이는 국가예산에서 중앙부처(기획재정부)-중앙행정기관-국회의 관계와 유사하다고 볼 수 있다. 다만, 지방재정은 지역 실정에 더 적합한 예산을 편성하고 더 구체적인 결산검사를 해야 하기 때문에 지방마다 내용의 차이가 있을 수 있다.

지방재정의 특징에서 주로 논의되는 개념은 여러 가지다. 그 가운데 "재정자립도"는 지방세입에서 자체 재원의 비중을 계산해 비율로 표시한 것이다. "재정자주도"는 전체 세입에서 일반 재원의 비중을 말하며 주요 복지보조사업의 기준으로 사용한다. 재정자립도와 재정자주도는 지방재정 분권과 자립 정도를 알 수 있는 유용한 지표지만 결산지표(사후적 차원)에 해당하므로 재정정책의 기준으로 정하기는 다소 부적합하다. 지방자치단체가 중앙정부의 국비를 적극적으로 유치하면 재정지표가 안 좋아지는 문제가 있으며 지방세를 적게 징수하면 재정자립도가 낮아진다는 모순에 빠진다. 지방세입의 역량을 확인하는 기준으로 "재정력지수"는 기준재정수요액 대비 기준재정수입액의 비중을 나타낸다. 여기서 "기준재정수요"는 중앙정부 관점에서 지방자치단체가 수행할 재정 기능을 수치로 계산한 것이며 "기준재정수입"은 지방자치단체가 한 해 동안 최소 확보할 수 있는 수입을 말한다. 지방재정 규모는 증가했지만 재정자립도와 재정자주도가 모두 낮은 지방자치단체는 자체 재원만으로 운영이 매우 어렵다는 근본적인 문제도 있다(이재원, 2019).

| 제2절 | 지방재정에 관한 법률과 제도

1 정부 관련 지방재정

지방재정조정은 국가나 광역지방자치단체가 재정력이 취약한 지방자치단체에 재원을 주어서 재정 불균형을 완화하고 다양한 사업을 지원한다는 의미다. 지방재정조정은 중앙정부가 지방자치단체에 재원을 이전·지원하는 '중앙정부 지방재정조정제도'가 있고 광역지방자치단체가 기초지방자치단체(시군구)에 재원을 이전·지원하는 '광역자치단체 지방재정조정제도'가 있다. 행정서비스의 확대로 재원이 풍부한 이전재원에 대한 관심이 높다.

> **지방자치법**
> **[시행 2022. 1. 13] [법률 제17893호, 2021. 1. 12, 전부개정]**
>
> 제136조(지방재정의 조정) 국가와 지방자치단체는 지역 간 재정불균형을 해소하기 위하여 국가와 지방자치단체 간, 지방자치단체 상호 간에 적절한 재정 조정을 하도록 노력하여야 한다.
> 제138조(국가시책의 구현) ① 지방자치단체는 국가시책을 달성하기 위하여 노력하여야 한다.
>   ② 제1항에 따라 국가시책을 달성하기 위하여 필요한 경비의 국고보조율과 지방비부담률은 법령으로 정한다.
>   제139조(지방채무 및 지방채권의 관리) ① 지방자치단체의 장이나 지방자치단체조합은 따로 법률로 정하는 바에 따라 지방채를 발행할 수 있다.
>   ② 지방자치단체의 장은 따로 법률로 정하는 바에 따라 지방자치단체의 채무부담의 원인이 될 계약의 체결이나 그 밖의 행위를 할 수 있다.
>   ③ 지방자치단체의 장은 공익을 위하여 필요하다고 인정하면 미리 지방의회의 의결을 받아 보증채무부담행위를 할 수 있다.
>   ④ 지방자치단체는 조례나 계약에 의하지 아니하고는 채무의 이행을 지체할 수 없다.
>   ⑤ 지방자치단체는 법령이나 조례의 규정에 따르거나 지방의회의 의결을 받지 아니하고는 채권에 관하여 채무를 면제하거나 그 효력을 변경할 수 없다.

국가시책을 달성하는데 지방자치단체도 노력해야 하며 필요한 경비의 국고보조율과 지방비부담률은 법령으로 정한다. 국고에서 지출되는 보조금의 비율을 "국고보조율"이라고 하는데 국가가 추진하는 정책을 장려하려는 목적으로 재원의 일부를 교부(交付：내어준다는 뜻)하고 있다. "지방비부담률"은 지방자치단체에서 부담하는 경비의 비율을 말한다. 부담률에 대해서 중앙정부와 지방자치단체 모두 민감한 사안일 수밖에 없다. "지방채"는 지방자치단체가 지방재정의 건전성과 공익을 목적으로 재정 필요에 따라 발행하는 채권이다. 보통 대규모 사업 등에 사용하려고 규모를 적정하게 발행한다. "채권"은 정부 등이 일반인으로부터 자금을 조달하려고 채무이행약속증서를 발행하는 증권을 말한다. 채권은 대체로 정부가 발행해 안전성이 높고 이자소득 등을 얻는 수익성을 확보할 수 있고 유동성도 크다. 지방자치단체장은 법률에 따라 채무부담의 원인이 될 계약 체결 등을 할 수 있다. 어떤 일에 대한 계약을 체결하면 그에 따른 보수를 지급한다는 내용과 유사하다. "보증채무부담행위"는 지방자치단체장이 필요한 경우 미리 지방의회 의결을 받아 할 수 있지만 재정 위험이 있으므로 매년 지방의회에 보고해 통제를 받는다. 일반적 상황에서는 채무의 이행을 지체할 수 없고 채권에 대한 채무 면제나 효력을 변경할 수 없다. 이는 일반인의 금전 계약에서도 확정된 내용을 임의대로 바꿀 수 없는 이치와 비슷하다.

지방자치단체의 회계연도는 국가의 회계연도와 같으며 구분도 일반회계와 특별회계도 같다. 예산 편성과 의결에서 지방자치단체장은 회계연도마다 예산안을 편성해서 지방의회에 기한 내에 제출해야 한다. 이는 행정부가 국회에 예산안을 제출하는 것과 같은 원리다.

지방자치법
[시행 2022. 1. 13] [법률 제17893호, 2021. 1. 12, 전부개정]

제140조(회계연도) 지방자치단체의 회계연도는 매년 1월 1일에 시작하여 그 해 12월 31일에 끝난다.
제141조(회계의 구분) ① 지방자치단체의 회계는 일반회계와 특별회계로 구분한다.
② 특별회계는 법률이나 지방자치단체의 조례로 설치할 수 있다.
제142조(예산의 편성 및 의결) ① 지방자치단체의 장은 회계연도마다 예산안을 편성하여 시·도는 회계연도 시작 50일 전까지, 시·군 및 자치구는 회계연도 시작 40일 전까지 지방의회에 제출하여야 한다.
② 시·도의회는 제1항의 예산안을 회계연도 시작 15일 전까지, 시·군 및 자치구의회는 회계연도 시작 10일 전까지 의결하여야 한다.
③ 지방의회는 지방자치단체의 장의 동의 없이 지출예산 각 항의 금액을 증가시키거나 새로운 비용 항목을 설치할 수 없다.
④ 지방자치단체의 장은 제1항의 예산안을 제출한 후 부득이한 사유로 그 내용의 일부를 수정하려면 수정예산안을 작성하여 지방의회에 다시 제출할 수 있다.

지방의회는 회계연도 시작 전까지 예산안을 의결해야 하며 지방자치단체장의 동의 없이 지출예산 각 항의 금액을 늘리거나 새로운 항목을 설치할 수 없다. 수정예산안을 작성할 경우는 다시 지방의회에 제출할 수 있다. 지방재정에서 예산 과정은 국가재정에서 예산 과

정도 원리는 같은데 기본적으로 "재정(돈)"은 국가나 지방자치단체가 모두 연결되어 있다는 점에서 기본 과정이 같지 않으면 사무 처리하기가 매우 불편하다는 점을 알 수 있다.

"계속비", "예비비", "추가경정예산"도 국가재정법에서 규정하는 기본 원리가 같으며 지방의회의 의결이나 승인을 받아야 한다는 점도 국회 의결이나 승인을 받는다는 점과 거의 같다.

지방자치법
[시행 2022. 1. 13] [법률 제17893호, 2021. 1. 12, 전부개정]

제143조(계속비) 지방자치단체의 장은 한 회계연도를 넘어 계속하여 경비를 지출할 필요가 있으면 그 총액과 연도별 금액을 정하여 계속비로서 지방의회의 의결을 받아야 한다.
제144조(예비비) ① 지방자치단체는 예측할 수 없는 예산 외의 지출이나 예산초과지출에 충당하기 위하여 세입·세출예산에 예비비를 계상하여야 한다.
  ② 예비비의 지출은 다음 해 지방의회의 승인을 받아야 한다.
제145조(추가경정예산) ① 지방자치단체의 장은 예산을 변경할 필요가 있으면 추가경정예산안을 편성하여 지방의회의 의결을 받아야 한다.
  ② 제1항의 경우에는 제142조제3항 및 제4항을 준용한다.

지방의회에서 새로운 재정 부담이 있을 것으로 예상되는 조례나 안건을 의결하려면 지방자치단체장의 의견을 청취해야 하며 예산안이 의결되어 "예산"이 되면 이송 후에 지체 없이 행정안전부장관에게 보고해야 한다. 이렇게 보고하는 절차가 반드시 있어야 하므로 재정(예산) 부분은 국가재정과 그 개념이나 과정이 거의 같다.

> **지방자치법**
> [시행 2022. 1. 13] [법률 제17893호, 2021. 1. 12, 전부개정]
>
> 제148조(재정부담이 따르는 조례 제정 등) 지방의회는 새로운 재정부담이 따르는 조례나 안건을 의결하려면 미리 지방자치단체의 장의 의견을 들어야 한다.
> 제149조(예산의 이송·고시 등) ① 지방의회의 의장은 예산안이 의결되면 그날부터 3일 이내에 지방자치단체의 장에게 이송하여야 한다.
> ② 지방자치단체의 장은 제1항에 따라 예산을 이송받으면 지체 없이 시·도에서는 행정안전부장관에게, 시·군 및 자치구에서는 시·도지사에게 각각 보고하고, 그 내용을 고시하여야 한다. 다만, 제121조에 따른 재의 요구를 할 때에는 그러하지 아니하다.
> 제150조(결산) ① 지방자치단체의 장은 출납 폐쇄 후 80일 이내에 결산서와 증명서류를 작성하고 지방의회가 선임한 검사위원의 검사의견서를 첨부하여 다음 해 지방의회의 승인을 받아야 한다. 결산의 심사 결과 위법하거나 부당한 사항이 있는 경우에 지방의회는 본회의 의결 후 지방자치단체 또는 해당 기관에 변상 및 징계 조치 등 그 시정을 요구하고, 지방자치단체 또는 해당 기관은 시정 요구를 받은 사항을 지체 없이 처리하여 그 결과를 지방의회에 보고하여야 한다.

결산도 마찬가지로 지방자치단체장이 출납 폐쇄(회계연도 마감) 후 기한 내에 지방의회 승인을 받아야 하며 위법 부당한 사항이 밝혀지면 지방의회는 변상 또는 징계 조치하고 지방자치단체(해당 기관)은 시정해서 그 결과를 지방의회에 보고해야 한다. 결산은 예산만큼 중요한 절차로 재정을 어떻게 사용했는지 판단하는 절차라는 점에서 지금보다 더 많은 관심을 기울여야 한다.

지방자치단체는 필요한 경우에 재산을 보유하거나 기금을 설치할 수 있는데 이는 개인이나 기업도 기본 원리 자체는 같다. "공익" 목적이므로 임의로 처리할 수 없으며 "공공시설"도 주민 복리 증진을 목적으로 회의실, 공원 등으로 매우 다양하다. 이렇게 설치된 시설을 지방자치단체와 지방공기업 등에서 관리하며 공공재이므로 주민은 이용하는데 별로 부담이 없다.

> **지방자치법**
> [시행 2022. 1. 13] [법률 제17893호, 2021. 1. 12, 전부개정]
>
> 제159조(재산과 기금의 설치) ① 지방자치단체는 행정목적을 달성하기 위한 경우나 공익상 필요한 경우에는 재산(현금 외의 모든 재산적 가치가 있는 물건과 권리를 말한다)을 보유하거나 특정한 자금을 운용하기 위한 기금을 설치할 수 있다.
> ② 제1항의 재산의 보유, 기금의 설치·운용에 필요한 사항은 조례로 정한다.
> 제160조(재산의 관리와 처분) 지방자치단체의 재산은 법령이나 조례에 따르지 아니하고는 교환·양여(讓與)·대여하거나 출자 수단 또는 지급 수단으로 사용할 수 없다.
> 제161조(공공시설) ① 지방자치단체는 주민의 복지를 증진하기 위하여 공공시설을 설치할 수 있다.
> ② 제1항의 공공시설의 설치와 관리에 관하여 다른 법령에 규정이 없으면 조례로 정한다.
> ③ 제1항의 공공시설은 관계 지방자치단체의 동의를 받아 그 지방자치단체의 구역 밖에 설치할 수 있다.

지방재정법은 건전성, 투명성, 자율성을 보장하고 있으며 지방재정의 세입과 세출, 채권과 채무는 국가재정의 그것과 같다.

> **지방재정법**
> [시행 2021. 1. 1] [법률 제16855호, 2019. 12. 31, 타법개정]
>
> 제1조(목적) 이 법은 지방자치단체의 재정에 관한 기본원칙을 정함으로써 지방재정의 건전하고 투명한 운용과 자율성을 보장함을 목적으로 한다. 〈개정 2016. 5. 29.〉
> 제2조(정의) 이 법에서 사용하는 용어의 뜻은 다음과 같다.
> 1. "지방재정"이란 지방자치단체의 수입·지출 활동과 지방자치단체의 자산 및 부채를 관리·처분하는 모든 활동을 말한다.
> 2. "세입"(歲入)이란 한 회계연도의 모든 수입을 말한다.
> 3. "세출"(歲出)이란 한 회계연도의 모든 지출을 말한다.
> 4. "채권"이란 금전의 지급을 목적으로 하는 지방자치단체의 권리를 말한다.
> 5. "채무"란 금전의 지급을 목적으로 하는 지방자치단체의 의무를 말한다.

지방재정 운용의 기본원칙도 정부 예산 운용의 기본원칙과 같으며 성과 중심의 운용,

지방채 발행(재해예방, 복구사업, 천재지변에 따른 세입의 보전 등) 등이 규정되어 있다. "자치사무 경비"는 해당 지방자치단체가 전액을 부담하며 국가와 지방자치단체 간 이해관계가 있으면 국가가 전부 또는 일부를 부담한다. 만약 국가가 스스로 해야 하는 사무를 지방자치단체에 위임할 때는 그 경비는 국가가 전부 지방자치단체에 교부해야 한다.

> **지방재정법**
> [시행 2021. 1. 1] [법률 제16855호, 2019. 12. 31, 타법개정]
>
> 제23조(보조금의 교부) ① 국가는 정책상 필요하다고 인정할 때 또는 지방자치단체의 재정 사정상 특히 필요하다고 인정할 때에는 예산의 범위에서 지방자치단체에 보조금을 교부할 수 있다.
> 제24조(국고보조금의 신청 등) 지방자치단체의 장이 「보조금 관리에 관한 법률」에 따라 중앙관서(「국가재정법」 제6조제2항에 따른 중앙관서를 말한다. 이하 같다)의 장에게 보조금의 예산 계상을 신청하였을 때에는 그 내용을 해당 회계연도의 전년도 4월 30일까지 행정안전부장관에게 보고하여야 한다.

이 법에서는 지방자치단체 중심으로 규정되어 있는데 "보조금"은 중앙정부나 지방자치단체를 비롯해 일반인에게도 관심의 대상이다. 보통 주민 입장에서 정부에서 지원하는 금액을 통칭해서 "보조금"이라고 부르며 "지원금"과 거의 같은 의미로 사용한다. 국고보조금 신청은 해당 회계연도(2021년)의 전년도(2020년) 4월 30일까지 보고해야 하는데 이는 예산주기(올해 예산안이 확정되어야 내년에 그것을 집행할 수 있으므로) 때문에 그렇다.

"지방재정영향평가"는 지방자치단체장이 대규모 재정적 부담을 수반하는 대회, 행사, 사업 등의 유치를 신청하거나 응모하려면 미리 해당 지방자치단체의 재정에 미칠 영향을 평가하고 지방재정투자심사위원회의 심사를 거쳐야 한다. 이밖에도 "자치구 조정교부금"을 바탕으로 재정력 격차를 조정해야 한다.

지방자치단체장은 재정 운용에 관한 재정보고서를 행정안전부장관에게 제출해야 하며 행정안전부장관은 재정분석과 재정진단을 해야 한다. 재정 건전선과 효율성이 현저하게 떨어지는 지방자치단체, 재정위험 수준이 기준을 초과하는 지방자치단체에 진단을 실시하고 결과를 공개할 수 있다.

> **지방재정법**
> [시행 2021. 1. 1] [법률 제16855호, 2019. 12. 31, 타법개정]
>
> 제55조의2(재정위기단체와 재정주의단체의 지정 및 해제) ① 행정안전부장관은 제55조제1항에 따른 재정분석 결과와 같은 조 제3항에 따른 재정진단 결과 등을 토대로 지방재정위기관리위원회의 심의를 거쳐 다음 각 호의 구분에 따라 해당 지방자치단체를 재정위기단체 또는 재정주의단체(財政注意團體)로 지정할 수 있다. 〈개정 2018. 3. 27.〉
> 1. 재정위기단체: 재정위험 수준이 심각하다고 판단되는 지방자치단체
> 2. 재정주의단체: 재정위험 수준이 심각한 수준에 해당되지 아니하나 지방자치단체 재정의 건전성 또는 효율성 등이 현저하게 떨어졌다고 판단되는 지방자치단체

재정위기단체로 지정되면 재정건전화계획을 수립해 행정안전부장관의 승인을 받아야 한다. 계획과 이행상황을 매년 2회 이상 주민에게 공개해야 하며 지방채 발행 등이 제한된다. 만약 재정건전화 이행이 부진하면 행정안전부장관은 재정상의 불이익을 부과할 수 있다.

2 주민 관련 지방재정

지방자치법에서 규정하는 지방세는 법률에 따라 부과 징수할 수 있다. 지방세는 위택스(www.wetax.go.kr)에 열거된 부동산 취득세, 등록면허세, 담배소비세, 주민세 등이 있다. 사용료는 체육시설 사용료 등을 포함해 지방자치단체의 재산인 각종 특허권 등을 사용할 경우도 해당된다. 수수료는 "발급" 수수료를 생각하면 이해하기 쉽다. "분담금"은 주민의 일부가 이익을 받으면 그로부터 징수하는 것으로 교통, 주택, 환경(오염억제, 환경개선 등) 분야에 대한 분담금이 대표적이다.

> **지방자치법**
> [시행 2022. 1. 13.] [법률 제17893호, 2021. 1. 12, 전부개정]
>
> 제152조(지방세) 지방자치단체는 법률로 정하는 바에 따라 지방세를 부과·징수할 수 있다.
> 제153조(사용료) 지방자치단체는 공공시설의 이용 또는 재산의 사용에 대하여 사용료를 징수할 수 있다.
> 제154조(수수료) ① 지방자치단체는 그 지방자치단체의 사무가 특정인을 위한 것이면 그 사무에 대하여 수수료를 징수할 수 있다.
> ② 지방자치단체는 국가나 다른 지방자치단체의 위임사무가 특정인을 위한 것이면 그 사무에 대하여 수수료를 징수할 수 있다.
> ③ 제2항에 따른 수수료는 그 지방자치단체의 수입으로 한다. 다만, 법령에 달리 정해진 경우에는 그러하지 아니하다.
> 제155조(분담금) 지방자치단체는 그 재산 또는 공공시설의 설치로 주민의 일부가 특히 이익을 받으면 이익을 받는 자로부터 그 이익의 범위에서 분담금을 징수할 수 있다.

지방세, 사용료, 수수료, 분담금 등은 지역 주민에게 과세하는 것이므로 지방자치단체나 주민 모두 가장 체감할 수 있는 행정력이다. 지방회계법도 국가회계법과 마찬가지로 투명성과 효율성을 목적으로 하는데 회계는 재정과 마찬가지로 국가나 지방의 원리는 같다.

> **지방회계법**
> [시행 2017. 7. 26.] [법률 제14839호, 2017. 7. 26, 타법개정]
>
> 제1조(목적) 이 법은 지방자치단체의 회계 및 자금관리에 관한 기본적인 사항을 정하여 지방자치단체의 회계를 투명하게 처리하고, 자금을 효율적으로 관리하도록 하는 것을 목적으로 한다.
> 제3조(적용범위) 이 법은 다음 각 호의 회계 및 기금에 대하여 적용한다.
> 1. 「지방자치법」 제126조 및 「지방재정법」 제9조에 따른 일반회계 및 특별회계
> 2. 「지방자치단체 기금관리기본법」 제2조에 따른 기금

지방회계법의 회계 원칙은 예산의 일반 원칙과 마찬가지로 신뢰성, 객관성, 공정성을 담고 있으며 활동과 성과를 쉽게 파악할 수 있도록 주민에게 정보를 제공하고 간단명료하

게 처리해야 한다. 특히, 지방자치단체장은 은행법에 따른 은행을 금고로 지정해야 한다. 예를 들어, "신용협동조합", "새마을금고"와 같은 것이다.

지방교부세법은 지방자치단체에 필요한 재원을 교부 조정해서 지방행정의 건전성과 발전을 도모하는데 목적이 있다.

지방교부세법
[시행 2020. 4. 1] [법률 제16776호, 2019. 12. 10, 일부개정]

제1조(목적) 이 법은 지방자치단체의 행정 운영에 필요한 재원(財源)을 교부하여 그 재정을 조정함으로써 지방행정을 건전하게 발전시키도록 함을 목적으로 한다.
[전문개정 2009. 2. 6.]
제3조(교부세의 종류) 지방교부세(이하 "교부세"라 한다)의 종류는 보통교부세 · 특별교부세 · 부동산교부세 및 소방안전교부세로 구분한다. 〈개정 2014. 12. 23., 2014. 12. 31.〉
[전문개정 2009. 2. 6.]

"보통교부세"는 용도에 제한을 두지 않는 재원이며 "특별교부세"는 일정한 조건이 있거나 용도를 제한하는 경우로 재난 상황 복구에 사용하기도 한다. "부동산교부세"는 종합부동산세 전액을 시군구 균형 재원으로 교부하는 것이며 "소방안전교부세"는 소방안전시설 강화 등에 관련한 재원이다.

지방세기본법
[시행 2021. 1. 1] [법률 제17768호, 2020. 12. 29, 일부개정]

제1조(목적) 이 법은 지방세에 관한 기본적이고 공통적인 사항과 납세자의 권리 · 의무 및 권리구제에 관한 사항 등을 규정함으로써 지방세에 관한 법률관계를 명확하게 하고, 공정한 과세를 추구하며, 지방자치단체 주민이 납세의무를 원활히 이행하도록 함을 목적으로 한다.

지방세기본법에 따라 지역 주민은 납세하는데 그 내용이 복잡하지만 일상에 직결된다는 점에서 매우 중요하다. 언론에서 자주 보도되는 "과세표준"은 직접적으로 세액산출의 기초가 되는 과세물건의 수량, 면적, 가액 등을 말한다. 지방자치단체는 지방세의 과세권을 가지며 "취득세, 등록면허세, 레저세, 담배소비세, 지방소비세, 주민세, 지방소득세, 재산세, 자동차세, 지역자원시설세, 지방교육세"가 지방세의 세목이다.

지방세법
[시행 2021. 6. 1] [법률 제17473호, 2020. 8. 12, 일부개정]

제1조(목적) 이 법은 지방자치단체가 과세하는 지방세 각 세목의 과세요건 및 부과·징수, 그 밖에 필요한 사항을 규정함을 목적으로 한다.
제2조(정의) 이 법에서 사용하는 용어의 뜻은 별도의 규정이 없으면 「지방세기본법」 및 「지방세징수법」에서 정하는 바에 따른다. 〈개정 2016. 12. 27.〉
제3조(과세 주체) 이 법에 따른 지방세를 부과·징수하는 지방자치단체는 「지방세기본법」 제8조 및 제9조의 지방자치단체의 세목 구분에 따라 해당 지방세의 과세 주체가 된다.

지방세법은 다양한 항목에 대한 세율 등을 규정하고 있으며 많은 관심을 받고 있는 부분은 바로 "부동산"에 관한 규정이다. 이 법에서 적용하는 토지, 주택에 대한 시가표준액은 "부동산 가격공시에 관한 법률"에 따라 공시된 가격이다. 대표적으로 "취득세"는 부동산, 토지, 건축물, 차량, 기계장비, 항공기, 선박, 입목(나무), 광업권, 어업권, 양식업권, 골프회원권, 승마회원권, 콘도미니엄 회원권, 종합체육시설 이용회원권, 요트회원권이다. "등록세"도 저작권, 특허권을 말하며 "담배소비세"는 피우는 담배(전자담배 포함)가 대표적이다.

만약 지방세를 납부하지 않으면 「지방세징수법」에 따라 체납자(체납액)가 되며 관허사업 제한(정부에서 주도하는 사업에 참여할 수 없다는 뜻), 출국금지 요청 등이 있을 수 있으며 언론에서 종종 보도되는 "고액 상습 체납자의 명단공개"의 근거법이다. 또한 「지방행정제재·부과금 징수 등에 관한 법률」에 체납처분절차를 명확하게 하고 효율적으로 징수 관리해 지방 확충과 재정건전성 제고를 목적으로 한다는 점에서 연관된다.

반대로 「지방세특례제한법」에 따르면 지방세 감면과 특례에 관한 사항, 그 제한에 관한 사항을 규정하고 있다. 예를 들어, "감면" 부분은 농어업 지원, 사회복지 지원(장애인용 자동차, 생애최초 주택 구입 등), 국토 지역 개발 지원(공장이 지방으로 이전할 때) 등이 있다. 또한 「지방자치단체 기금관리기본법」도 지방자치단체가 특정한 목적을 달성하려고 설치 운영하는데 필요한 규정이다.

|제3절| 지방재정 건전성과 예산 정치

1 지방재정 건전성의 중요성

지방자치단체는 과세자 주권이 제한적이며 재정정책 수단이 한정되어 있다. 따라서 세입재원을 넘어서는 세출이 계속되면 쉽게 재정위기를 맞이할 수밖에 없다. 지방재정은 확장 지출을 요구하는 지역사회의 여론을 지역 정치에서 무시할 수 없기에 더욱 어려움이 있다. 모든 지방자치단체가 위기는 아니지만 간혹 무리한 지역 개발 또는 투자 때문에 어려움을 겪는 일은 찾아볼 수 있다. 지방재정 위기를 측정할 수 있는 기준은 없지만 각종 제도를 정비하면서 위기 가능성을 줄인 것은 사실이다. 이에 지방재정 위기를 극복하고자 사용자 부담금 비중 강화, 개발규제 완화, 공간 시설 개발(리모델링), 민간자본 유치 등으로 노력하고 있다(이재원, 2019).

2020년 지방자치단체 통합재정 현황에 따르면, 통합재정수입은 229조 5,880억 원으로 전년 대비 증가했으며 통합재정지출도 252조 2,743억 원으로 전년 대비 증가했다. 통합재정의 범위는 지방자치단체가 직접 관리하는 회계로 일반회계, 기타 공기업특별회계와 기금을 포함한 전체 순수 재정활동이다(지방교육재정〈교육비특별회계〉은 제외). 이에 지방재정은 시도·시군구(일반, 기타특별, 기금회계), 지방공기업으로 나눌 수 있다. 통합재정 수지는 해당 회계연도의 순수한 수입과 지출인 통합재정 수입에서 통합재정 지출을 차감한 수치로 재정의 적자 또는 흑자를 표시한다.

지방자치법에서 건전재정 운영은 국가재정법에서 그것과 같다. 수지균형(보통 1년 내에 일어나는 모든 경제거래 요약)을 지키고 국가도 지방재정 자주성과 건전성에 기여하고 국가 부담을 지방자치단체에 넘겨서는 안 된다.

지방자치법
[시행 2022. 1. 13] [법률 제17893호, 2021. 1. 12, 전부개정]

제137조(건전재정의 운영) ① 지방자치단체는 그 재정을 수지균형의 원칙에 따라 건전하게 운영하여야 한다.
  ② 국가는 지방재정의 자주성과 건전한 운영을 장려하여야 하며, 국가의 부담을 지방자치단체에 넘겨서는 아니 된다.
  ③ 국가는 다음 각 호의 어느 하나에 해당하는 기관의 신설·확장·이전·운영과 관련된 비용을 지방자치단체에 부담시켜서는 아니 된다.
  1. 「정부조직법」과 다른 법률에 따라 설치된 국가행정기관 및 그 소속 기관
  2. 「공공기관의 운영에 관한 법률」 제4조에 따른 공공기관
  3. 국가가 출자·출연한 기관(재단법인, 사단법인 등을 포함한다)
  4. 국가가 설립·조성·관리하는 시설 또는 단지 등을 지원하기 위하여 설치된 기관(재단법인, 사단법인 등을 포함한다)
  ④ 국가는 제3항 각 호의 기관을 신설하거나 확장하거나 이전하는 위치를 선정할 경우 지방자치단체의 재정적 부담을 입지 선정의 조건으로 하거나 입지 적합성의 선정항목으로 이용해서는 아니 된다.

대표적으로 정부조직, 공공기관, 국가 출자 출연 기관, 국가 설치 기관은 지방자치단체 소관이 아니므로 부담을 전가할 수 없다. 이를 신설하거나 이전할 때도 지방자치단체의 재정 부담을 연결해서는 안 된다.

재정건전성 관리는 매년 계획을 수립 시행해야 하며 "지방재정정보화(한국재정정보원,

www.kpfis.or.kr)" 등에서 관리하는 시스템이 이미 구축되어 있으며 상당히 정교하다. 이미 지방재정을 공개하고 있으며 "지방재정365(https://lofin.mois.go.kr)"에서 지방재정에 관심을 가지는 사람이 쉽게 활용할 수 있도록 체계가 갖춰져 있다.

> **지방재정법**
> [시행 2021. 1. 1] [법률 제16855호, 2019. 12. 31, 타법개정]
>
> 제87조의3(지방재정건전성의 관리) ① 지방자치단체의 장은 행정안전부장관이 정하는 바에 따라 매년 다음 각 호의 사항이 포함된 재정건전성관리계획을 수립하여 시행하여야 한다. 〈개정 2014. 11. 19., 2017. 7. 26.〉
> 제96조의2(지방재정정보화) ① 지방자치단체의 장은 대통령령으로 정하는 사유가 없으면 지방재정에 관한 업무 전반을 행정안전부장관이 정하는 정보시스템을 통하여 처리하여야 한다. 〈개정 2014. 11. 19., 2017. 7. 26.〉
> ② 행정안전부장관은 지방재정 운용상황 공개와 제60조의2에 따른 통합공시 등에 필요한 정보시스템을 개발·운영하여야 한다. 이 경우 지방공기업 및 지방자치단체 출자·출연기관의 경영상황을 포함할 수 있다. 〈개정 2014. 11. 19., 2017. 7. 26.〉
> ③ 행정안전부장관은 제2항에 따른 사무를 수행하기 위하여 필요한 정보를 관계 기관에 요청할 수 있다. 이 경우 요청을 받은 기관은 이에 따라야 한다. 〈개정 2014. 11. 19., 2017. 7. 26.〉 [본조신설 2014. 5. 28.]

지방재정 건전성을 평가할 수 있는 재정역량지수와 행정서비스의 관계를 살펴볼 수도 있다. 이 가운데 지방재정 역량은 지방공무원 개인의 업무 수행 능력, 의지, 인사, 조직, 관리, 단체장의 정치적 성향 등이 총체적으로 나타난 결과라고 할 수 있다.

지방재정은 정부 간 재정 관계라는 제도적·법률적 틀 안에서 운영해야 하는 특수성이 있다. 예를 들어, 지방세는 부과 징수 세목이 상위 법률에 적용을 받고 있으며 지방자치단체가 임의로 할 수 없다. 거시적으로 지역경제도 외부 요인에 좌우되는 편으로 재정역량은 새로운 세원을 발굴해 부과 징수를 철저히 하는 노력을 포함한다. 지방세 등 자체세입 충당 능력 이외에 주어진 재원을 효율적으로 배분하고 건전하게 운영하는 능력까지 포함하는 것이 지방재정역량의 범위라고 할 수 있다. 이렇게 역량은 행정서비스 효율성 확보 노력과 연결된다(한국일보 · 한국지방자치학회, 2020).

　지방재정 역량을 분석하는데 과거에는 재정 규모와 세입 규모를 중심으로 했지만 최근 지방자치단체 내부 역량과 자구 노력으로 재정 성과 개선을 중시하는 방향으로 달라졌다. 이를 구체적으로 살펴보면, 재정 여건(자체 세입 비율), 재정 건전성(예산 대비 채무 비율과 지방공기업 부채 비율), 재정 효율성(세입 부문에서 지방세 징수율과 세외수입 체납액 관리 비율, 세출 부문에서 행정운영 경비 비율과 지방 보조금 비율), 재정 성과(재정 평가 결과), 자체 노력(재정 건전성과 효율성 지표 등을 참조)해서 역량을 분석하고 있다.

　이와 같은 노력에도 불구하고 지방재정에서 사회복지비 비중이 가장 높으며 그러한 지출은 대부분 중앙부처의 법률에 따라 전국이 모두 표준화되어 있다. 이에 지방재정의 자율과 책임이라는 특성이 약해지는 결과를 가져오며 대부분 복지 영역은 국가사업을 의무적으로 수행해야 하는 수직적 집행 구조가 고착화되어 있다. 이를 해결하려면 매우 복잡하게 얽혀 있는 중앙정부와 지방자치단체의 법률적, 행정적, 재정적 문제를 해소해야 한다는 어려움이 있다.

2 지방 예산 정치의 실제

　예산정치는 예산결정과정에 참여자가 자신의 선호와 가치를 예산에 반영하려고 서로 영향력을 동원하는 행위다. 한정된 자원의 배분과정인 예산과정은 다양한 참여자가 있다. 보통 재무행정이나 정부예산을 다룰 때 "국회"와 "행정부"에서 벌어지는 예산정치를 논의하는 일이 대부분이다. 그렇지만 이는 지방재정 부문에서도 예외가 아니다. 오히려 참여자가 서로 잘 알고 있기 때문에 서로 많은 예산을 획득하기가 쉽지 않고 예산담당자도 이를 완전히 무시하기가 어려워 고민하기도 한다.

　예산정치는 지방자치단체가 중앙정부에 필요한 예산을 요구할 때도 발생한다. 어느 곳이 더 예산을 많이 확보했는지가 지방자치단체장의 역량을 가늠한다는 점에서 민감하다.

이는 지역구 국회의원도 자유로울 수 없으며 더 많은 예산을 가져오려는 노력이 치열하다. 예산정치는 정치권력을 유지하는 도구이면서 더 많은 권한을 행사는 원천이다. 지방예산에 관련된 행위자의 이해관계를 조정하는데 지방의회 의원이 많은 역할을 한다.

원래 예산정치는 예산을 거래하거나 밀실에서 이루어지는 부정적 의미가 있는 것도 사실이다. 그러나 예산과정의 정치성을 표현하는데 사용하고 있으며 공식적·비공식적 정치행위를 의미하는 용어로 사용하고 있다. 지방자치단체, 지방의회, 이익집단, 주민이 모두 관련되며 지역 내에서 약간만 설명을 들으면 충분히 알 수 있는 시설(장소)이나 사업이라는 점에서 매우 구체적인 예산정치 행위가 일어날 수 있다. 예를 들어, 체육 시설 설치, 복지 프로그램에 대한 지원 등인데 담당자 입장에서는 구역 안에서 특정한 읍면동에 지원이 몰리지 않도록 해야 하지만 그 반대 입장에서는 조금이라도 많은 예산을 받으려고 노력한다.

예산정치는 크게 총체주의와 점증주의로 나눌 수 있다. 먼저 총체주의는 예산 결정 기준을 경제적 합리성에 두는 입장이다. 예산을 결정에서 정치적 타협을 거쳐서 전년도 예산액을 기준으로 증감 결정하는 점증주의와 다르다. 이는 지역 사회에서 새로운 사업이나 프로그램을 시작할 때 사용되는데 비용과 편익의 비율 등을 고려해 가장 합리적인 예산액을 결정하는 방식이다. 주민이나 이익집단에게 객관적으로 설명할 필요가 있을 때, 신규 사업을 시작할 때, 대규모 예산이 투입될 때 이와 같은 관점에서 예산을 분석한다.

점증주의는 예산 편성에서 전년도 예산을 기준으로 다음 해 예산을 배정하는 방법이다. 이러한 예산편성의 방법은 일상적이며 특별하게 달라질 것이 없는 항목은 이 방식대로 예산을 편성 집행하고 있다. 점증주의는 정치적 부담을 줄일 수 있고 각 업무 담당자의 반발을 줄일 수 있다. 예산과정에 참여한 사람이 협상과 타협 등으로 일부 조정이 가능하다는 점에서 장점이 있다.

특히, 지방 재정 예산 정치에서 점증주의는 "분절적 의사결정"과 "당파적 상호조정" 개념이 적용될 수 있다(류지성, 2019). 분절적 의사결정은 다양한 의견을 수렴해 균형을 찾아가는 방법으로 예산에 관한 사항은 시간이 지나면서 변하기 때문에 이를 민감하게 처리해야 하며 시행착오를 거치면서 반복적으로 수정한다는 의미를 담고 있다. 정해진 기간 내에 예산을 처리하는데 기본적인 내용을 숙지해야 하고 관계인의 의견도 들어야 한다. 이렇게 되면 예산을 처리하는 사람 입장에서는 의사결정을 한꺼번에 할 수 없고 "시간이 날 때 신속하게" 처리해야 한다. 일단 어느 안건이 끝나면 그것에 대한 신경을 쓰지 못하고 다른 안건에 집중해야 하며 "앉아서 집중할 수 있는 여지"가 별로 없다. 당파적 상호작용은 의사결정자가 스스로 자신의 행동을 조정하는 과정이다. 자신의 생각을 바꾸는 행위, 다른 사람을 설득해서 바꾸는 행위, 공식 회의가 아닌 비공식적 만남으로 의견을 조율하는 모습 등이 당파적 상호 조정인데 "정당"에 따라서 서로 충돌하기도 하고 "주고받는" 예산결정이 일어나기도 한다.

지방재정 건전성을 효율성, 투명성 등을 반영하고 있으며 전국 모든 지방자치단체의 공통된 문제인 반면에 지방 재정에 관련된 예산 정치는 지역마다 초점이 모두 다르고 특색이 강해서 일률적으로 다루기가 쉽지 않다. 그렇지만 지방재정이 민감하고 매우 실제적인 문제라서 이에 대한 관심은 앞으로도 계속 이어질 것이다.

생각해보기

2024년 개통을 목표로 차세대 지방재정시스템이 본격 추진된다. 예산 1017억원이 투입되는 사업으로, 시스템 구축이 완료되면 지자체 재정 업무의 효율성이 증대될 전망이다.

행정안전부는 28일 '차세대 지방재정관리시스템' 구축사업의 착수보고회를 개최한다고 27일 밝혔다. 이 자리에는 지자체 공무원, 한국지역정보개발원, 민간사업자 등 300여명이 참석한다. 이번 구축사업의 사업자로는 'LG CNS 컨소시엄'이 선정됐다.

'차세대 지방재정관리시스템'은 전국 243개 지자체, 33만 지방공무원들이 예산편성과 지출, 결산 등에 사용하는 시스템이다. 2023년까지 총 1,017억 원을 투입해, 2024년 1월 2일 완전 개통이 목표다.

먼저 재정업무처리와 사업관리를 위한 시스템을 구축해 재정정보의 품질을 높인다. 두 번째로 신규 지방보조금시스템 구축해 공모, 사업수행, 집행·정산, 사후관리에 이르기까지 보조사업 전 과정 관리와 보조사업검증 체계를 마련한다. 인공지능(AI), 빅데이터 기반 재정정책 결정 등 최신 디지털 신기술을 적용해 지능형 업무환경 구현하고, 주민참여예산 플랫폼 등도 제공하게 된다.

재정정보 공개로 지역주민이 직접 예산사업 편성에 참여할 기회가 확대된다. 지자체와 거래하는 사업자들은 행정기관 방문 없이 온라인으로 대금 등을 청구할 수 있게 된다. 행안부는 대규모 예산이 투입되고 전 지자체와 주민의 삶의 질에 영향을 미치는 중요한 사업인 만큼 정책협의회를 진행해 정책방향과 세부 추진방안을 지속 협의해 나갈 계획이다.

"차세대 지방재정관리시스템 구축사업은 디지털 지방재정 혁신을 위한 핵심 기반 인프라를 준비하는 것"이라며 "시스템은 개발 초기 단계부터 사용자 수요와 서비스 제공 관점에서 충분히 의견을 수렴해 개발에 착수할 계획"이라고 말했다.

출처 : 파이낸셜뉴스(2021.01.27.). ""지방재정 투명성↑"..차세대 시스템 '1017억' 투입".

질문) 자신이 살고 있는 지역의 지방재정이 어떤 상태인가 알고 있는가?

제10장
지방교육자치

지방교육자치를 미리 알아보기

● **교육부**
한국의 모든 교육을 총괄하는 중앙기관이다.
www.moe.go.kr

● **국가도서관통계시스템**
전국도서관통계를 작성하고 결과를 알려주는 곳이다.
www.libsta.go.kr

● **학구도안내서비스**
초중등학교 통합구역 등을 편리하게 조회할 수 있는 곳이다.
https://schoolzone.emac.kr

지방교육자치는 교육부가 중심이 되는 전국 단위의 교육정책과 더불어 지역 단위 교육청과 교육지원청은 지방자치단체, 지방의회와 더불어 중요한 기관이다. 교육은 다른 행정사무 처리와 달라서 각급 학교 등을 관장하고 있으며 엄청난 교육열 덕분에 끊임없는 관심을 받고 있다. 최근 교육자치를 학술적으로나 실무적으로 다루고 있으며 관련된 개념과 범위, 법률과 제도, 교육자치의 실현과 사례를 검토하도록 한다.

|제1절| 지방교육자치의 개념과 범위

　대한민국에서 교육은 두말할 것도 없이 중요한 의미를 담고 있으며 역사적으로도 중앙집중형 교육, 이른바 엘리트 양성 교육이 이어져왔다. 마을에서 훈장 선생님에게 배우는 서당을 비롯해 지방을 대표하는 서원(書院), 향교(鄕校) 등은 지금도 고유한 맥을 유지하고 있다. 1948년 7월 17일부터 문교부가 대한민국 정부의 교육을 맡았고 이 명칭은 1990년 교육부로 개칭되기 까지 계속 이어져왔다. 교육부는 2001년 교육인적자원부, 2008년 교육과학기술부로 개칭되었는데 2013년 다시 교육부로 명칭을 바꾸어 현재에 이르고 있다. 명칭은 바뀌었지만 교육을 담당하는 기능은 그대로였다(교육부 조직연혁정보 홈페이지, 2021).

　교육부는 교육 전반을 모두 관리하는데 고등교육, 과학기술, 교류협력, 문화예술, 유초중등교육, 장학지원, 정책기획, 체육, 평생직업교육 등으로 나눌 수 있다. 이를 각 지역에서 교육청이 실질적인 정책을 집행하고 있는데 특별시, 광역시, 특별자치시, 도, 특별자치도에 모두 설치되어 있다. "교육지원청"은 그 하부 기관으로 권역마다 나누어져 있으며 장학과 학예 등을 담당하고 있다. 그밖에도 직속기관으로 전시관, 연수원, 진흥원 등이 있으며 "도서관"과 "평생학습관"이 교육청 소관이다.

　교육청은 구역 내에서 학생만이 아니라 학부모, 시민, 교직원을 대상으로 다양한 사업을 수행하고 있다. 행정서비스헌장을 바탕으로 만족도를 조사하고 서비스 이행 표준에 따라 일하고 있다. 각종 증명서를 발급하고 "고등학교 입학", "대학입시와 수능 안내" 등을 하고 있으며 "전학" 업무도 중요하다. 검정고시, 교원임용시험(임용고시), 지방공무원 시험을 관리하고 기간제교사, 초등돌봄전담사, 조리종사원 등을 구인구직한다. 사립학교법인 정관을 공시하며 현장학습 프로그램, 현장학습(운동부) 관련 사항도 교육청 소관 업무다 (서울특별시교육청 홈페이지, 2021).

　교육의 대상이 영유아부터 평생(노인)까지 아우르다보니 업무 협약도 많이 이루어지고 있으며 모두 지역을 고려하는 차원에서 협업을 진행하고 있다. 특히, 학교폭력과 같은 사회문제를 행정적으로 담당하는 곳이 바로 교육청이며 학교알리미(www.schoolinfo.go.kr) 홈페이지 등으로 교육정보를 일목요연하게 볼 수 있도록 체계가 갖추어진 상태다.

2019년 기준 전국의 학교수는 22,301개소이며 학생수는 9,560,799명, 교원수는 585,617명이다. 여기서 학교, 학생, 교원은 유치원, 초등학교, 중학교, 고등학교, 대학교, 대학원, 기타학교를 모두 포함한다. 사설학원도 학원수는 전국 77,837개소이며 수강자수는 10,923,075명이다. 학교교과 교습학원은 입시검정보습, 국제화, 예능, 특수교육, 기타로 분류할 수 있으며 평생직업 교육학원은 직업기술, 국제화, 인문사회, 기예로 나누어진다. 전국의 강사수는 299,747명이며 강의실 수는 350,749개소, 실험 실습실수는 426곳, 독서실수는 전국에 5,464개소가 있다. 공공도서관은 전국에 1,027곳이 있으며 좌석수는 367,369개로 집계되었다(행정안전부, 2019).

"교육자치"는 일반 행정으로부터 분리와 중앙으로부터 독립이 포함되어 있다. 교육 인사와 재정에서 분리와 독립이 강조되는데 몇 가지 기본원칙 실현을 목표로 하고 있다. 첫째, 지방분권 원칙으로 중앙정부의 획일성을 지양하고 지방 실정과 특수성을 고려한 교육정책이 필요하다는 의미다. 둘째, 전문적 관리 원칙은 교육의 전문성과 특수성을 고려할 때 이를 지원하는 교육행정의 수준도 적합해야 한다. 셋째, 주민통제 원칙은 지역 주민이 대표를 선출하고 교육정책을 심의 결정한다는 의미로 민의가 반영될 수 있다는 점을 보여준다. 넷째, 자주성의 원칙으로 교육의 특수성을 인정하고 정치적 중립을 보장한다는 것이다. 이러한 원칙을 지키는데 다양한 제도가 도입되었고 기본적으로 교육 문제에 관심이 집중되므로 "시범 사업 실시" 등과 같은 점진적 의사결정이 이루어지고 있다.

|제2절| 지방교육자치에 관한 법률과 제도

한국에서 교육문제는 더 말할 필요가 없을 정도인데 의외로 지방자치와 지방행정이 각 지역 교육(지원)청과 연결된다는 경우를 간과하기도 한다. 지방교육자치에 관한 법률은 자주성, 전문성, 특수성을 확보하는 목적으로 기관 설치 등을 규정하고 있다.

지방교육자치에 관한 법률(약칭: 교육자치법)
[시행 2020. 12. 22] [법률 제17662호, 2020. 12. 22, 일부개정]

제1조(목적) 이 법은 교육의 자주성 및 전문성과 지방교육의 특수성을 살리기 위하여 지방자치단체의 교육·과학·기술·체육 그 밖의 학예에 관한 사무를 관장하는 기관의 설치와 그 조직 및 운영 등에 관한 사항을 규정함으로써 지방교육의 발전에 이바지함을 목적으로 한다.
제2조(교육·학예사무의 관장) 지방자치단체의 교육·과학·기술·체육 그 밖의 학예(이하 "교육·학예"라 한다)에 관한 사무는 특별시·광역시 및 도(이하 "시·도"라 한다)의 사무로 한다.
제3조(「지방자치법」과의 관계) 지방자치단체의 교육·학예에 관한 사무를 관장하는 기관의 설치와 그 조직 및 운영 등에 관하여 이 법에서 규정한 사항을 제외하고는 그 성질에 반하지 않는 한 「지방자치법」의 관련 규정을 준용한다.

교육 학예에 관한 사무의 대표적인 부분은 바로 "학원"이며 영유아부터 청소년까지 전체 교육을 맡고 있다. 그 가운데 교육감은 시도 교육·학예에 관한 사무 집행기관이며 국가행정사무를 교육감에게 위임한다. 교육감은 조례안, 예산안, 결산서, 교육규칙 등 다양한 사무를 관장한다. 사무를 분장하는데 1개 또는 2개 이상 시군, 자치구를 관할구역으로 "교육지원청"이 있으며 의무교육경비는 "지방교육재정교부금법"에 따라 국가와 지방자치단체가 부담한다.

학원의 설립 운영 과외 교습은 행정구역 어디서나 매우 쉽게 찾아볼 수 있으며 교육감이 권한을 가지고 있으며 교육환경 정화를 목적으로 유해업소를 설치할 때 행정기관장과 미리 협의해야 한다는 규정이 있다.

30일 이상 교육하는 곳을 학원이라고 하며 "학원", "교습소"라는 명칭을 붙여서 표시해야 한다. 교육청은 학원 교습소 정보를 민원서비스의 하나로 공개하고 있으며 학부모 등

> **학원의 설립 · 운영 및 과외교습에 관한 법률(약칭: 학원법)**
> [시행 2020. 11. 27.] [법률 제17311호, 2020. 5. 26., 타법개정]
>
> 제1조(목적) 이 법은 학원의 설립과 운영에 관한 사항을 규정하여 학원의 건전한 발전을 도모함으로써 평생교육 진흥에 이바지함과 아울러 과외교습에 관한 사항을 규정함을 목적으로 한다.
> 제2조(정의) 이 법에서 사용하는 용어의 뜻은 다음과 같다.
> 1. "학원"이란 사인(私人)이 대통령령으로 정하는 수 이상의 학습자 또는 불특정다수의 학습자에게 30일 이상의 교습과정(교습과정의 반복으로 교습일수가 30일 이상이 되는 경우를 포함한다. 이하 같다)에 따라 지식 · 기술(기능을 포함한다. 이하 같다) · 예능을 교습(상급학교 진학에 필요한 컨설팅 등 지도를 하는 경우와 정보통신기술 등을 활용하여 원격으로 교습하는 경우를 포함한다. 이하 같다)하거나 30일 이상 학습장소로 제공되는 시설을 말한다.
> 제5조(교육환경의 정화 등) ① 학원설립 · 운영자 또는 교습자는 학원이나 교습소의 교육환경과 위생시설을 깨끗하게 유지 · 관리하여야 한다.
> ② 학교교과교습학원을 설립 · 운영하는 자 또는 교습자는 교육환경을 해칠 우려가 있는 영업소(이하 "유해업소"라 한다)와 동일한 건축물 안에서 학교교과교습학원이나 교습소를 설립 · 운영하여서는 아니 된다.
> ③ 학교교과교습학원이나 교습소와 동일한 건축물 안에 유해업소를 설치하는 경우 그 영업에 관하여 허가 · 인가 등을 하는 행정기관의 장은 미리 관할 교육감과 협의하여야 한다.

은 이를 검색할 수 있다. 이에 관한 조례는 이 법률에서 위임한 사항을 다루고 있으며 학원설립자 · 운영자의 책무와 학원시설에 관한 사항을 규정하고 있다.

|제3절| 지방교육자치의 실현과 사례

 2021년 기준 조례에서 "교육"이 들어간 명칭으로 검색한 결과 5,300건이 넘는데 그 내용도 매우 다양하다. 예를 들어, 환경교육, 민주시민교육, 문해교육, 평생교육, 식생활교육, 교육경비 보조 등에 관한 것이다. 어떤 경우는 지방자치단체에서 특별한 교육(과학영농, 작목, 전원생활, 귀농 등)을 실시하기도 한다. 이런 교육은 교육부나 교육청 소관은 아니지만 평생교육 또는 생활교육 차원에서 무시할 수 없다.

특히, 지방교육자치의 실현과 사례에서 가장 먼저 등장하는 부분은 바로 "급식" 관련 사항이라고 할 수 있다.

학교급식법
[시행 2021. 1. 30.] [법률 제16876호, 2020. 1. 29., 일부개정]

제1조(목적) 이 법은 학교급식 등에 관한 사항을 규정함으로써 학교급식의 질을 향상시키고 학생의 건전한 심신의 발달과 국민 식생활 개선에 기여함을 목적으로 한다.
제2조(정의) 이 법에서 사용하는 용어의 정의는 다음과 같다.
 1. "학교급식"이라 함은 제1조의 목적을 달성하기 위하여 제4조의 규정에 따른 학교 또는 학급의 학생을 대상으로 학교의 장이 실시하는 급식을 말한다.
 2. "학교급식공급업자"라 함은 제15조의 규정에 따라 학교의 장과 계약에 의하여 학교급식에 관한 업무를 위탁받아 행하는 자를 말한다.
 3. "급식에 관한 경비"라 함은 학교급식을 위한 식품비, 급식운영비 및 급식시설·설비비를 말한다.
제3조(국가·지방자치단체의 임무) ①국가와 지방자치단체는 양질의 학교급식이 안전하게 제공될 수 있도록 행정적·재정적으로 지원하여야 하며, 영양교육을 통한 학생의 올바른 식생활 관리능력 배양과 전통 식문화의 계승·발전을 위하여 필요한 시책을 강구하여야 한다.
 ②특별시·광역시·도·특별자치도의 교육감(이하 "교육감"이라 한다)은 매년 학교급식에 관한 계획을 수립·시행하여야 한다.

학교급식은 식생활, 영양, 위생, 보건이 합쳐진 내용으로 학부모와 학생이 가장 실질적으로 체감하는 지방교육자치 영역이다. 국가와 지방자치단체의 의무는 이 부분에서 종합적으로 해당되며 유치원부터 고등학교까지 해당된다. 학교급식위원회의 설치, 영양교사 배치, 경비부담(학교 설립 경영자가 부담하되 국가나 지방자치단체가 지원할 수 있음) 등이 명시되어 있다. 이에 관련해 지방자치단체에서 학교무상급식, 친환경 무상급식 관련 조례와 규칙을 제정 시행하고 있다.

초중등교육법에 따르면 고등학교 등은 무상교육이며 무상인 항목은 입학금, 수업료,

학교운영지원비, 교과용 도서 구입비다. 이는 국가와 지방자치단체가 부담하고 학교의 설립자나 경영자는 이를 받을 수 없다. 2021년 학년도 이후부터 고등학교 등 전 학년 무상교육이 실시된다는 점에서 교육의 민주성을 확보하는 계기라고 볼 수 있다.

초 · 중등교육법
[시행 2021. 6. 23.] [법률 제17664호, 2020. 12. 22., 일부개정]

제1조(목적) 이 법은 「교육기본법」 제9조에 따라 초 · 중등교육에 관한 사항을 정함을 목적으로 한다.
제10조의2(고등학교 등의 무상교육) ① 제2조제3호에 따른 고등학교 · 고등기술학교 및 이에 준하는 각종학교의 교육에 필요한 다음 각 호의 비용은 무상(無償)으로 한다.
 1. 입학금
 2. 수업료
 3. 학교운영지원비
 4. 교과용 도서 구입비
 ② 제1항 각 호의 비용은 국가 및 지방자치단체가 부담하고, 학교의 설립자 · 경영자는 학생과 보호자로부터 이를 받을 수 없다.
[시행일] 제10조의2의 개정규정은 다음 각 호와 같이 순차적으로 시행
 1. 2020학년도: 고등학교 등 2학년 및 3학년의 무상교육
 2. 2021학년도 이후: 고등학교 등 전학년의 무상교육

의무교육은 국민의 의무며 지방자치단체는 관할 구역의 교육대상자를 모두 취학시켜야 한다. 모든 국민은 보호하는 자녀 또는 아동이 초등학교를 졸업할 때까지 다니게 해야 한다.

초 · 중등교육법
[시행 2021. 6. 23.] [법률 제17664호, 2020. 12. 22., 일부개정]

제12조(의무교육) ① 국가는 「교육기본법」 제8조제1항에 따른 의무교육을 실시하여야 하며, 이를 위한 시설을 확보하는 등 필요한 조치를 강구하여야 한다.
 ② 지방자치단체는 그 관할 구역의 의무교육대상자를 모두 취학시키는 데에 필요한 초등학교, 중학교 및 초등학교 · 중학교의 과정을 교육하는 특수학교를 설립 · 경영하여야 한다.

> 제13조(취학 의무) ① 모든 국민은 보호하는 자녀 또는 아동이 6세가 된 날이 속하는 해의 다음 해 3월 1일에 그 자녀 또는 아동을 초등학교에 입학시켜야 하고, 초등학교를 졸업할 때까지 다니게 하여야 한다.
> ② 모든 국민은 제1항에도 불구하고 그가 보호하는 자녀 또는 아동이 5세가 된 날이 속하는 해의 다음 해 또는 7세가 된 날이 속하는 해의 다음 해에 그 자녀 또는 아동을 초등학교에 입학시킬 수 있다. 이 경우에도 그 자녀 또는 아동이 초등학교에 입학한 해의 3월 1일부터 졸업할 때까지 초등학교에 다니게 하여야 한다.
> ③ 모든 국민은 보호하는 자녀 또는 아동이 초등학교를 졸업한 학년의 다음 학년 초에 그 자녀 또는 아동을 중학교에 입학시켜야 하고, 중학교를 졸업할 때까지 다니게 하여야 한다.
> ④ 제1항부터 제3항까지의 규정에 따른 취학 의무의 이행과 이행 독려 등에 필요한 사항은 대통령령으로 정한다.

모든 국민은 초등학교를 졸업하면 중학교에 입학시키고 중학교를 졸업할 때까지 다니게 해야 한다. 의무교육에 관련된 각종 사항은 교육부장관, 교육감, 지방자치단체에서 지원 관리한다.

법률이나 조례와 더불어 교육자치는 단계적으로 이루어지고 있다. 첫째, 도시 저소득층 밀집 학교 등의 지정 권한 이양이 있다. 도시에 저소득층이 밀집한 곳에 학교가 있다면 그것을 지정할 수 있는 권한을 교육감에게 이양해 교육감 판단에 따라 학교 교육과정을 보완할 수 있는 방과 후 학교 과정을 운영할 수 있도록 했다. 둘째, 자유학기제 학교 컨설팅 운영 이양으로 기존 교육부와 시·도교육청 합동 컨설팅을 지역 특성에 맞게 시·도교육청 자체 운영으로 개선하기도 했다. 교육부 차원의 합동 컨설팅은 희망 지역 중심으로 진행되고 시·도교육청 중심으로 자유학기제 컨설팅 지원단을 운영할 수 있다. 셋째, 지역특화 진로체험 프로그램 운영 이양으로 지역 수요에 부합하는 지역특화 진로체험 프로그램 운영 사업을 시·도교육청으로 이양한 것이다.

이외에 학생자치 교육을 지식 중심에서 가치와 태도, 참여와 실천 중심으로 확장하는 우수 사례 사업을 시도에 단계적 이양하고, 두발과 핸드폰 사용에 관한 학교 규칙 제정, 개정 시 학교에서 자율적으로 정하는 등의 여러 분야에서 교육 자치 노력이 지속되고 있다(교육부 블로그, 2021).

지방자치단체의 자체적인 교육도 지방교육자치와 관련이 있다. 각 지방자치단체의 사정에 따라 "학교", "아카데미" 등의 이름으로 다양한 교육이 진행되고 있으며 코로나19 바이러스 문제로 온라인 화상 교육이 더욱 확대된 상태다. 이미 국가평생교육진흥원(www.nile.or.kr)이 평생교육을 담당하고 있으며 지방자치단체마다 대학의 평생교육원 운영 방식과 유사하게 교육 프로그램을 진행하고 있다.

최근 유튜브에서 자치분권대학(https://www.youtube.com/c/자치분권대학)을 운영하면서 온라인으로 자유롭게 동영상을 보면서 교육할 수 있는 개방형 플랫폼이 성황리에 운영되는 등 주민이 쉽게 대할 수 있도록 교육콘텐츠를 개발하는데 많은 지방자치단체가 노력하고 있다.

생각해보기

"초등학교와 중학교 무상교육에 이어 고등학교 무상교육을 완성하는 것은 헌법에 보장된 국민의 기본권을 실현하기 위해서 필요한 과제입니다." 당정청은 내년부터 2024년까지 소요 예산을 중앙정부와 교육청이 반반씩 나눠내는 방안을 제시했는데, 고교 무상교육이 전면 시행될 경우, 연간 2조 원에 달하는 예산이 소요될 것으로 보입니다.

다만 올해 2학기 고등학교 3학년 무상교육 예산은 교육청 자체 예산으로 편성하기로 했습니다.

당정청에 따르면, OECD 35개국 중 고교 무상교육을 안 하는 나라는 한국이 유일하며, 무상교육을 통해 저소득 가구의 월평균 가처분 소득을 늘리는 효과도 기대하고 있습니다.

출처 : MBC뉴스(2019.04.09.), "올해 2학기 고3부터 단계적 무상교육".

질문) 지방자치단체에서 구역 내 학교에 어떤 지원할 수 있는가?

제11장

자치경찰과 소방본부

자치경찰과 소방본부를 미리 알아보기

● **경찰청과 해양경찰청**
대한민국 치안 질서를 총괄하는 기관이다.
www.police.go.kr
www.kcg.go.kr

● **소방청**
대한민국 재난 안전을 총괄하는 기관이다.
www.nfa.go.kr

● **보건복지부**(중앙사고수습본부)
보건복지와 방역 등을 총괄하는 기관이다.
www.mohw.go.kr

경찰과 소방은 지방자치행정의 범위를 넘어서 국가적으로 통일성 있게 추진되는 분야로 치안정책과 재난정책으로 말할 수 있다. 최근 국가경찰과 자치경찰, 국가소방으로 전환이 이어지면서 대규모 조직 개편이 진행되고 있다. 그렇지만 지방으로 범위를 한정해서 살펴본다면 자치경찰(지방경찰청, 경찰서), 국가소방(소방본부, 소방서)로 살펴볼 수 있다. 자치경찰과 소방본부의 개념과 범위, 법률과 제도에 따른 양자의 임무를 알아보도록 한다.

|제1절| 자치경찰과 소방본부의 개념과 범위

경찰청은 안전이 기본 권리로 보장되고 공정하고 정의로운 사회를 조성하는데 노력하고 있으며 민간 경비, 사이버 안전 등 광범위한 치안 업무를 담당하고 있다. 해양경찰은 바다에서 국민의 생명과 안전, 질서유지를 담당하는 종합행정기관으로 해양영토를 수호하고 재난과 범죄로부터 국민을 보호하며 깨끗한 바다환경(해양 오염 관리) 조성을 목표로 임무를 수행하고 있다. 시간이 갈수록 복잡화, 대형화 되는 각종 사고와 재난으로부터 국민을 안전하게 보호하고 있는 소방청은 부족한 소방인력과 장비를 확충하고 현장 중심의 조직을 강화하고 있다. 재난 안전을 책임지는 정부 기관은 모두 연수원(교육원) 등을 운영하고 있으며 제복을 착용하고 근무한다는 점에서 중요한 일선 공직자라고 할 수 있다.

자치경찰과 소방본부는 기본적으로 국민의 생명과 재난을 보호한다는 "안전" 개념과 직결된다. 이는 각종 위기나 재난과도 관련되며 위기는 "비정상적이고 비일상적인 경우와 같이 갑작스러운 변화로 긴장이 생긴 개인이나 집단이 직면한 상황"이다(주운현·김형수·임정빈·정원희·최유진·이동규, 2021). 보통 위기나 재난이 발생하면 많은 사람의 관심을 받으며 정부도 이에 즉각 대응한다. 긴급하고 중대한 상황이 발생했을 때 가장 먼저 대응하는 경찰과 소방은 지방자치단체의 안전 문제 해결에 가장 중요한 역할을 맡고 있다.

한국의 중앙정부와 지방자치단체는 안전사고 사망자 감축 노력을 꾸준히 진행해왔고 "지역안전지수"를 만들어 공개하고 있다. 2015년부터 2017년까지 안전사고 사망자수가 감소하다가 2018년 증가했고 "자살 및 법정감염병 사망자 수 대폭 증가"가 원인이다. 자살 사망자는 10대(정신적), 30~40대(경제적), 60대(육체적)에서 크게 증가했다. 감염병은 C형 감염과 인플루엔자 사망자 급증이 원인이었다. 다만, 교통사고 사망자 수는 줄었다는 점이 특징이다(행정안전부, 2019).

그렇지만 경찰과 소방이 관리하는 안전을 비롯해 "복합재난"이 많이 발생하고 시간이 흐를수록 온라인과 오프라인에서 예상하지 못한 사건사고가 나타나고 있기에 지방자치행정에서 커다란 변수로 작용하고 있다. "위생" 문제 등 식품에 관한 사항은 지방자치단체에서 담당하고 있는데 이에 관한 사건사고도 얼마든지 전국적으로 확대될 수 있다는 점에서 초동대처가 매우 중요하다.

|제2절| 국가경찰과 자치경찰의 임무

국가경찰에서 현재 자치경찰로 이원화가 진행되고 있으며 "국가수사본부"의 정착도 시작된 상태다. 경찰은 어느 국가를 막론하고 기본 임무는 같은데 아래 법률은 경찰 민주화를 목적으로 관련 내용을 규정하고 있다.

> **국가경찰과 자치경찰의 조직 및 운영에 관한 법률**
> [시행 2021. 1. 1] [법률 제17689호, 2020. 12. 22, 전부개정]
>
> 제1조(목적) 이 법은 경찰의 민주적인 관리·운영과 효율적인 임무수행을 위하여 경찰의 기본조직 및 직무 범위와 그 밖에 필요한 사항을 규정함을 목적으로 한다.
> 제2조(국가와 지방자치단체의 책무) 국가와 지방자치단체는 국민의 생명·신체 및 재산을 보호하고 공공의 안녕과 질서유지에 필요한 시책을 수립·시행하여야 한다.

경찰의 임무는 국가와 자치경찰 기본적으로 같다. 국민의 생명·신체·재산의 보호, 범죄 예방·진압·수사, 범죄피해자 보호, 경비·요인 경호와 대간첩·대테러 작전 수행, 공공안녕에 대한 위험 예방과 대응 정부 수집·작성·배포, 교통 단속과 위해 방지, 외국 정부기관과 국제기구와 협력 등이다. 상식적으로도 알 수 있지만 "권한남용의 금지", "직무수행"에 관한 사항도 규정되어 있다.

먼저 국가경찰위원회, 경찰청(본청), 경찰청장, 국가수사본부장, 하부조직에 관한 규정이 있다. 그 다음으로 "시도자치경찰위원회"와 이에 따른 사무기구, 시도경찰청과 경찰서, "국가는 지방자치단체가 이관 받은 사무를 원활하게 수행할 수 있도록 인력, 장비에 소요되는 비용에 지원"해야 한다는 자치경찰사무에 대한 재정적 지원 조항도 명시되어 있다.

국가경찰과 자치경찰은 기본적으로 국민의 생명과 재산을 보호하고 치안을 유지하는 임무를 수행하는데 그것을 아래와 같이 기능을 분리하고 있다.

국가경찰과 자치경찰의 조직 및 운영에 관한 법률
[시행 2021. 1. 1] [법률 제17689호, 2020. 12. 22, 전부개정]

제4조(경찰의 사무) ① 경찰의 사무는 다음 각 호와 같이 구분한다.
 1. 국가경찰사무: 제3조에서 정한 경찰의 임무를 수행하기 위한 사무. 다만, 제2호의 자치경찰사무는 제외한다.
 2. 자치경찰사무: 제3조에서 정한 경찰의 임무 범위에서 관할 지역의 생활안전·교통·경비·수사 등에 관한 다음 각 목의 사무
  가. 지역 내 주민의 생활안전 활동에 관한 사무
   1) 생활안전을 위한 순찰 및 시설의 운영
   2) 주민참여 방범활동의 지원 및 지도
   3) 안전사고 및 재해·재난 시 긴급구조지원
   4) 아동·청소년·노인·여성·장애인 등 사회적 보호가 필요한 사람에 대한 보호 업무 및 가정폭력·학교폭력·성폭력 등의 예방
   5) 주민의 일상생활과 관련된 사회질서의 유지 및 그 위반행위의 지도·단속. 다만, 지방자치단체 등 다른 행정청의 사무는 제외한다.
   6) 그 밖에 지역주민의 생활안전에 관한 사무
  나. 지역 내 교통활동에 관한 사무
   1) 교통법규 위반에 대한 지도·단속
   2) 교통안전시설 및 무인 교통단속용 장비의 심의·설치·관리
   3) 교통안전에 대한 교육 및 홍보
   4) 주민참여 지역 교통활동의 지원 및 지도
   5) 통행 허가, 어린이 통학버스의 신고, 긴급자동차의 지정 신청 등 각종 허가 및 신고에 관한 사무
   6) 그 밖에 지역 내의 교통안전 및 소통에 관한 사무
  다. 지역 내 다중운집 행사 관련 혼잡 교통 및 안전 관리
  라. 다음의 어느 하나에 해당하는 수사사무

> 1) 학교폭력 등 소년범죄
> 2) 가정폭력, 아동학대 범죄
> 3) 교통사고 및 교통 관련 범죄
> 4) 「형법」 제245조에 따른 공연음란 및 「성폭력범죄의 처벌 등에 관한 특례법」 제12조에 따른 성적 목적을 위한 다중이용장소 침입행위에 관한 범죄
> 5) 경범죄 및 기초질서 관련 범죄
> 6) 가출인 및 「실종아동등의 보호 및 지원에 관한 법률」 제2조제2호에 따른 실종아동등 관련 수색 및 범죄

자치경찰사무는 본래 경찰 임무 범위에서 관할 지역의 생활안전, 교통, 경비, 수사 등에 관한 사무를 맡는다. 법률에 명시된 것처럼 생활안전, 주민참여 방범, 긴급구조지원, 보호가 필요한 사람에 대한 업무, 사회질서 유지와 위반행위에 대한 지도 단속이다. 또한 교통 활동 사무로 법규 위반, 안전시설과 무인교통단속용 장비 관리, 교통안전 교육 홍보, 주민참여 교통 활동, 각종 허가 신고 사무 등이 해당된다. 지역 내 다중운집 행사 관련 혼잡 교통안전 관리도 해당되며 수사사무(학교폭력 등 소년, 가정폭력, 아동학대, 공연음란죄), "자기의 성적 욕망을 만족시킬 목적으로 화장실, 목욕장·목욕실 또는 발한실(發汗室 : 사우나), 모유수유시설, 탈의실 등 불특정 다수가 이용하는 다중이용장소에 침입하거나 같은 장소에서 퇴거의 요구를 받고 응하지 아니하는 사람"에 관한 범죄, 경범죄와 기초질서 관련 범죄, 가출인과 실종아동 등 관련 수색에 대해서 자치경찰사무의 구체적 사항과 범위는 대통령령으로 정하는 기준에 따라 시도 조례로 정한다.

바다에 인접한 지방자치단체가 적지 않으므로 해양경찰법을 논의할 수 있다. 일단 해양경찰은 해양 안전과 치안 확립으로 경찰의 기본 임무를 수행한다.

대한민국 해양경찰은 해양재난과 해양사고 등이 발생하면 지방자치단체장이나 관련 기관장과 협력해야 하는데 해양오염 방지(기름 유출 등), 해상 사고(선박의 침몰, 실종자 수색 등)가 대표적이다. 다른 정부 부처와 마찬가지로 국민 참여의 확대는 각종 정책 제안, 모니터링, 사건사고 제보와 같은 형태로 이루어진다. 자치경찰과 해양경찰은 지방자치단체와

긴밀하게 협조해 업무를 처리하며 재난 사고가 발생하면 최우선적으로 조치하고 있다.

해양경찰법
[시행 2021. 1. 14.] [법률 제17904호, 2021. 1. 13., 일부개정]

제1조(목적) 이 법은 해양주권을 수호하고 해양 안전과 치안 확립을 위하여 해양경찰의 직무와 민주적이고 효율적인 운영에 필요한 사항을 규정함을 목적으로 한다.
제17조(협력) ① 해양경찰청장은 국민의 안전을 위협하는 해양재난 또는 해양사고의 대응을 위하여 필요한 경우 관계 행정기관의 장 또는 지방자치단체의 장에게 필요한 협력을 요청할 수 있다.
제18조(국민참여의 확대) ① 해양경찰청장은 해양경찰행정에 국민의 참여를 확대하기 위하여 다양한 참여방법과 협력의 기회를 제공하도록 노력하여야 한다.
　② 해양경찰청장은 제1항에 따른 국민참여를 통해 수렴된 국민과 관계 전문가의 의견을 검토하여, 해양경찰의 직무수행에 필요한 경우 반영하여야 한다.

| 제3절 | 국가소방과 소방본부의 임무

　소방공무원은 많은 논의 끝에 2021년 1월 1일부터 국가공무원법에 대한 특례 규정에 따르게 되었다.

소방공무원법
[시행 2021. 1. 1] [법률 제17766호, 2020. 12. 29, 일부개정]

제1조(목적) 이 법은 소방공무원의 책임 및 직무의 중요성과 신분 및 근무조건의 특수성에 비추어 그 임용, 교육훈련, 복무, 신분보장 등에 관하여 「국가공무원법」에 대한 특례를 규정하는 것을 목적으로 한다.

부칙 〈제17766호, 2020. 12. 29.〉
제1조(시행일) 이 법은 2021년 1월 1일부터 시행한다.

소방공무원법만이 아니라 "소방청과 그 소속기관 직제"에 따르면 소방청장 소속으로 중앙소방학교, 중앙119구조본부를 둔다는 점에서 국가소방으로서 임무를 수행하고 있다. 다만, "소방기본법"에 따르면 시도지사와 연계된 조항이 적지 않기에 이를 소개한다.

소방기본법
[시행 2021. 1. 21] [법률 제17517호, 2020. 10. 20, 일부개정]

제1조(목적) 이 법은 화재를 예방·경계하거나 진압하고 화재, 재난·재해, 그 밖의 위급한 상황에서의 구조·구급 활동 등을 통하여 국민의 생명·신체 및 재산을 보호함으로써 공공의 안녕 및 질서 유지와 복리증진에 이바지함을 목적으로 한다. [전문개정 2011. 5. 30.]
제2조의2(국가와 지방자치단체의 책무) 국가와 지방자치단체는 화재, 재난·재해, 그 밖의 위급한 상황으로부터 국민의 생명·신체 및 재산을 보호하기 위하여 필요한 시책을 수립·시행하여야 한다. [본조신설 2019. 12. 10.]
제3조(소방기관의 설치 등) ① 시·도의 화재 예방·경계·진압 및 조사, 소방안전교육·홍보와 화재, 재난·재해, 그 밖의 위급한 상황에서의 구조·구급 등의 업무(이하 "소방업무"라 한다)를 수행하는 소방기관의 설치에 필요한 사항은 대통령령으로 정한다. 〈개정 2015. 7. 24.〉
② 소방업무를 수행하는 소방본부장 또는 소방서장은 그 소재지를 관할하는 특별시장·광역시장·특별자치시장·도지사 또는 특별자치도지사(이하 "시·도지사"라 한다)의 지휘와 감독을 받는다. 〈개정 2014. 12. 30.〉
③ 제2항에도 불구하고 소방청장은 화재 예방 및 대형 재난 등 필요한 경우 시·도 소방본부장 및 소방서장을 지휘·감독할 수 있다. 〈신설 2019. 12. 10.〉
④ 시·도에서 소방업무를 수행하기 위하여 시·도지사 직속으로 소방본부를 둔다.

소방업무에 관한 종합계획 수립과 시행에서 시도지사는 관할 지역 특성을 고려해 종합계획 시행에 필요한 세부계획을 매년 수립해 소방청장에게 제출해야 하며 세부계획에 따른 소방업무를 성실하게 수행해야 한다. 시도지사는 소방활동에 필요한 소방용수시설(소화전 등)을 설치 유지 관리해야 한다. 이밖에도 시도지사는 화재가 발생하면 피해가 클 것으로 예상되는 지역을 "화재경계지구"로 지정할 수 있다. 대표적으로 전통시장, 위험물 저장 처리 시설 밀집 지역 등이다. 소방자동차 보험 가입, 소방활동에 방해가 되는 차량의 제거나 이동이 필요할 때 지방자치단체 등 관련 기관에 견인 차량과 인력 지원 요청을 할 수 있다. 이때 시도지사는 견인차량과 인력을 지원한 사람에게 조례에서 정하는 바에

따라 비용을 지급할 수 있다. 또한 "지방소방기관 설치에 관한 규정"에 따르면 특별시, 광역시, 도는 관할구역 소방공무원의 교육 훈련을 목적으로 조례로 지방소방학교와 소방서를 설치할 수 있다. 아울러 "지방자치단체에 두는 소방공무원의 정원에 관한 규정"에서 특별시, 광역시, 특별자치시, 도, 특별자치도에 두는 소방공무원의 정원을 규정하고 있다.

의용소방대 설치 및 운영에 관한 법률(약칭: 의용소방대법)
[시행 2021. 6. 9] [법률 제17576호, 2020. 12. 8, 일부개정]

제1조(목적) 이 법은 화재진압, 구조·구급 등의 소방업무를 체계적으로 보조하기 위하여 의용소방대 설치 및 운영 등에 필요한 사항을 규정함을 목적으로 한다.

제2조(의용소방대의 설치 등) ① 특별시장·광역시장·특별자치시장·도지사·특별자치도지사(이하 "시·도지사"라 한다) 또는 소방서장은 재난현장에서 화재진압, 구조·구급 등의 활동과 화재예방활동에 관한 업무(이하 "소방업무"라 한다)를 보조하기 위하여 의용소방대를 설치할 수 있다.

② 제1항에 따른 의용소방대는 특별시·광역시·특별자치시·도·특별자치도(이하 "시·도"라 한다), 시·읍 또는 면에 둔다.

③ 시·도지사 또는 소방서장은 필요한 경우 관할 구역을 따로 정하여 그 지역에 의용소방대를 설치할 수 있다.

④ 시·도지사 또는 소방서장은 필요한 경우 제2항 또는 제3항에 따른 의용소방대를 화재진압 등을 전담하는 의용소방대(이하 "전담의용소방대"라 한다)로 운영할 수 있다. 이 경우 관할 구역의 특성과 관할 면적 또는 출동거리 등을 고려하여야 한다.

⑤ 그 밖에 의용소방대의 설치 등에 필요한 사항은 행정안전부령으로 정한다. 〈개정 2014. 11. 19., 2017. 7. 26.〉

의용소방대원은 지역에 거주 또는 상주하는 주민 가운데 희망하는 사람 가운데 시도지사 또는 소방서장이 임명할 수 있다. 의용소방대원은 65세가 정년이며 화재 경계와 진압 업무 보조, 구조 구급 업무 보조, 화재 등 재난 발생 시 대피 구호 업무 보조, 화재예방업무 보조 등 임무를 맡고 있다. 비상근이며 필요할 때 의용소방대원이 소집되며 의용소방대 운영과 활동 등에 필요한 경비는 "시도지사"가 부담하며 그 경비의 일부를 국가가 지원할 수 있다. 의용소방대원이 임무를 수행하면 예산 범위 내에서 소집수당을 지급할 수 있으며 활동비 지원도 마찬가지다. 임무 수행, 교육 훈련 때문에 사망과 부상, 질병에 걸

리면 보상금을 지급해야 하며 시도지사는 그 보험에 가입할 수 있다.

지방교부세법에서 "소방안전교부세" 항목이 존재하고 행정안전부장관은 전액을 지방자치단체에 교부해야 하므로 여전히 지방행정에서 소방은 중요한 위치를 차지하고 있다.

> **지방교부세법**
> [시행 2020. 4. 1] [법률 제16776호, 2019. 12. 10, 일부개정]
>
> 제9조의4(소방안전교부세의 교부) ① 행정안전부장관은 지방자치단체의 소방 인력 운용, 소방 및 안전시설 확충, 안전관리 강화 등을 위하여 소방안전교부세를 지방자치단체에 전액 교부하여야 한다. 이 경우 소방 분야에 대해서는 소방청장의 의견을 들어 교부하여야 한다. 〈개정 2017. 7. 26., 2019. 12. 10.〉

상식적으로도 주민이 살고 있는 지역에 재난 관리가 제대로 안 되면 엄청난 불안을 가져오고 지역 정치 등에 악영향을 준다는 점을 봤을 때 국가소방으로 전환과 다른 차원에서 지역 소방본부, 소방서도 매우 중요하다.

재난안전법은 경찰과 소방을 막론하고 때에 따라서는 국군이 투입되며 민방위 등이 협력하기도 한다. 목적이나 기본 이념을 추구하고자 국가와 지방자치단체는 의무를 수행해야 한다.

재난의 종류는 광범위하며 재난관리와 안전관리 활동도 그에 걸맞게 넓은 편이다. 재난관리책임기관은 중앙부처와 지방자치단체로 사고 예방, 피해 복구를 신속하게 해야 한다. 관련 정보는 적극적으로 공개하는 차원에서 재난알림 서비스가 가동되고 있으며 건물이나 시설에서 사고가 발생하지 않도록 국민도 책무가 있다. 행정안전부장관이 이러한 업무를 총괄하지만 지방자치단체도 재난 안전관리 사업 예산을 사전에 검토하는 등의 사무 처리가 있다. 안전 관련 교육이나 홍보가 대표적이며 "중앙재난안전대책본부"에서 대규모 재난에 대한 복구와 대응을 총괄 조정한다. 주로 지침서를 작성하고 각 상황에 따른

> **재난 및 안전관리 기본법(약칭: 재난안전법)**
> [시행 2020. 12. 10.] [법률 제17479호, 2020. 8. 18., 일부개정]
>
> 제1조(목적) 이 법은 각종 재난으로부터 국토를 보존하고 국민의 생명·신체 및 재산을 보호하기 위하여 국가와 지방자치단체의 재난 및 안전관리체제를 확립하고, 재난의 예방·대비·대응·복구와 안전문화활동, 그 밖에 재난 및 안전관리에 필요한 사항을 규정함을 목적으로 한다.
> 제2조(기본이념) 이 법은 재난을 예방하고 재난이 발생한 경우 그 피해를 최소화하는 것이 국가와 지방자치단체의 기본적 의무임을 확인하고, 모든 국민과 국가·지방자치단체가 국민의 생명 및 신체의 안전과 재산보호에 관련된 행위를 할 때에는 안전을 우선적으로 고려함으로써 국민이 재난으로부터 안전한 사회에서 생활할 수 있도록 함을 기본이념으로 한다.

훈련 교육을 실시한다.

만약 "재난사태"를 선포하면 각종 긴급 조치를 시행할 수 있으며 국가의 안녕이나 사회질서 유지에 중대한 영향을 미치거나 피해를 효과적으로 수습해야 할 때 "특별재난지역"을 대통령에게 건의할 수 있다. 이렇게 선포된 지역은 행정, 재정, 금융, 의료 지원이 가능하다. 특별재난지역으로 선포되는 경우는 홍수, 지진, 화재 등이 광역적으로 벌어진 경우나 대도시에 피해가 극심할 때 해당된다.

이에 재난안전법에서는 재난 보험 등 가입 관련 조항에서 국가는 국민과 지방자치단체가 자기 책임과 노력으로 재난에 대비할 수 있도록 재난 관련 보험을 개발 보급하는데 노력해야 한다고 명시했다. "우리 지역에 거주하는 주민은 자동적으로 보험에 가입"이라는 지방자치단체 홍보물이 이와 같은 규정에서 비롯된다.

지방자치행정에서 자치경찰과 소방본부는 자발적·적극적으로 안전 활동을 벌이지만 기본적으로 국가경찰과 소방청의 지시에 따라 움직인다. 지역마다 차별을 둘 수 없는 행위이기 때문에 전국 단위로 통일된 업무 체제가 수립 시행될 수밖에 없다.

생각해보기

 오는 7월 자치경찰제 시행을 앞두고 지자체들이 준비에 분주한 모습이다. 조례 제정은 물론 자치경찰제 운영의 핵심인 자치경찰위원회 구성 등 관련 절차에 속도를 내고 있다. 그러나 자치경찰위원회 구성을 앞두고 일부 지자체에서 '내 사람 심기' 등의 잡음이 나오고 있어 우려된다.
 자치경찰제의 성패는 자치경찰위원회를 얼마나 중립적으로 공정하게 구성하느냐에 달렸다. 자치경찰위원회는 전체 사무규칙을 제정·개정은 물론 폐지할 수 있는 권한도 갖고 있다. 인사, 예산, 장비 등에 대한 주요 정책을 수립하고 운영한다. 시도지사로부터 독립한 자치경찰 업무를 수행한다고 하지만 사실상 자치단체장의 지휘에 있어 중립성의 확보가 긴요한 이유다.

출처 : 중도일보(2021.02.23.). "자치경찰제, 첫 단추 잘 꿰어야 한다".

질문) 자치경찰제가 완전히 정착되면 지역에 어떤 변화가 생길 것인가?

 2021년 소방 특별교부세 9000억원이 투입되면서 광주, 울산 등 7개 시·도에 소방 고가사다리차가 도입된다. 이들 시·도는 소방 고가사다리차가 없는 탓에 고층빌딩 인명구조, 화재대응 등에 어려움을 겪었다.
 행정안전부는 2021년도 소방안전교부세 9038억7000만원을 전국 17개 시·도에 교부한다고 28일 밝혔다. 지난해(7142억9000만원) 대비 약 27% 증가했다. 담배 예상 판매량(반출량 추계) 증가와 올해 4월부터 지원된 소방인건비 지원분 상향 등에 따른 결과다. 담배에 부과되는 개별소비세 45%가 소방안전교부세 재원으로 편입된다.
 소방안전교부세는 소방 인건비, 장비, 안전사업 등에만 쓰이는 재원이다. 지자체 재정여건에 따라 소방력 격차가 벌어진다는 지적에 따라 2015년 신설됐다.

출처 : 파이낸셜뉴스(2020.12.28.). "소방교부세 9000억 투입..'소방 고가사다리차' 확충".

질문) 내가 살고 있는 지역에 소방 관련 재정은 얼마나 사용되고 있을까?

제12장 주민자치

주민자치를 미리 알아보기

● **전국주민자치박람회**
전국 주민자치 관련 우수 사례 등을 소개하는 곳이다.
https://juminexpo.kr

● **국민참여예산**
국민이 직접 예산 안건을 제안 심사할 수 있는 곳이다.
www.mybudget.go.kr

● **국민신문고**
정부 관련 민원과 제안을 할 수 있는 곳이다.
www.epeople.go.kr

주민자치는 지방행정을 지역 주민 스스로 의사와 책임으로 처리하는 것을 말한다. 주로 영국에서 발달한 지방자치 유형이라고 하는데 프랑스·독일에서 발달한 단체자치와 다르다. 영국은 오래 전부터 민주주의 정치사상이 발전해왔고 미국도 건국 초부터 민주주의에 관련된 정치사상이 확립되었다.

이러한 배경 아래서 지내온 주민은 자신이 사는 곳에서 생기는 문제는 스스로 힘으로 처리해야 한다는 생각이 강해졌고 주민이 갖는 고유한 권리라고 인식했다. 따라서 고전적 의미에서 주민자치는 자치권을 국가로부터 위임받은 것이 아니라 국가가 성립되기 전부터 이미 주민이 가지고 있었다고 주장한다. 교과서적으로는 주민자치가 지방자치단체와 주민과 관계에 중점을 두는 제도라는 점을 알 수 있고 지방자치에 주민 참여가 강조되는 민주주의 원리가 관련되었다고 볼 수 있다.

그렇지만 주민자치가 쉽지는 않다. 개인, 지역, 국가 차원에서 주민자치를 실현하기 어려운 이유가 많지만 과거보다 엄청나게 자치 역량이 커졌다는 점은 확실하다. 주민자치의 의미와 역할, 관련 법률과 제도, 주민자치의 역할과 한계를 논의하도록 한다.

|제1절| 주민자치의 의미와 역할

참여는 정치에서 매우 중요하며 "정치 참여"는 일상적으로도 매우 자주 사용하며 정치이념에 관계없이 시민의 적극적 참여를 요구하고 있다. 참여는 정치 결정에 미치는 영향력의 정도, "주민참여"는 공권력이 없는 일반 시민이 정책 결정에 참여하고 공적 권한이 주어진 사람의 행위에 영향을 준다는 의도로 정책결정 과정에 참여하는 것이다. 참여한 정책이나 제안의 형성에 관여하는 행위를 주민참여로 보기도 하며, 어떤 이는 주민참여를 정보 배분, 목표 형성, 사업 집행 등을 어떻게 할 것인지를 결정하는 과정에 참여하지 못한 사람에 대한 전략이라고 규정하기도 한다. 이에 주민참여는 정책결정을 통제하고 지역사회 선거인단과 비선거인단을 초청해 민주주의 과정에 참여하는 구성 요소라고 한다. 이에 주민참여의 본질적 요소를 일반(아마추어), 권력, 결정이라는 세 가지라고 말하기도 한다. 전문가에 대비되는 일반, 정치 참여 자체로부터 만들어지는 권력, 무언가를 선택하고 판단해야 하는 결정이라는 의미다. 이렇게 주민참여의 특성은 행정과 정책 결정 과정에 영향을 미치는 행위, 명확하고도 직접적으로 접근하는 행위, 자율성과 주체성을 가진 행위라고 할 수 있다.

역사적으로 주민참여가 없었던 것은 아니지만 현대적 의미의 주민참여는 그리 역사가 길지 않다. 1950년대 미국 정부에서 지역개발사업에 주민을 참여시키면서 본격적으로 주민참여의 개념이 등장하기 시작했다. 이른바 뉴딜 정책은 "공중 참여", "민중 참여"라는 이름으로 주민을 정책집행 과정에 참여시키면서 분기점을 맞이했다. 1960년대 이후 도시개발 사업이 활성화되고 주민 참여는 더욱 확산되었다. 당시 미국의 주민참여는 주민이 행정을 불신한데서 비롯되었다. 정부는 주민의 불신을 가라앉히고자 주민 대표를 의사결정에 참여하도록 했다. 이는 정부 정책 결정의 정통성을 유지하려는 수단으로 주민참여를 도입했다. 그렇지만 이를 계기로 다른 국가까지 주민참여가 확산되었고 "주민이 행정 과정에 개입해 활동하는 것"을 주민참여라고 정의해도 무방하다.

이를 조금 더 구체화하면 주민참여는 "행정기관의 의사결정에 관계하며 주민과 정부의 상호작용을 전제로 하며 주민을 행정 의사결정에 포함할 수 있는 조직화된 과정이 있어야 한다"고 정의할 수 있다. 참여는 일종의 "살아가는 방식"이라고 말하기도 하며 공익을 목적으로 서로 협동하는 삶의 방식이라고 할 수 있다. 이렇게 주민참여는 생활정치영역에서 참여하고 할 수 있다. 생활정치는 개인이 해결하기 어려운 지역에서 다양한 공공 영역 문제를 다루는 것이다. 이 과정에 참여하면 주민이 스스로 권한을 행사하는 행위라고 할 수 있다(정현주, 2019).

주민참여의 정치적 기능은 첫째, 간접 민주주의를 보완하는 기능이 있다. 일단 참여 자체는 언제든지 편리하게 할 수 있다는 점에서 일정한 시간이 흘러야 하는 선거와 차이가 있다. 둘째, 정부의 업무가 잘 이루어지고 있는지 주민이 일정 수준 견제하거나 감시할 수 있다. 셋째, 행정의 독선을 방지하는 기능도 주민 감시, 통제, 견제와 비슷한 원리다. 이것은 정부만이 아니라 "지방 의회"도 동일하다. 아무도 지켜보지 않는 것과 한 명이라도 지켜보는 것은 분명한 차이가 있고 주민이 요구하는 것이 적을 때와 많을 때 모습은 의회와 정부의 태도에서 느낄 수 있다.

아른슈타인(S. Arnstein)은 주민 참여의 형태를 미국 도시를 분석한 결과를 바탕으로 8단계로 나누었다. 단순하게 분류했다는 비판도 있지만 주민참여 단계를 쉽게 설명하고 있으므로 의미가 있다.

첫째, 비참여 단계는 아직 주민참여가 없는 상태로 정부는 주민을 계몽하고 지도하는 수준이며 "조작", "치료"라고 표현한다. 조작은 정부가 주민을 교육하고 일방적으로 전달하고 주민은 이에 동원된다. 치료는 주민에게 최소한의 일상적 역할(캠페인 등)을 부여하거나 일반적 지도로 끝나는 것이다.

둘째, 명목 참여 단계는 주민의 의사가 표현되더라도 결정은 정부가 가지고 있다는 점에서 실질적 주민참여 단계가 아니다. 여기에는 "정보 제공", "상담", "회유"가 있다. 정보 제공은 홈페이지, 현수막 등으로 정보를 전달하는 것이다. 상담은 주민에게 정보를 제공해서 참여를 권장하고 있으나 그것이 형식적인 경우다. 예를 들어, 이번 공청회는 "몇 명 이상이 참석했으므로 정족수를 충족했기에 … ", "지난 번 간담회를 거쳤으므로 … " 등이다. 회유는 명목 참여 단계이면서도 주민이 영향력을 약간 행사할 수 있다. 주민이 참여한 각종 위원회나 자문회의에서 의견을 제시할 수 있지만 여전히 결정은 정부가 한다.

셋째, 주민 권력 단계는 기존에 권력자 또는 권한을 가진 기관과 협상하면서 주민이 대부분 정책 결정을 할 수 있는 얻는 경우로 주민이 주도하는 단계다. 이를 "협동", "권한 위임", "주민 통제"로 구분한다. 협동은 정부가 최종 결정권을 가지고 있지만 주민은 필요할 때 협상할 수 있을 정도의 상태를 말한다. 권한위임은 주민이 결정적으로 영향력을 행사하는 수준으로 주민이 주도적으로 일을 처리하는 단계다. 주민 통제는 주민 자치가 실질적으로 일어난 단계로 정부나 행정과의 구분이 모호해지는 수준에 이른다. 이런 경우는 특정 마을 안에서 일어나는 거의 모든 일을 주민이 직접 결정해야 하는데 현실적으로 어려움이 있다.

주민참여의 유형은 다양한데 제도의 유무에 따라서 비제도적 주민참여와 제도적 주민참여로 나눌 수 있다. 또는 참여의 주도권에 따라서 분류도 가능하다. 먼저 제도에 따른 구분에서 비제도적 주민참여는 자신의 요구를 강하게 주장하는 "운동"과 "협상" 등으로 교환하거나 거래하려는 노력을 "교섭"이 포함된다. 반대로 제도적 주민참여는 특정한 주민이 기획 단계에 직접 참여하는 "협조", 주민이 행정을 관리하는 기구를 설치 운영하는 "자치"가 있다. 여기서 자치는 자주적 관리를 가리킨다. 이어서 참여의 주도권에 따른 분류는 주민 주도, 정부 주도, 수평, 균형이라는 네 가지로 나누며 수평과 균형이 이상적인 유형이나 정부 주도는 정부와 주민이 수직적이며 주도권은 정부가 가지고 있다. 이밖에도 주민참여는 계획 단계에서 일어날 수도 있고 집행 도중에서도 가능하며 특정한 사업이나 프로그램만 참여하기도 한다.

또한 랭턴(Stuart Langton)은 참여 유형을 네 가지로 나누었는데 첫째, 주민행동은 주민이 주도하고 통제하는 방식으로 주민운동이 포함된다. 둘째, 주민관여(Citizen Involvement)는 정부가 주도하는 가운데 주민이 공청회, 자문위원회 등으로 참여하는 형태다. 셋째, 선거참여는 주민이 선거로 행정을 통제하는 방식이다. 넷째, 의무참여는 법률로 참여가 강제되는 방식으로 배심원제 등이 대표적이다. 짐머만(M. A. Zimmerman)은 자발성을 기준으로 나누었는데 먼저 수동적 참여는 정책 회의 참가, 행정에 관련된 방송 청취 등이며 능동적 참여는 주민발의, 자원봉사 등으로 볼 수 있다.

주민참여의 필요성은 현재 한국 지방자치와 행정에서 더 강조할 것이 없다. 각종 결정 과정에 주민이 참여하도록 정부가 형식적으로나 실질적으로 유도하고 있으며 주민의 협조와 지지를 받아서 원활한 정책 집행을 하려고 한다. 지역 특색이 명확한 곳은 주민의 협조가 중요하며 업종(농업, 어업, 임업 등)에 따라 주민이 공직자보다 더 많은 경험과 지식을 가진 경우도 있다. 정부 입장에서 필요성은 행정 수요의 정확한 파악, 정책의 질적 향상 기대 등이 있고 주민 입장에서 필요성은 주민이 행정 통제에 참여하고 정부의 책임성을 높이는데 기여할 수 있으며 주민 간 이해를 하는데도 중요하다. "주민 간 이해"는 자신의 생각이 다른 사람과 같을 수도 있다는 점을 인식하거나 자신의 생각과 타인의 생각이 상당히 다르다는 점을 아는 것이다. 주민참여의 기회가 많을수록 아무래도 서로 어떤 생각과 행동을 하는지 알 수 있는 기회가 많아진다.

그렇지만 주민참여는 어느 정도 한계가 있다. 첫째, 주민이 참여하면 기존 정책 과정에 변동이 생겨서 저항을 받을 수 있다. 둘째, 주민 수요를 파악하다보면 참여에 무관심하거나 소극적인 사람까지 고려해야 하는데 쉽지 않다. 셋째, 주민참여는 주민 자신의 생업에 종사하다보니 높은 전문성을 가지고 참여하기가 어렵다. 만약 전문성이 있다고 하더라도 그 능력을 주민참여에 집중하기가 힘들다. 넷째, "지역" 정치나 행정에 무관심한 주민이 여전히 적지 않다. 대통령이나 국회의원 같은 전국 단위의 정치, 중앙정부가 전국적으로 수행하는 각종 사업에 관심이 없는 사람도 있는데 "지방"은 더욱 그럴 수 있다. 다섯째, 주민참여가 활발하고 적극적이면 긍정적 효과도 있지만 정부-주민, 주민-주민의 오해와 반목이 생길 여지도 있으며 이기주의적 특성이 나타난다. 같은 동네 주민이라도 찬성과 반대가 나누어질 수 있고 이 때문에 이웃끼리 분쟁이 발생하고 사이가 나빠지기도 한다. 마지막으로 많은 주민은 선거를 넘어서는 다른 참여에 별로 관여하고 싶지 않아 한다. 그것이 자신의 이해관계에 직접적으로 영향을 주지 않으면 제3자적 관점에서 지켜보기만 한다.

주민참여의 기능은 여러 가지다. 행정적 기능에서 첫째, 정보 제공과 수집이다. 정부 홈페이지 정보 공개 게시판, 공지사항 게시판, 고시 공고 게시판이 대표적이다. 둘째, 주민의 이해 조정이다. 개인 또는 단체가 의견을 어떤 형식으로든 교환하면서 조정 노력을 한다. 셋째, 주민에 대한 접근이다. 이것은 정부가 주민의 요구를 파악하거나 정보를 수집할 때를 말하며 온라인과 오프라인 설문 조사가 대표적이다. 넷째, 결정에 관여 기능이 있다. 주민이 "위원"으로 참여하는 경우를 들 수 있다. 기본적으로 모든 정책 결정에 주민참여의 길을 제도적으로나 실질적으로 갖추어야 한다.

지방자치의 핵심은 지방분권과 주민참여라고 말하기도 한다. 지방분권은 보충성의 원리에 따라 중앙정부의 권한을 지방자치단체에 이양해 지역 주민이 근거리에서 행정에 접근할 수 있도록 형식적으로 보장하는 것이다. 주민참여는 주민 자신이 살고 있는 그 지역 행정에 참여해 자기결정권을 실현하는 실질적 내용에 해당된다. 주민참여가 확보되어야 지방자치단체는 행정의 민주성 실현과 책임성도 높일 수 있다.

|제2절| 주민자치에 관한 법률과 제도

1 주민의 권리와 의무

주민자치는 지방자치법에서 비중이 높다. 일단 주민의 자격은 구역에 주소를 가진 사람이며 주민등록으로 알 수 있다. 주민의 권리도 명시되어 있는데 "참여", "이용", "균등 수혜"가 규정되어 있다. 정치행정 참여, 복리후생(시설 등) 이용, 복지 또는 각종 지원을 받을 권리라고 볼 수 있다. 다만, 이것은 주민의 의무라고 설명하는 것보다 어느 정도 선택할 수 있는 권리다. 선거에서 투표를 하는 사람과 안 하는 사람을 보면 쉽게 알 수 있다.

> **지방자치법**
> **[시행 2022. 1. 13] [법률 제17893호, 2021. 1. 12, 전부개정]**
>
> 제16조(주민의 자격) 지방자치단체의 구역에 주소를 가진 자는 그 지방자치단체의 주민이 된다.
> 제17조(주민의 권리) ① 주민은 법령으로 정하는 바에 따라 주민생활에 영향을 미치는 지방자치단체의 정책의 결정 및 집행 과정에 참여할 권리를 가진다.
> ② 주민은 법령으로 정하는 바에 따라 소속 지방자치단체의 재산과 공공시설을 이용할 권리와 그 지방자치단체로부터 균등하게 행정의 혜택을 받을 권리를 가진다.
> ③ 주민은 법령으로 정하는 바에 따라 그 지방자치단체에서 실시하는 지방의회의원과 지방자치단체의 장의 선거(이하 "지방선거"라 한다)에 참여할 권리를 가진다.
> 제18조(주민투표) ① 지방자치단체의 장은 주민에게 과도한 부담을 주거나 중대한 영향을 미치는 지방자치단체의 주요 결정사항 등에 대하여 주민투표에 부칠 수 있다.
> ② 주민투표의 대상·발의자·발의요건, 그 밖에 투표절차 등에 관한 사항은 따로 법률로 정한다.

다만, 주민투표는 주민이 스스로 결정할 수 있는 권리이자 통로라는 점에서 결코 가볍게 볼 수 있는 조항은 아니다. 이미 어떤 안건에 대해서 주민이 투표해서 의결하거나 의견을 묻는 일은 흔하게 있으며 그것의 법률적 효력에 대한 의문을 제기하는 경우가 있기에 투표 절차나 방법 등을 주민 스스로 관심을 가질 필요도 있다.

주민소환에 관한 법률은 선거관리위원회가 관리하며 주민투표소환사무는 공직선거법 규정에 따라 이루어진다.

> **주민소환에 관한 법률(약칭: 주민소환법)**
> **[시행 2021. 3. 9] [법률 제17577호, 2020. 12. 8, 일부개정]**
>
> 제1조(목적) 이 법은 「지방자치법」 제20조의 규정에 의한 주민소환의 투표 청구권자·청구요건·절차 및 효력 등에 관하여 규정함으로써 지방자치에 관한 주민의 직접참여를 확대하고 지방행정의 민주성과 책임성을 제고함을 목적으로 한다. 〈개정 2007. 5. 11.〉

주민소환투표의 청구는 주민 서명으로 소환사유를 서면에 구체적으로 명시해 관할선거관리위원회에 주민소환투표 실시를 청구할 수 있다. 이때 주민소환투표안을 공고한 때부터 그 결과를 공표할 때까지 권한행사가 정지된다.

주민투표사무는 선거관리위원회가 맡으며 지방자치단체장은 주민이 정확하고 객관적 판단과 합리적 결정을 할 수 있도록 정보와 자료를 제공해야 한다.

> **주민투표법**
> [시행 2020. 1. 29] [법률 제16883호, 2020. 1. 29, 일부개정]
>
> 제1조(목적) 이 법은 지방자치단체의 주요결정사항에 관한 주민의 직접참여를 보장하기 위하여 「지방자치법」 제14조의 규정에 의한 주민투표의 대상·발의자·발의요건·투표절차 등에 관한 사항을 규정함으로써 지방자치행정의 민주성과 책임성을 제고하고 주민복리를 증진함을 목적으로 한다. 〈개정 2007. 5. 11.〉
> 제2조(주민투표권행사의 보장) ①국가 및 지방자치단체는 주민투표권자가 주민투표권을 행사할 수 있도록 필요한 조치를 취하여야 한다.

주민투표의 대상은 주민에게 과도한 부담을 주거나 중대한 영향을 미치는 지방자치단체의 주요결정사항으로서 그 지방자치단체의 조례로 정하는 사항이다. 그렇지만 법령에 위반되거나 재판 중인 사항, 국가 또는 다른 지방자치단체의 권한이나 사무 등은 제외된다. 주민투표 청구인대표자는 주민에게 서명을 요청할 수 있으며 투표운동은 찬성 또는 반대하는 행위를 말한다. 주민투표에 부쳐진 사항은 주민투표권자 총수의 3분의 1이상의 투표와 유효투표수 과반수의 득표로 확정된다.

지방자치법에 주민은 조례 제정, 개정, 폐지를 청구할 수 있고 그 절차에 관한 사항은 따로 법률로 정하고 있다. 마찬가지로 규칙 제정, 개정, 폐지 의견도 주민이 의견을 제출할 수 있지만 법령이나 조례에서 벗어나면 제외된다. 만약 의견이 "접수" 된다면 30일 이내에 그 결과를 주민에게 통보해야 하는데, 내용이 어렵거나 복잡하면 30일이라는 시간이 짧을 수 있다.

> **지방자치법**
> **[시행 2022. 1. 13] [법률 제17893호, 2021. 1. 12, 전부개정]**
>
> 제19조(조례의 제정과 개정·폐지 청구) ① 주민은 지방자치단체의 조례를 제정하거나 개정하거나 폐지할 것을 청구할 수 있다.
> ② 조례의 제정·개정 또는 폐지 청구의 청구권자·청구대상·청구요건 및 절차 등에 관한 사항은 따로 법률로 정한다.
> 제20조(규칙의 제정과 개정·폐지 의견 제출) ① 주민은 제29조에 따른 규칙(권리·의무와 직접 관련되는 사항으로 한정한다)의 제정, 개정 또는 폐지와 관련된 의견을 해당 지방자치단체의 장에게 제출할 수 있다.
> ② 법령이나 조례를 위반하거나 법령이나 조례에서 위임한 범위를 벗어나는 사항은 제1항에 따른 의견 제출 대상에서 제외한다.
> ③ 지방자치단체의 장은 제1항에 따라 제출된 의견에 대하여 의견이 제출된 날부터 30일 이내에 검토 결과를 그 의견을 제출한 주민에게 통보하여야 한다.
> ④ 제1항에 따른 의견 제출, 제3항에 따른 의견의 검토와 결과 통보의 방법 및 절차는 해당 지방자치단체의 조례로 정한다.

주민은 일정 인원이 연대 서명해서 지방자치단체의 사무 처리에 대해 감사를 청구할 수 있다. 보통 감사를 청구할 정도의 사안이면 지역주민이 관심을 가지는 쟁점이거나 언론보도 등으로 공익적 차원에서 감사를 청구할 정도로 심각한 사안이다. 그런데 이러한 방법보다 "형사(고발 등)" 사건으로 처리하려는 경향도 나타난다.

> **지방자치법**
> **[시행 2022. 1. 13] [법률 제17893호, 2021. 1. 12, 전부개정]**
>
> 제21조(주민의 감사 청구) ① 지방자치단체의 18세 이상의 주민으로서 다음 각 호의 어느 하나에 해당하는 사람(「공직선거법」 제18조에 따른 선거권이 없는 사람은 제외한다. 이하 이 조에서 "18세 이상의 주민"이라 한다)은 시·도는 300명, 제198조에 따른 인구 50만 이상 대도시는 200명, 그 밖의 시·군 및 자치구는 150명 이내에서 그 지방자치단체의 조례로 정하는 수 이상의 18세 이상의 주민이 연대 서명하여 그 지방자치단체와 그 장의 권한에 속하는 사무의 처리가 법령에 위반되거나 공익을 현저히 해친다고 인정되면 시·도의 경우에는 주무부장관에게, 시·군 및 자치구의 경우에는 시·도지사에게 감사를 청구할 수 있다.

> 제22조(주민소송) ① 제21조제1항에 따라 공금의 지출에 관한 사항, 재산의 취득·관리·처분에 관한 사항, 해당 지방자치단체를 당사자로 하는 매매·임차·도급 계약이나 그 밖의 계약의 체결·이행에 관한 사항 또는 지방세·사용료·수수료·과태료 등 공금의 부과·징수를 게을리한 사항을 감사 청구한 주민은 다음 각 호의 어느 하나에 해당하는 경우에 그 감사 청구한 사항과 관련이 있는 위법한 행위나 업무를 게을리한 사실에 대하여 해당 지방자치단체의 장(해당 사항의 사무처리에 관한 권한을 소속 기관의 장에게 위임한 경우에는 그 소속 기관의 장을 말한다. 이하 이 조에서 같다)을 상대방으로 하여 소송을 제기할 수 있다.

주민소송은 지방자치단체에서 사무 처리를 게을리 했던 사항을 감사 청구한 주민이 그렇게 청구했던 사항의 위법성을 "확실히" 밝혀내면 소송을 제기할 수 있다. 보통 재정 회계 부문의 위법성이 드러났을 때로 개인 권리 이익의 침해와 관계없이 소송 가능하다. 그런데 주민소송 대상이 될 정도의 사건은 구체적이며 위법성 여부를 직관적으로 가리기 어려운 경우가 많고 그 결과가 확정되는데 시간이 걸린다.

주민은 지방자치단체장이나 지방의회 의원을 소환할 권리를 가지는데 그 방법은 법률에 따른다. 보통 소환할 정도의 사건이라면 "형사 소송" 수단으로 처리하려는 경향이 강하며 지역사회에서 커다란 문제가 발생한 경우다.

> **지방자치법**
> **[시행 2022. 1. 13] [법률 제17893호, 2021. 1. 12, 전부개정]**
>
> 제25조(주민소환) ① 주민은 그 지방자치단체의 장 및 지방의회의원(비례대표 지방의회의원은 제외한다)을 소환할 권리를 가진다.
> ② 주민소환의 투표 청구권자·청구요건·절차 및 효력 등에 관한 사항은 따로 법률로 정한다.
> 제26조(주민에 대한 정보공개) ① 지방자치단체는 사무처리의 투명성을 높이기 위하여 「공공기관의 정보공개에 관한 법률」에서 정하는 바에 따라 지방의회의 의정활동, 집행기관의 조직, 재무 등 지방자치에 관한 정보(이하 "지방자치정보"라 한다)를 주민에게 공개하여야 한다.

> ② 행정안전부장관은 주민의 지방자치정보에 대한 접근성을 높이기 위하여 이 법 또는 다른 법령에 따라 공개된 지방자치정보를 체계적으로 수집하고 주민에게 제공하기 위한 정보공개시스템을 구축·운영할 수 있다.
> 제27조(주민의 의무) 주민은 법령으로 정하는 바에 따라 소속 지방자치단체의 비용을 분담하여야 하는 의무를 진다.

주민이 지방자치단체와 지방의회에서 처리하는 수많은 정보를 홈페이지 등에서 찾아볼 수 있으며 이미 정보공개 관련 법률에 따라 공개하고 있다. 과거에는 동사무소 앞 게시판 등에 붙어 있는 공문서나 포스터를 봐야했지만 지금은 인터넷만 연결되면 얼마든지 접속해서 정보를 찾아볼 수 있다. "전자정부" 등이 급격히 발달하고 한국이 부동의 인터넷 강국이라는 점에서 지방자치 관련 정보는 대부분 어렵지 않게 찾을 수 있다. 다만, 그러한 내용을 해석하는 것은 개인의 몫이라는 점을 알아야 한다.

주민은 지방자치단체의 비용을 분담해야 하는데 보통 지방세에 관련된 사항이고 넓게는 납세의 의무와도 관련이 있다는 점에서 의무다.

지방의회 의원이 아닌 사람도 지방의회에서 허가를 받아 방청할 수 있다. 이는 국회도 마찬가지며 "국회 견학" 프로그램을 활용할 수도 있다. 회의는 기본적으로 공개이지만 일정한 절차에 따라 비공개로 할 수도 있으며 당연히 장애인 등에게 편의를 제공해야 하며 이는 기본예절이라고 할 수 있다.

> **지방자치법**
> **[시행 2022. 1. 13] [법률 제17893호, 2021. 1. 12, 전부개정]**
>
> 제69조(위원회에서의 방청 등) ① 위원회에서 해당 지방의회의원이 아닌 사람은 위원회의 위원장(이하 이 장에서 "위원장"이라 한다)의 허가를 받아 방청할 수 있다.

② 위원장은 질서를 유지하기 위하여 필요할 때에는 방청인의 퇴장을 명할 수 있다.
제75조(회의의 공개 등) ① 지방의회의 회의는 공개한다. 다만, 지방의회의원 3명 이상이 발의하고 출석의원 3분의 2 이상이 찬성한 경우 또는 지방의회의 의장이 사회의 안녕질서 유지를 위하여 필요하다고 인정하는 경우에는 공개하지 아니할 수 있다.
② 지방의회의 의장은 공개된 회의의 방청 허가를 받은 장애인에게 정당한 편의를 제공하여야 한다.
제84조(회의록) ① 지방의회는 회의록을 작성하고 회의의 진행내용 및 결과와 출석의원의 성명을 적어야 한다.
② 회의록에는 지방의회의 의장과 지방의회에서 선출한 지방의회의원 2명 이상이 서명하여야 한다.
③ 지방의회의 의장은 회의록 사본을 첨부하여 회의 결과를 그 지방자치단체의 장에게 알려야 한다.
④ 지방의회의 의장은 회의록을 지방의회의원에게 배부하고, 주민에게 공개한다. 다만, 비밀로 할 필요가 있다고 지방의회의 의장이 인정하거나 지방의회에서 의결한 사항은 공개하지 아니한다.

회의록은 일반 회의에서 내용을 기록하듯이 내용을 기록해야 하고 주민은 그 내용을 지방의회 홈페이지에서 살펴볼 수 있다. 정보통신기술의 발달로 "동영상"을 직관(녹화된 것을 시청)할 수도 있다.

지방의회에 청원은 국회 청원(청와대 국민청원이 아니라 청원법에 따른 것)과 마찬가지로 주민은 지방의회 의원의 소개를 받아 청원서를 제출할 수 있다. 다른 법률에서도 명시되어 있지만 청원 시점에 재판 중인 사건은 수리하지 않는다.

지방자치법
[시행 2022. 1. 13] [법률 제17893호, 2021. 1. 12, 전부개정]

제85조(청원서의 제출) ① 지방의회에 청원을 하려는 자는 지방의회의원의 소개를 받아 청원서를 제출하여야 한다.
② 청원서에는 청원자의 성명(법인인 경우에는 그 명칭과 대표자의 성명을 말한다) 및 주소를 적고 서명·날인하여야 한다.
제86조(청원의 불수리) 재판에 간섭하거나 법령에 위배되는 내용의 청원은 수리하지 아니한다.

공익사업은 전국 또는 지역 단위에서 발생하며 "토지"가 대표적이다. 토지소유자만이 아니라 관계인(토지 등에 법률적으로 관련된 사람)도 포함된다.

> **공익사업을 위한 토지 등의 취득 및 보상에 관한 법률**
> **[시행 2021. 7. 6] [법률 제17868호, 2021. 1. 5, 일부개정]**
>
> 제1조(목적) 이 법은 공익사업에 필요한 토지 등을 협의 또는 수용에 의하여 취득하거나 사용함에 따른 손실의 보상에 관한 사항을 규정함으로써 공익사업의 효율적인 수행을 통하여 공공복리의 증진과 재산권의 적정한 보호를 도모하는 것을 목적으로 한다. [전문개정 2011. 8. 4.]

국방, 군사를 비롯해 공익 목적으로 시행하는 수많은 사업(철도, 도로, 배수로, 기상 관측, 지방자치단체 청사, 연구소, 학교, 도서관, 지방공기업, 교량, 이주단지 등)이 있으며 보상액 산정 기준 시점에 공익사업을 인정하면 적정하게 보상받을 수 있다. 이렇게 수많은 사업은 대체적으로 사회간접자본이며 지역적으로도 공공 목적으로 필요한 경우가 대부분이므로 이 법률에 관련해 지역 주민이 관심을 기울일 수밖에 없다.

2 주민참여예산과 주민자치(위원)회

지방재정법에 따르면 지방예산편성 과정에 주민의 참여를 강제하고 있다. 이를 "참여예산(주민참여예산 또는 시민참여예산)"이라고 하며 주민이 직접적으로 지방자치와 행정의 참여를 체감할 수 있는 방법이다. "예산"이라고 하지만 예산은 정책과 불가분의 관계며 예산을 알아야 정책을 알고 정책을 알아야 예산을 안다는 말이 있듯이 참여예산은 실질적 참여의 장이라고 할 수 있다.

> **지방재정법**
> [시행 2021. 1. 1] [법률 제16855호, 2019. 12. 31, 타법개정]
>
> 제39조(지방예산 편성 등 예산과정의 주민 참여) ① 지방자치단체의 장은 대통령령으로 정하는 바에 따라 지방예산 편성 등 예산과정(「지방자치법」 제39조에 따른 지방의회의 의결사항은 제외한다. 이하 이 조에서 같다)에 주민이 참여할 수 있는 제도(이하 이 조에서 "주민참여예산제도"라 한다)를 마련하여 시행하여야 한다. 〈개정 2015. 5. 13., 2018. 3. 27.〉
> ② 지방예산 편성 등 예산과정의 주민 참여와 관련되는 다음 각 호의 사항을 심의하기 위하여 지방자치단체의 장 소속으로 주민참여예산위원회 등 주민참여예산기구(이하 "주민참여예산기구"라 한다)를 둘 수 있다. 〈신설 2018. 3. 27.〉
> 1. 주민참여예산제도의 운영에 관한 사항
> 2. 제3항에 따라 지방의회에 제출하는 예산안에 첨부하여야 하는 의견서의 내용에 관한 사항
> 3. 그 밖에 지방자치단체의 장이 주민참여예산제도의 운영에 필요하다고 인정하는 사항
> ③ 지방자치단체의 장은 주민참여예산제도를 통하여 수렴한 주민의 의견서를 지방의회에 제출하는 예산안에 첨부하여야 한다. 〈개정 2014. 5. 28., 2018. 3. 27.〉
> ④ 행정안전부장관은 지방자치단체의 재정적·지역적 여건 등을 고려하여 대통령령으로 정하는 바에 따라 지방자치단체별 주민참여예산제도의 운영에 대하여 평가를 실시할 수 있다. 〈신설 2015. 5. 13., 2017. 7. 26., 2018. 3. 27.〉
> ⑤ 주민참여예산기구의 구성·운영과 그 밖에 필요한 사항은 해당 지방자치단체의 조례로 정한다. 〈신설 2018. 3. 27.〉

주민참여예산 운영에 관한 사항은 지방자치단체마다 약간 차이가 있지만 대체로 주민이 원하는 내용을 적은 제안서를 받는 접수 기간이 있고 이를 시민이 의논해서 처리하는 기간이 있으며 마지막 단계에서 "투표(주민참여예산 총회)"를 거쳐서 최종적으로 안건을 선정해 지방의회로 송부한다. 예를 들어, 1,000건이 접수되면 각 분과에서 주민이 직접 심의하고 300건 정도를 최종 단계에 상정하면 주민이 참여하는 총회 투표로 100건 정도를 최종 확정한다. 이를 지방자치단체장은 "수정 없이" 지방의회로 보낸다. 참여예산 운영을 행정안전부에서 평가하기도 하지만 기획재정부에서 관심을 기울이는 분야이기도 하다.

2021년 기준 주민참여예산 조례는 341건으로 지방자치단체마다 운영 방식의 차이는 있지만 공통적으로 참여예산은 시민이 일상에서 느끼는 불편 해소, 편익 증진을 목적으로 주민이 직접 지방자치단체 예산 사업의 제안·심사·선정 과정과 내용에 직접 참여한다는 점

이 핵심이다. 아울러 참여예산이 잘 집행되었는지 확인하는 과정 등 재정 운영 투명성과 재원 배분 공정성을 제고하는 참여 민주주의 수단이다. 시민 또는 단체가 신규 사업 그리고 단년도 예산사업(소규모 시민 생활밀착형 사업)을 직접 발굴·제안한다는데 커다란 의미가 있다. 이 과정에서 공무원은 회의 진행 등 절차에 대한 안내만 하고 실질적 결정이나 논의는 모두 참여예산 시민위원이 한다는 점에서 공식적이면서도 실제적인 주민자치라고 할 수 있다.

매우 다양한 사업이 제안되는데 CCTV 설치, 어린이 보행로 개선, 도포 포장 보수, 화단 가꾸기, 무단횡단 방지 울타리 설치, 공용 와이파이 확대, 어르신 돌봄 서비스 강화 등 지역사회에서 경험할 수 있는 사실상 모든 제안(불편 또는 아이디어)을 모두 검토하고 예산에 반영하려고 노력한다(김영재, 2020).

참여예산과 더불어 주민자치(위원)회는 주민자치의 시험장이자 일정한 대표성을 확보하고 있는 집단이라고 할 수 있다. 현재 주민자치위원회에서 주민자치회로 점차 발전하고 있는 단계이므로 아직 주민자치위원회와 주민자치회가 동시에 존재한다.

먼저 주민자치위원회는 1990년대 지방자치의 실질적 부활로 지방행정은 중앙정부로부터 일정 부분 독립해야 한다는 의식이 생기고 지역 주민이 주민자치위원회를 운영한 것이 시초다. 그 설치 근거는 "주민자치센터(자치회관 등으로 불리기도 한다)"로 1998년 김대중 정부에서 추진한 읍면동 기능 전환 정책의 산물이라고 할 수 있다. 당시 읍면동 기능 중 중복되는 기능을 시군구로 이관하면서 생긴 여유 공간과 인력을 활용해 주민자치센터를 설치 운영하도록 했다. 지역공동체 향상, 서비스 기능 수요 증가, 공동 문제해결과정에 자발적 참여 증진 등의 목적으로 2000년에 전국으로 설치를 확대했다. 당시 법률적 근거는 "헌법, 지방자치법, 주민자치센터 설치 및 운영 조례"였다. 주민자치센터는 주민자치, 문화여가, 지역복지, 주민편익, 시민교육, 지역사회진흥 기능을 맡아왔다.

주민자치센터는 각종 문화, 복지, 편익시설과 프로그램을 말하며 비영리목적으로 각종 직능, 자생, 취미, 동호회 등의 조직을 "단체"라고 명시하고 있다. 문화행사, 취미교실, 평생교육, 회의장, 생활정보제공, 내 집 앞 청소하기, 불우이웃돕기 등의 기능이 있으며 자원봉사자, 강사, 사용료, 이용 등이 명시되었다. 이때 군수와 읍면장은 주민참여 방안을 적극적으로 강구해야 하며 수당(실비)를 지급할 수 있다. 주민자치위원회는 자치센터 설치 운영, 주민 문화 복지 편익 증진, 자치활동 강화, 지역공동체 형성 등 사항을 심의한다. 15인 이상 25인 이내로 구성하며 읍면장은 덕망 있는 자를 위원으로 위촉하며 여성위원의 참여를 적극 장려해야 한다. 이 조례에 위원장, 간사의 직무가 규정되어 있으며 회의(정기회의 월 1회 개최 등), 회의록 작성과 비치, 실비보상(위원은 무보수 명예직), 운영 세칙 제정 등이 포함되었다.

초기 대부분 지방자치단체는 중앙정부의 표준조례안을 그대로 사용했고 추천과 공모 방식을 병행한 위촉 형태였다. 봉사정신이 강한 사람을 중심으로 위촉했지만 위원 개인의 전문성에 대한 부분은 명시되지 않았다. 주민자치위원회의 기능은 위원 등의 역량과 상황에 따라 다소 차이는 있지만 지역공동체 조직으로 역할을 해왔으며 지방자치단체(행정)과 협의하는 위치에 있다. 더 넓게 보면 지역 교육의 추진 주체 성격도 있으며 지역 봉사와 깊은 관련이 있다. 2020년 기준 전국 주민자치위원은 총 68,177명으로 남성(41,265명), 여성(26,912명)으로 집계되었다. 자영업(23,296명), 농축어업(9,995명), 직능민간단체(8,807명), 통리반장(5,066명), 회사원(4,969명), 전문직(2,855명), 기타(13,189명)으로 구성되어 있다.

2019년 12월 31일 기준 주민자치센터는 "주민자치센터, 자치회관, 주민자치회, 자치센터, 주민회관, 기타"로 불리고 있다. 전체 프로그램 개수는 45,038개로 경기도가 가장 많으며 프로그램 안에서는 문화여가〉시민교육〉지역복지〉주민자치〉지역사회진흥〉주민편익으로 나타났다. 이용자 규모별 프로그램 현황으로는 1일 평균 11~20명이 가장 많았고 자원봉사자는 전국 17,699명(여성〉남성)이며 프로그램 운영보조를 맡는 경우가 가장 많았다.

주민자치회는 2012년 대통령 직속 '지방행정체제개편추진위원회'에서 읍면동 단위 주민자치회를 제안해 실질적인 주민자치와 민관협치 기구로 제안해 시범 실시를 추진했다. 2019년 기준 주민자치회 시범실시 지역은 서울 80, 부산 4, 대구 1, 인천 4, 광주 17, 대전 8, 울산 2, 세종 1곳으로 광역 도에서 경기 29, 강원 20, 충북 1, 충남 26, 전북 2, 전남 15, 경북 2, 경남 2곳이다.

「지방자치분권 및 지방행정체제개편에 관한 특별법」에서는 지방자치분권과 지방행정체제 개편을 종합적·체계적·계획적으로 추진, 기본원칙·추진과제·추진체제 등을 규정해 성숙한 지방자치 구현, 지방 발전, 국가 경쟁력 향상 도모, 삶의 질 제고를 목적으로 규정하고 있다. 이 특별법에서 지방자치분권, 지방행정체제, 지방자치단체 통합, 통합 지방자치단체를 정의하고 있으며 국가와 지방자치단체의 책무가 명시되어 있다. 이 특별법에서 정의하는 자치분권의 기본이념에 "주민의 자발적 참여"를 언급하고 있으며 자치분권위원회의 설치와 관련해 "위원회는 자치분권 정책에 관하여 일반국민이 참여할 수 있는 환경을 조성하여야 한다"고 규정하고 있다(김영재, 2021).

지방자치분권 및 지방행정체제개편에 관한 특별법(약칭: 지방분권법)
[시행 2021. 1. 1.] [법률 제16855호, 2019. 12. 31., 타법개정]

제1조(목적) 이 법은 지방자치분권과 지방행정체제 개편을 종합적·체계적·계획적으로 추진하기 위하여 기본원칙·추진과제·추진체제 등을 규정함으로써 성숙한 지방자치를 구현하고 지방의 발전과 국가의 경쟁력 향상을 도모하며 궁극적으로는 국민의 삶의 질을 제고하는 것을 목적으로 한다.
제15조(주민참여의 확대) ① 국가 및 지방자치단체는 주민참여를 활성화하기 위하여 주민투표제도·주민소환제도·주민소송제도·주민발의제도를 보완하는 등 주민직접참여제도를 강화하여야 한다.
② 국가 및 지방자치단체는 주민의 자원봉사활동 등을 장려하고 지원함으로써 주민의 참여 의식을 높일 수 있는 방안을 마련하여야 한다.
제27조(주민자치회의 설치) 풀뿌리자치의 활성화와 민주적 참여의식 고양을 위하여 읍·면·동에 해당 행정구역의 주민으로 구성되는 주민자치회를 둘 수 있다.
제28조(주민자치회의 기능) ① 제27조에 따라 주민자치회가 설치되는 경우 관계 법령, 조례 또는 규칙으로 정하는 바에 따라 지방자치단체 사무의 일부를 주민자치회에 위임 또는 위탁할 수 있다.
② 주민자치회는 다음 각 호의 업무를 수행한다.
1. 주민자치회 구역 내의 주민화합 및 발전을 위한 사항
2. 지방자치단체가 위임 또는 위탁하는 사무의 처리에 관한 사항
3. 그 밖에 관계 법령, 조례 또는 규칙으로 위임 또는 위탁한 사항
제29조(주민자치회의 구성 등) ① 주민자치회의 위원은 조례로 정하는 바에 따라 지방자치단체의 장이 위촉한다.
② 제1항에 따라 위촉된 위원은 그 직무를 수행할 때에는 지역사회에 대한 봉사자로서 정치적 중립을 지켜야하며 권한을 남용하여서는 아니 된다.
③ 주민자치회의 설치 시기, 구성, 재정 등 주민자치회의 설치 및 운영에 필요한 사항은 따로 법률로 정한다.

> ④ 행정안전부장관은 주민자치회의 설치 및 운영에 참고하기 위하여 주민자치회를 시범적으로 설치·운영할 수 있으며, 이를 위한 행정적·재정적 지원을 할 수 있다.

이 특별법에서 주민참여 확대는 국가와 지방자치단체의 역할이며 "자원봉사활동"을 장려하고 지원해 주민 참여 의식을 높여야 한다고 명시되어 있다. 주민자치회를 읍면동 해당 행정구역에 "둘 수 있다"고 규정되어 있으며 법령, 조례, 규칙에 정하는 바에 따라 지방자치단체 사무의 "일부"를 위임 또는 위탁할 수 있다. 주민자치회의 업무는 구역 내 주민화합과 발전에 관한 사항, 위임 또는 위탁하는 사무 처리, 기타 사항이며 조례에 따라 위원을 지방자치단체장이 위촉한다. 위촉된 위원은 정치적 중립과 권한 남용을 하면 안된다. 주민자치회 설치, 시기, 구성, 재정은 "따로 법률"로 정하며 행정안전부장관은 "시범적으로" 설치 운영 "할 수 있으며" 행정 재정적 지원을 할 수 있다.

2020년 주민자치회 표준조례안에서 변경된 사항을 살펴보면, 제5조(기능)은 주민자치 업무, 협의 업무, 수탁 업무가 있으며 주민자치회 정수는 최소 30명 이상으로 구성한다. 위원의 자격은 만 18세 이상의 사람으로 외국인등록대장에 올라 있는 사람도 위원이 될 수 있다. 시장, 군수, 구청장과 주민자치회는 주민에게 위원 공개 모집 사실을 설명회 방식으로 홍보할 수 있으며 간사와 사무국 근무자에게 예산 범위 안에서 실비와 수당을 지급할 수 있고 자원봉사자에게 실비를 지급할 수 있다고 규정되어 있다. 주민자치회 감사는 주민자치회와 주민총회에 감사결과를 보고 제출해야 하며 연 1회 이상 주민에게 공개해야 한다. 주민총회는 연 1회 이상 개최하며 주민자치회에서 의결된 안건을 상정한다. 다만, 필요한 경우는 주민자치회 의결에 따라 개최횟수를 조정할 수 있다. 정기회의는 월 1회 개최할 수 있는데 지역 여건에 따라 자율 결정이 가능하다. 시장, 군수, 구청장은 주민자치회가 주민참여예산기구, 도시재생주민협의체 등 주민참여 기구를 대체하거나 연계될 수 있도록 노력해야 하며 온라인 참여 여건을 조성하는 등의 참여 촉진 노력을 해야 한다.

이 표준조례 개정안에 따르면 "위원의 선정"은 주민자치교육과정을 이수(최소 6시간)해야 하며 "추첨"으로 정한다. 이때 예비후보자를 선정하고 위원 정수에서 결원이 발생하면 예비후보자 순서대로 위촉한다. 추첨할 때는 추첨 운영 위원회를 구성하며 세부적인 사항은 운영세칙으로 정한다. 주민을 대상으로 시장, 군수, 구청장은 주민자치회 위원 공개 모집 사실을 설명회 방식으로 홍보할 수 있다. 주민자치회장, 간사, 사무국, 감사, 분과위원회로 구성된다. 자치회장은 주민자치회를 대표하며 간사의 선임, 사무국 설치와 사무를 처리하게 할 수 있다. 주민총회는 주민자치회에서 의결된 안건을 상정하며 참석 주민 과반수의 찬성으로 의결한다. 읍면동 행정사무에 대한 의견제시, 다음연도 자치(마을)계획안, 주민참여예산 편성안, 기타 현안을 안건으로 하며 주민총회 1개월 전부터 홍보해야 한다.

지방자치단체는 주민자치회에 행정적 지원, 전년도 주민세의 징수액에 상당하는 예산으로 재정적 지원을 할 수 있으며 시장, 군수, 구청장은 주민참여기구를 대체하거나 촉진하도록 노력해야 하며 온라인 참여 여건을 조성하고 촉진하는 노력을 해야 한다. 주민자치회 위원과 주민의 자질 함양과 역량 강화 교육 시책을 수립 시행해야 하며 주민자치회는 관계기관 등과 협조를 요청할 수 있다.

|제3절| 주민자치의 역할과 한계

1 주민자치의 역할과 발전 방향

주민자치는 이미 오래 전부터 그 중요성과 역할을 많은 사람이 이해하고 있지만 교과서에서 설명하는 수준까지 도달하기가 쉽지 않다. 먼저 주민통제를 주민자치에서 다루는 이유는 지방의회와 지방자치단체를 모두 견제할 수 있는 유일한 존재이기 때문이다. 물론 중앙정부나 다른 공공기관이 통제나 견제를 할 수 있지만 가장 현실적으로 체감할 수 있는 방법은 바로 주민통제다. 주민통제라는 단어가 "무언가를 못하게 막는 것"처럼 느낄 수도 있지만 사실은 주민이 잘못된 부분이나 고칠 점을 견제하고 지적한다는 의미에 가깝다.

주민통제는 정부가 주민과 약속한 책임을 성실하게 이행하도록 보장하는 과정이다. 보통 지방자치의 정당성, 행정의 합법성 차원에서 민주적 정치적 통제의 의미를 가지고 있다. 주민통제의 특징은 지방 정부 외부에서 일어나는 행위로 정부 내에서 이루어지는 감사나 감독과 다르다. 주민 다수가 정치적으로 통제하기에 전문성을 가지고 기능을 통제하는 것과 구별된다. 하향식으로 이루어지는 통제가 아니라 아래에서 위로 일어나는 상향식 구조를 가지고 있다. 주민통제는 비공식적 특성을 지니고 있기에 법률에서 규정한 것과 구별된다.

주민은 선거권을 행사해서 간접적으로 통제할 수 있다. 예를 들어, 지방의회 의원이나 공무원이 법령을 위반하거나 직권을 남용하는 등의 문제가 생기면 선거에서 지지를 받지 못할 것이라는 통념이 작용해 투표로 간접적 통제 기능을 한다는 의미다. 직접적 통제 방법은 법률이나 조례에 명시된 경우가 많다. 이렇게 명시되는 내용은 주로 감사청구, 주민소송, 주민청구, 주민발안, 주민소환, 주민투표 등이 있다. 또는 정당이나 이익집단이 지방행정을 통제할 수도 있다. 이는 주민이 정당이나 이익집단을 거쳐서 진행되기도 하며 정당이나 이익집단이 독자적으로 할 수도 있다. 이런 단체는 이익을 결집하고 여론을 주도할 수 있는 역량을 가지고 있으므로 결코 무시할 수 없다. 지역 주민의 여론과 언론에서 통제하는 일도 적지 않다. 주민 여론은 "의외로" 지방 의회나 정부(지방자치단체)에 "신속하게 전달"되며 공식적으로나 비공식적으로 알려진다. 언론은 전국 단위의 언론도 있지만 "지역 신문"도 많은 영향력을 행사할 수 있다. 지역 신문(사)의 모든 기자는 지역 사정에 정통하고 다양한 사람을 알고 있으므로 취재하면서 여론을 수집하고 전파하는 능력이 있다.

주민통제의 요건은 첫째, 사회적 다원성이 있다. 이는 지역 사회에서 영향을 거의 받지 않는 주민 조직이 있다는 뜻이다. 만약 지역 사회 내에 모든 조직이 지방 정치나 행정에 영향을 받으면 통제할 수 있는 여지가 사라진다. 최근 매우 다양한 조직이 온라인과 오프라인에 퍼져 있으므로 다원성은 과거보다 더욱 강화되었다. 둘째, 기본적 합의는 일반 상식으로 생각할 수 있는 다수결 원칙, 상호 입장이 조정될 수 있다는 믿음, 서로 생각이 다를 수 있다는 입장 차이에 대한 이해 등이라고 할 수 있다. 만약 기본적 합의조차 없다면 지역이기주의나 정부-주민 불신은 깊어질 수밖에 없다. 셋째, 사회적 교화는 사회를 유지하는 기본 윤리, 규범, 관습, 문화, 양식 등을 가르치고 배우는 과정이다. 지역 사회에서도 고유의 규범이나 관습이 여전히 존재하고 있으므로 이를 잘 가르치고 배우는 과정은 무척 중요하며 신도시나 신시가지가 생길 때 이를 어떤 식으로 알리고 교육해야 하는지도 한번쯤 고민할 필요가 있다. 지역 내 일반적인 윤리나 규범에서 벗어난 행동을 정치나 행정 구성원이 한다면 그것을 제어할 수 있는 수단이라고 할 수 있다.

그 가운데 "민원"은 매우 편리하게 지방의회와 지방자치단체 등을 견제할 수 있는 도구일 뿐만 아니라 정책 제안 등을 같이 할 수 있다는 점에서 주민자치에서도 중요한 수단이다.

민원 처리에 관한 법률(약칭: 민원처리법)
[시행 2017. 7. 26.] [법률 제14839호, 2017. 7. 26., 타법개정]

제1조(목적) 이 법은 민원 처리에 관한 기본적인 사항을 규정하여 민원의 공정하고 적법한 처리와 민원행정제도의 합리적 개선을 도모함으로써 국민의 권익을 보호함을 목적으로 한다.
제2조(정의) 이 법에서 사용하는 용어의 뜻은 다음과 같다.
  1. "민원"이란 민원인이 행정기관에 대하여 처분 등 특정한 행위를 요구하는 것을 말하며, 그 종류는 다음 각 목과 같다.
    가. 일반민원
    나. 고충민원: 「부패방지 및 국민권익위원회의 설치와 운영에 관한 법률」 제2조제5호에 따른 고충민원

지방자치에서 민원인은 대체로 주민이나 지방자치단체 등에서 제공하는 재화를 이용하는 사람을 말한다. 민원인은 행정기관에 민원을 신청하고 신속·공정·친절·적법한 응답을 받을 권리가 있다. 민원인은 민원 처리 담당자의 적법한 민원처리 요청에 협조하고 행정기관에 부당한 요구를 하거나 다른 민원인에 대한 민원 처리를 지연하는 등의 공무를 방해하면 안 된다. 정보 보호 등 민원 처리의 원칙은 까다로운 편이며 불필요한 것을 요

구할 수 없고 약자에 대한 편의도 제공해야 한다. 이뿐만 아니라 「부패방지 및 국민권익위원회의 설치와 운영에 관한 법률」에 따라 국민권익위원회도 민원을 받아서 개선과 규제를 할 수 있다는 점에서 주민이 스스로 권리를 보호받을 수 있다. 특히, 민원서식의 글자가 작아서 불편하다는 지적에 따라 큰 글자 서식으로 개편하는 등 사소하지만 민원인의 입장을 이해하려는 노력을 진행하고 있다.

출처 : 행정안전부 홈페이지(2021).

[그림] 민원 서식 큰 글자로 개편

주민자치위원회와 주민자치회는 중앙정부 주도로 이루어진 측면이 있지만 모두 지방자치와 밀접하고 지역 공동체 향상 등의 중요한 목적을 가지고 있다. 주민자치센터(자치회관)에서 실시하는 각종 프로그램은 지역 주민의 수요를 반영하고 있으며 여기서 담당하는 교육의 질도 시간이 갈수록 높아진다는 점에서 발전하고 있다.

주민자치위원이 전국에 7만 명에 이르고 있고 주민자치센터 이용자와 자원봉사자도 적지 않아서 "위원 역량 강화 교육"뿐만 아니라 지역 주민을 대상으로 지방 자치 관련 교육이나 일상에 필요한 정보를 안내할 수 있는 조건을 갖추고 있다. 주민자치회는 구역(장소)의 중요성에 주목하며 주민이 각종 발전 방안을 발굴, 협력, 구현하고 있다.

❷ 주민자치의 한계와 극복 방안

지역이기주의는 주민참여에서 가장 심각한 문제라고 할 수 있다. 이는 특정 지역 주민이 국가 또는 사회의 이익보다 지역의 이익을 우선시하는 현상이다. 인간 존엄성과 개성을 중시하는 개인주의와 나의 이익만을 추구하는 이기주의가 구별되듯이 지역주의와 지역이기주의는 다르다. 지역주의는 지역의 특수성에 맞게 주민의 애향심을 바탕으로 지역 발전을 이루려는 것인데 반해 지역이기주의는 지역의 이익만을 배타적으로 주장하려는 부정적 측면을 지칭한다. 개인주의에 따른 개인 간 경쟁으로 사회가 발전하듯이 지역주의는 각 지역의 경쟁이 국가 발전에 밑바탕이 되도록 한다는 점에서 지역주의는 필요하다. 그러나 배타성과 편협성을 가진 지역이기주의가 널리 퍼지면 국가 전체의 발전을 이루기 어렵다.

주민 공동의 이익을 극대화하고 지역 발전을 하려는 지역주의가 지나치면 지역 혐오 시설 기피(님비 현상) 또는 지역 유치 시설을 옹호(핌피 현상)으로 나타난다. 이에 지역주의와 지역이기주의의 경계가 모호하다는 한계도 있다. 특히, BANANA(Build Absolutely Nothing Anywhere Near Anybody) 현상이란 '어디에든 아무것도 짓지 말라'라는 표현은 우리 지역에 불편한 시설은 절대 설치해서는 안 된다는 뜻이다. 지역이기주의는 사회문제로 확산되는 경우가 많으며 지역 내에서도 이해관계의 미묘한 차이가 있으며 지역 밖의 기관이나 단체가 관련된 경우라면 복잡하다. 또한 과학적 근거나 객관적 정보를 믿지 않으려는 태도와 서로 다른 근거를 내세우며 주장하는 경우 주요 논점이 흐려지는 일도 빈번하다. 미래에 어떤 영향을 미칠 것인지는 불확실하기에 불안감을 유발하는 원인이 되기도 한다. 이에 정부에서 해결하기 곤란하며 문제가 장기화되는 경우 주민끼리 불신이 깊어지고 어느 누구도 이 일을 적극적으로 처리하지 않고 "시간만 보내면" "이도 저도 아닌 상태"가 되어 버린다. 대체로 사람이 꺼리는 시설은 특정 지역에 손해지만 사회 전체로 보면 이익일 때가 많다는 점에서 해당 지역 주민과 그렇지 않은 주민의 입장 차이도 분명하다. 이는 시설물 설치만이 아니라 "계획"을 반대할 때도 해당된다. "제한 구역", "보호 구역", "개발 제한"와 관련된 계획이 시행된다는 소식을 들으면 지역 주민이 반발할 가능성이 높다. 이에 대한 극렬한 반대도 일종의 지역이기주의라고 할 수 있다.

그런데 그러한 지역이기주의를 납득할 수 있기도 하다. 많은 사람이 피하는 시설은 인체에 위험이 있을 수 있고 장기적으로 불편을 주며 그 시설이 들어오면서 발생하는 부정적 파급효과도 있을 수 있다. 이에 적절한 보상이 없으면 당연히 주민은 반대한다. 정부에서 계획 발표나 입지 선정 등을 잘못하는 절차 문제가 발생하면 주민은 반발한다. 예를 들어, 주민이 배제된 채 정책 결정이 진행되었다면 그 자체를 문제 삼을 수 있고 지역 주민이 감당할 피해에 비해서 보상이 적정하지 않아도 문제가 된다. 지역이기주의가 지역 간, 지역 내에서 심해지면 주민자치는 멀어지고 주민 개인끼리 갈등이 더 증폭된다.

주민자치 활동 전반에 걸쳐서 젊은 연령층의 참여가 매우 저조하다는 점도 장기적으로 한계점이다. 예를 들어, 주민자치회의 대표성을 확보할 수 있도록 연령층의 배분도 필요하지만 생업에 몰두해야 하는 경우가 대부분이므로 억지로 배분한다고 해서 완전히 이 문제를 해결하기도 어렵다. 또한 "왜 이런 활동을 해야하는가?", "이 활동을 하면 무엇이 나에게 좋은가?" 등에 물음에 대한 답변을 체계적으로 준비해야 중장기적으로 주민자치 활동을 유지할 수 있다.

주민자치의 한계를 극복하는 방안으로는 지방자치행정에서 지역 관련 직능단체(새마을협의회, 방위협의회, 자선단체 등)는 일선 공무원과 협조해 "소리 소문 없이" 봉사한다. 봉사의 범위는 매우 다양한데 쓰레기 줍기, 취약 지역 안전 순찰, 화단 가꾸기, 캠페인 참여 등이 있다. 이들의 협조 없이는 자치행정의 유지와 발전이 어렵다는 점을 인식하고 협업 방안을 계속 찾을 수 있어야 한다. 지역 주민과 위원에게 지역 관련 직능단체가 무엇이 있는지부터 알려주어야 하고 이러한 단체가 계승될 수 있도록 많은 관심이 필요하다. 아울러 우수사례 활성화 방안과 홍보를 강화해야 하며 온라인 회의나 교육 방법을 활용해 주민의 관심을 유도해야 한다. 또한 마을공동체, 도시재생, 주민 동아리 결성 등은 주민의 관심을 모으고 동네 발전에 이바지하고 있다.

자원봉사활동 기본법에 따르면 "민관 협력"의 기본 정신을 강조하고 있으며 자원봉사센터가 전국에 널리 설치되어 있고 국가와 지방자치단체는 이를 권장하고 지원해야 한다. 그렇기 때문에 자원봉사의 개념을 주민자치와 결합하는 방안을 적극적으로 검토할 필요가 있다.

생각해보기

"이번 지방자치법 전부개정을 통해 주민자치의 법률적 제도 도입이 이뤄질 것으로 기대하였으나 마지막 국회 입법 과정에서 삭제된 점은 주민자치에 대한 국회의원들의 인식이 얼마나 미흡한지 알 수 있다"며 "개정된 지방자치법을 보더라도 법1조에서 '지방자치단체의 종류와 조직 및 운영, 주민의 지방자치 행정 참여에 관한 사항, 국가와 지방자치단체 사이의 기본적인 관계'를 정하는 것에 한정되었을 뿐이지 주민자치 패러다임 전환에 대한 내용은 없다"고 설명했다.

"주민자치의 첫 번째 과제는 주민자치위원회와 주민자치회의 혼돈된 상황을 법적으로 정리하는데 있다. 주민자치의 본질적 기능을 담을 수 있는 지속적인 수정과 보안이 필요한데, 이를 위해서는 주민자치의 재정적 자립과 자율성 확보 등 법적 보장이 뒷받침되어야 한다. 더불어 주민이 주인이 돼 주요 의결사항을 결정하도록 주민자치회의 세분화와 행정 시스템과의 조화로운 조합이 필요하다"고 전했다.

"주민자치 현장의 중요성을 인식하는 것이 우선적으로 필요하다. 행정이 현장을 따라가지 못하는 경우 지역별 특성과 다양성을 반영하기 위한 지혜를 모을 필요가 있다. 제21대 국회에서는 지난해 정기국회 회기 동안 지방자치법 전부개정안이 소관 상임위인 행정안전위원회에서 심도 있게 논의되었다. 주민조례발안, 주민감사청구 요건 완화, 지방의회 인사권독립, 정책전문인력 도입 등 많은 부분이 반영되어 지방자치법 개정이 이뤄졌으나 안타깝게도 주민자치회와 관련된 조항은 삭제되고 말았다. 현재 국회에서 발의된 3건의 지방자치법 일부개정법률안 중 어느 것이 통과되더라도 표준조례안은 더욱 세분화, 고도화될 필요가 있다. 따라서 대대적인 풀뿌리 주민자치를 위한 주민총회, 주민자치회 설치 및 운영에 큰 변화가 예상된다"고 전망했다.

"1990년대와 2000년 초에도 주민공동체 조직 활성화의 필요성을 인식하고 마을공동체 개념으로 주민의 적극적인 참여를 유도한 바 있다. 물론 주민자치에 관한 별도의 법제정이 필요하지만 입법에 대한 부담감도 존재한다. 정치권에서는 주민자치회가 거대 조직으로 변형되는 점을 우려하기도 한다. 따라서 주민에 관한 독립법안 안에 주민자치회가 들어갈 수도 있겠으나 주민자치회만 특정해서 개별법으로 만들기보다 면밀한 연구와 합의를 통해 개선된 법안을 만들 필요가 있다"고 주장했다.

"주민자치의 패러다임이 바뀌고 있음을 감지할 수 있다. 지방자치를 주도하는 행정, 국회, 시도의회, 학계나 전문가들은 주민자치에 대한 기대와 더불어 빠른 변화에 대응하는 중이다. 그렇지만 현장에서는 계속되는 시행착오를 겪는 게 엄연한 현실이다. 결국에는 주민의 자발적이고 주체적인 참여를 통한 풀뿌리 민주주의 구축에는 실패하는 안타까운 현실이다. 국회에 발의된 주민자치회법 관련 내용에 주민의 입장으로 '주민이 자치할 수 있는 회'가 입안돼 현장의 어려움을 해소해 주시길 바란다"라고 주문했다.

출처: 중앙일보(2021.02.23.). "주민자치 패러다임 전환으로 마을 단위 공화국 실현".

질문) 주민자치가 강해지면 내가 살고 있는 동네에 어떤 변화가 생길까?

제13장 거버넌스

거버넌스를 미리 알아보기

● 광화문1번가
국민 참여와 소통을 유도하는 곳이다.
www.gwanghwamoon1st.go.kr

● 한국관광 데이터랩
관광 특화 데이터와 분석 서비스를 제공하는 곳이다.
https://datalab.visitkorea.or.kr

● 대한민국 구석구석
한국관광공사가 운영하는 국내 여행 정보 포털이다.
https://korean.visitkorea.or.kr

    거버넌스는 여러 단어와 결합해서 사용하기도 하는데 이 부분에서는 "지방 거버넌스(Local Governance)"라는 의미와 가깝다. 지방자치행정에서 거버넌스는 민관 협력으로 부르기도 하며 "민관 협치"라는 용어로 사용하기도 한다. 이렇게 거버넌스는 여러 주체가 공통의 목표를 두고 협력하는 과정을 포괄적으로 아우르는 개념이라고 할 수 있다. 거버넌스의 개념화와 등장 배경을 살펴보고 관련 법률이나 조례를 검토한다. 그 다음 지방 거버넌스 사례와 발전 방향을 제언하는 형태로 서술하고자 한다.

|제1절| 거버넌스의 개념화와 등장 배경

거버넌스 개념의 매력은 포괄성이다. 포괄성은 개념을 한 가지 의미로 정할 수 없다는 뜻이다. 과거와 같이 정부(Government)라는 한정된 영역에서 벗어나 다양한 조직과 시민단체 등과 협력해 사회를 관리하는 방법은 비교적 최근에 등장했다. 거버넌스는 수직적 권위보다 수평적 관계를 중시하며 행정 업무 수행을 정부로 제한하지 않고 사회의 다양한 정책 관련 집단을 포함한 정책공동체가 능률적으로 정책을 전개하는 방법이라고 볼 수 있다. 거버넌스는 국가와 사회의 권력 관계의 다양한 차원을 고려한 개념이라고 할 수 있다(류지성, 2019).

거버넌스는 학문적으로나 실무적으로 자주 언급되는 개념으로 2000년대 이후 한국 행정 분야에서 자주 사용하는 용어다. 어원적으로는 거버넌스는 '다스리다' 또는 '통치하다'라는 의미며 이는 행정(정부)의 뜻과 크게 다르지 않다. 지방자치단체에서 거버넌스를 '협치(協治)'라고 부르기도 하는데 통일된 용어 사용이 아직도 안 될 때가 있다. 이처럼 '거버넌스의 개념이 이것'이라고 명확하게 말하기는 쉽지 않다. 시민단체나 기업의 영향력이 커지면서 사회가 복잡해지면서 정부 역할의 재정립이 필요하면서 등장했다. 과거에는 정부가 독자적으로 정책을 수립하고 집행했지만 이제는 그렇게 집행하기 어려운 부분도 많다. 거시적으로는 한국 행정(정부) 개혁 흐름, 정보통신기술의 급격한 발달로 정부가 환경 변화에 적응하는 가운데 등장한 개념이라고 할 수 있다. 정부와 시민 관계를 재정립하려는 노력, 국민에게 필요한 새로운 대안을 모색하는 과정에서 학술적으로나 실무적으로 이목이 집중되었다(류지성·김영재, 2010).

전국 단위의 문제 해결만이 아니라 지역사회에서 다양한 행위자의 상호 작용을 포괄적으로 설명할 수 있는 개념이 바로 거버넌스다. 그 특징은 각 주체의 수평적 관계·자발적 협력·의견 조정과 같은 것이다(정수용, 2015 : 23). 거버넌스는 다양하고 복잡한 정치경제적 환경에서 많은 사람이 공유하는 문제에 대해 이를 해결하고자 참여자가 서로 교류, 합의, 협력, 조정하면서 유지될 것이다(송해순, 2011 : 153). 지역 현안은 상호 교류하기가 쉽고 이해하는데 어려움이 없는 경우도 있기에 오히려 지방 거버넌스(Local Governance)가 더 활발할 수 있다.

다만, 조례에서 "민관협력"을 제목으로 정한 경우가 2021년 기준 192건에 이르고 있으며 "민관협치"를 제목으로 제정한 조례는 51건이다. 이렇게 법률보다 조례에서 오히려 거버넌스 개념을 도입한다는 점이 특징적인데 그만큼 지방자치에서 주민의 협력이 중요하다는 점을 알려주는 계기라고 볼 수 있다.

|제2절| 거버넌스에 관한 법률과 조례

거버넌스는 여러 주체의 참여와 협력이 필수인데 이것이 가장 확실하게 드러나는 계약은 중요하다. 민관 협력, 산학관 협력 모두 계약(양해각서 포함)이므로 아래 법률은 민법, 상법 등 사회상규를 바탕으로 계약의 원칙을 규정하고 있다.

지방자치단체를 당사자로 하는 계약에 관한 법률(약칭: 지방계약법)
[시행 2020. 12. 10] [법률 제17348호, 2020. 6. 9, 타법개정]

제1조(목적) 이 법은 지방자치단체를 당사자로 하는 계약에 관한 기본적인 사항을 정함으로써 계약업무를 원활하게 수행할 수 있도록 함을 목적으로 한다. [전문개정 2009. 2. 6.]
제6조(계약의 원칙) ① 계약은 상호 대등한 입장에서 당사자의 합의에 따라 체결되어야 하고, 당사자는 계약의 내용을 신의성실의 원칙에 따라 이행하여야 하며, 지방자치단체의 장 또는 계약담당자는 이 법 및 관계 법령에 규정된 계약상대자의 계약상 이익을 부당하게 제한하는 특약이나 조건을 정하여서는 아니 된다.
제6조의2(청렴서약제) ① 지방자치단체의 장 또는 계약담당자는 계약의 투명성과 공정성을 높이기 위하여 입찰참가자 또는 수의계약(隨意契約)의 계약상대자에게 청렴서약서를 제출하도록 하여야 한다.

민관 협력에서 중요한 "계약"은 근로관례법령을 준수해야 하며 계약의 방법도 입찰 또는 수의계약할 수 있다. 지방자치단체장이나 계약담당자는 입찰 공고 전에 구매규격을 사전공개하고 열람할 수 있도록 해야 한다. 계약 전반에 걸친 조항을 비롯해 "부정당업자의 입찰 참가자격 제한"도 명시되어 있다. 예를 들어, 계약을 이행이 부실하거나 담합행위를 하는 경우다. 이에 청렴서약을 필수로 규정하고 있으며 "보안각서" 등도 포함된다. 이렇게 서약은 법률행위로 계약 종료 이후에 문제가 되었을 때 매우 중요한 근거가 되므로 형식적으로 생각할 수도 있지만 실질적으로도 중요하다.

국가법령정보센터 홈페이지에서 "협력"으로 검색하면 700건이 넘는 조례를 찾을 수 있는데 거버넌스 취지에 부합하는 내용은 주로 "관학 협력, 안전관리 민관 협력, 도시 간 교류 협력, 국제교류 협력, 동반성장 협력, 상생 협력, 주민 협력 등"으로 복수의 주체가 공통의 목표를 가지고 있거나 복수의 주체가 포괄적인 협력을 약속하는 형태로 이루어진 조례가 대부분이다. 마찬가지 방법으로 "협치"로 검색할 때 "민관 협치, 협치 활성화"로 나타났는데 그 내용도 지방자치의 발전과 주민 삶의 질 향상, 지역사회의 지속적 성장과 같은 목적을 담고 있다. 주민 참여와 민주주의 가치 실현, 주민의 권리, 협치 관련 위원회 설치에 관한 내용이 담겨 있는 조례가 대부분이다.

그렇지만 거버넌스 개념에서 더 발전했다고 볼 수 있는 "공론장"에 관한 조례가 제정되었다는 점에서 고무적이다. "공론화위원회"는 시민 참여를 보장하고 주요 정책이나 지역 현안 해결을 목적으로 한다는 점에서 언제든지 상시적인 협의가 가능하다. 이는 2021년 기준으로 공론화 관련 법률은 하나도 없는데도 조례에 이미 있다는 점에서 앞으로 눈여겨볼 주제다.

|제3절| 지방 거버넌스 사례와 발전 방향

1 지역 축제 거버넌스

거버넌스를 정치 행정적으로만 접근하기보다 "축제"와 같이 가시적인 행사를 대상으로 파악하는 편이 훨씬 이해하기 쉽다. "축제(행사, 이벤트)"를 모르는 사람은 없을 것인데 국가행사를 제외하고 지역 단위에서 벌어지는 축제는 매우 많다.

문화체육관광부에서 공시한 "지역 축제"는 2일 이상 지역 주민, 지역 단체, 지방자치단체가 개최하며 "불특정 다수인"이 함께 참여하는 문화관광예술축제를 의미한다. 이때 국가에서 지원하는 축제, 지방자치단체에서 주최 주관하는 축제, 지방자치단체에서 경비 지원 또는 후원하는 축제, 민간에서 추진위원회를 구성해서 개최하는 축제, 문화체육관광부 지정 축제를 포함한다.

여기서 집계되지 않는 축제는 특정 계층만 참여하는 행사(경연대회, 가요제, 미술제, 연극제, 기념식, 시상식 등), 단순한 주민 위문 행사(경로잔치 등), 순수 예술행사(음악회, 전시회 등), 종합 축제로서 성격이 약한 행사는 제외되었다. 문제는 집계되지 않는 축제의 대표적인 사례는 "1일(반나절, 한나절)" 축제인데 "바자회"가 대표적이고 봄과 가을에 집중적으로 동네마다 개최되는 축제는 셀 수가 없다는 점이다. 이렇게 "동네 축제"조차도 지방자치단체, 지방의회를 비롯해서 많은 사람이 참석하고 축제 성격에 맞는 수많은 단체가 "부스"를 만들어서 준비하고 축제를 진행한다. 그런데 이런 축제를 제외하고도 "공시적인 축제"는 2020년 기준 968개 정도며 코로나19 바이러스 때문에 대체로 취소되었지만 평상시 같으면 1,000개 정도의 축제가 전국에서 개최된다고 해도 과언이 아니다.

축제는 서울이나 수도권보다 다른 지역에서 많이 치르는데 "지방 홍보", "특산물 판매", "먹거리 장터" 등으로 수입을 창출하고 기차역이나 공항에 상시 홍보를 해서 지역을 최대한 알리려고 한다는 점에서 지방자치단체장이나 지방의회 의원이 일심동체로 축제를 주최 주관한다.

　서울특별시는 최초 개최 연도(횟수 기준)으로 "서울패션위크(40회)", 부산광역시는 "해운대 달맞이 온천축제(38회)", 대구광역시는 "대구약령시 한방문화축제(43회)", 인천광역시는 "화도진축제(31회)", 광주광역시는 "고싸움놀이축제(38회)", 대전광역시는 "디쿠페스티벌(34회)", 울산광역시는 "처용문화제(53회)", 세종특별자치시는 "세종조치원복숭아축제(17회)", 경기도는 "수원화성문화제(57회)", 강원도는 "설악문화제(55회)", 충청북도는 "영동난계국악축제(53회)", 충청남도는 "백제문화제(66회)", 전라북도는 "춘향제(90회)", 전라남도는 "지리산남악제 및 군민의 날 행사(76회)", 경상북도는 "경산자인단오제(43회)", 경상남도는 "개천예술제(70회)", 제주특별자치도는 "탐라문화제(59회)"가 있다.

　한국관광공사에서는 "대한민국 구석구석(https://korean.visitkorea.or.kr)"을 꾸준히 운영하면서 여행 관광 정보를 국민에게 공개하고 있다. 축제의 규모가 반드시 커야만 한다는 것이 아니기 때문에 소규모 축제나 행사는 정부에서 집계가 거의 불가능하며 "캠핑" 등이 활성화되면서 지역 경제를 살리는 원동력이라고 할 수 있다. 이처럼 축제나 행사는 구역 내 사람만이 아니라 구역 밖에서 사람이 많이 방문하고 모여야만 성공하는데 이른바 "모객(행사를 위해 사람을 찾아 모음)"이 매우 중요하다. 그러한 모객은 마케팅으로 온라인과 오프라인 수단을 총동원하고 있으며 지방자치단체에서 사활을 걸고 준비하는 축제는 1년에 한 두 번이므로 지역 내 거의 모든 주체가 협력할 수밖에 없다.

　축제 거버넌스는 지방 거버넌스에서 가장 가시적으로 많은 주체가 협력하는 과정이며 성공적인 축제의 마무리를 목표로 교통, 숙박, 음식, 각종 프로그램이 역동적으로 이루어진다. 그렇지 않다고 하더라도 소규모 행사도 복수의 주체가 공동의 목적을 가지고 협력해야 한다는 점에서 지방 거버넌스의 대표적인 사례다.

2 지방 거버넌스 발전 방향

지방 거버넌스 발전 방안은 오래 전부터 다양한 분야에서 꾸준히 제시되었다. 일단 지방자치단체의 내부·외부 역량이 더 갖추어져야 하고 민관 협력과 공론장이 왜 필요한지 주민 인식이 달라져야 한다.

교과서적 의미에서 거버넌스는 여러 주체의 수평적 관계를 가정하고 있지만 여전히 중앙정부나 지방자치단체가 핵심 역할을 맡아야 한다. 그 이유는 가용 자원이 가장 많고 법률, 명령, 조례, 규칙에서 정한 강제력이 다른 어떤 주체보다도 강한 영향력을 발휘할 수 있기 때문이다. 그렇지만 과거처럼 정부가 독단적으로 "밀어 붙이는"하는 모습은 거의 찾아볼 수 없고 그렇게 할 수 없는 분야가 많아졌다.

축제와 같이 대체로 거버넌스의 협력 대상은 지방자치단체 외부에 존재하기도 한다. 지역 주민이나 기업, 종교단체, 시민단체, 이익집단, 정당, 사회적 기업 등이 협력할 수도 있지만 지방재정의 어려움과 각종 지원 역량은 지방자치단체 외부에서 해결해야 한다.

그렇기 때문에 거버넌스에 참여하는 주체는 서로 긴밀하게 협력해야 한다. 거버넌스는 축제만이 아니라 각종 민관 계약, 민간위탁 등에서 수시로 나타나며 그 분야도 매우 다양하다. 일단 거버넌스에 참여하는 다양한 주체 간 의사소통이 어떤 방식으로 이루어지는지 살펴보아야 하는데 이는 거버넌스(협치, 공론장) 관련 교육을 많이 받아야 가능하다.

그 다음 공동의 목표를 달성하는데 무엇을 서로 교환할 수 있는지, 어떤 이득(도움)을 줄 수 있을지 수시로 확인해야 한다. 이른바 "네트워크"는 서로 주고받을 수 있는 것이 무엇인지 아는 데에서 시작된다. 어느 하나의 주체가 일방적으로 주거나 받으면 거버넌스가 유지되기는 쉽지 않다. 지방자치단체를 비롯한 각 주체를 관리할 때 중요한 점은 "경계"와 "모호성"이라고 할 수 있다(이종수·윤영진·곽채기·이재원, 2020).

경계와 모호성은 결국 행정이념에서 언급하는 "책임성" 문제로 나타나는데 어느 주체가 얼마나 무엇을 어떻게 행동했는지에 따라서 책임 소재가 문제가 된다. 이런 점이 분명하지 않으면 공동의 목적을 달성할 수 없거나 목적을 달성하고도 "뒷말"이 많을 수 있다. 특히, 공직자는 책임 여부가 무척 중요하므로 거버넌스에서 책임성 문제를 필연적으로 해결해야 하며 "공론장"도 결국 "누가 실행하는가?"의 질문으로 나타난다. 이때 실행할 주체가 없거나 모호하거나 "서로 책임을 떠넘긴다면" 원하는 변화를 이끌어낼 수 없다.

온라인으로도 수많은 의견을 제시할 수 있기 때문에 의견만 제시하고 실제 행동하는 주체가 없으면 투입했던 노력이 무용지물이 될 수도 있다는 점에서 거버넌스의 발전 방향은 분명한 목표의 공유와 주체 간 명확한 역할 분담과 책임 의식을 지니고 활동해야 한다.

생각해보기

현행법은 보건복지부장관이 공공보건의료 기본계획을 수립하는 경우 보건의료기본법에 따른 보건의료발전계획과 연계해 5년마다 계획을 수립하고, 공공보건의료에 관한 사항은 보건의료기본법에 따른 보건의료정책심의위원회의 심의를 거치도록 하고 있다.

하지만, 민간의료가 주도하는 현행 보건의료체계의 비효율성 및 비형평성을 극복하고 정부가 전체 보건의료체계의 구심점 역할을 강화하기 위해서는 공공보건의료 협력체계 구축이 필요하다는 지적이 계속되어 왔다. 특히, 지난해 코로나19가 확산되는 엄중한 상황이 지속되면서 치료병상 및 인력 확보 등 의료체계 부담이 가중되었고, 공중보건위기 상시화에 대비한 의료인프라 확충이 시급한 상황이다.

비수도권은 응급, 분만 등 필수의료 공백으로 지역별 의료격차가 발생하고 있어 의료이용의 형평성 제고가 요구되는 상황에서 심근경색, 뇌졸중 등 중증응급질환을 잘 치료하고 감염병 유행 상황에서 감염병 중환자 치료가 가능한 병원을 확충하는 등 공공의료체계를 강화할 필요가 있다.

이어 "법 개정을 통해 중앙과 지역 간 공공의료서비스에 대한 협력 거버넌스를 구축하고, 보다 강화된 공공의료체계가 확립되도록 공공보건의료정책심의 기능을 확대해야 한다"고 강조했다.

출처 : 메디컬투데이(2021.01.29.). "중앙-지방 협력 거버넌스 구축해 공공의료체계 강화 추진".

질문) 내가 사는 지역에서 공공의료는 어떤 것이 있는가?

지방자치와 행정

맺음말

맺음말

이 책은 지방자치와 지방행정이 밀접하다는 전제에서 지방자치와 행정으로 이름을 붙였다. 지방자치는 정치적 의미이면서 자생적으로 만들어진 개념이고 지방행정은 국가와 지방의 사무 처리를 중심으로 생성된 개념이라고 볼 수 있기에 두 개념은 같으면서 다른 특성이 있다. 정치적 의미의 지방자치와 행정적 의미의 지방행정을 "지방자치행정"이라는 하나의 용어로 사용했고 실제 행정학 관련 수업에서 지방자치와 지방행정을 혼용해서 사용하는 일도 흔하다.

제1장 지방자치행정의 개념, 가치, 필요성은 더 설명할 것이 없으며 지방자치를 이루는데 수많은 사람이 노력했고 지방행정을 구축하는데 시간, 인력, 비용 등이 투입되고 있다. 이는 국가와 지방의 역사와 특성을 비롯해 헌법을 기반으로 법률, 명령, 조례, 규칙이 체계적으로 얽혀있다는 사실을 알 수 있었다.

제2장 환경에서 반나절 생활권, 4차 산업혁명, 코로나19 바이러스, 저출산 고령화라는 시대 변화를 서술했는데 지방에 직접 영향을 주는 대상이었다. 저출산 고령화는 지방 소멸에 대한 우려를 반영하고 코로나19 바이러스는 새로운 산업구조 등장과 비대면의 일상화를 앞당겼다. 4차 산업혁명에 활용되는 각종 정보통신기술은 국가와 지방 모두 영향을 주고 있으며 반나절 생활권은 대한민국의 이동 편의성이 좋아져서 구역 경계의 모호성과 광역행정의 필요성을 뒷받침한다.

제3장 역사 부문에서 외국, 과거, 현재 한국의 모습을 살펴보면서 국가의 역사, 인구, 지리, 사건사고 등이 지방자치행정과 밀접하다는 사실을 보여주는 부분이다. 미국, 영국, 일본은 한국과 밀접하게 영향을 주고받고 있으며 한국에서 여러 정책이나 제도를 가장 많

이 참고한 국가이기도 하다.

　제4장 지방자치행정에서 다루는 기본적인 이론과 체계는 지방자치의 역사적 배경을 이해하고 지방행정의 체계를 살펴보는데 도움이 된다. 행정학에서 널리 인용되는 이론이 지방에도 그대로 적용할 수 있었으며 최근 지방자치법이 전부 개정되면서 등장한 특례시 조항을 알아보았다.

　제5장 지방선거와 제6장 지방의회에서 정당, 의원, 의회사무국, 자치법규에 관한 사항은 중앙정치인 국회, 중앙 정당, 국회의원, 국회사무처, 헌법과 법률에 대비되는 내용이다. 규모나 역할의 차이가 있지만 기본적인 절차나 논리는 유사하다는 사실을 짐작할 수 있었다.

　제7장 지방자치단체와 제8장 지방공기업에서 지방자치단체장, 지방공무원, 지방공기업이 역할은 법에 근거한 것보다 훨씬 광범위하고 다양하다는 것을 파악했다. 지방자치단체가 왜 홍보를 열심히 해야 하는지, 지방공무원과 지방공기업이 전국에 널리 설치되어 공공성을 추구하는 사무 처리를 한다는 점을 실감할 수 있다.

　제9장 지방재정은 건전성, 예산 정치, 지방세 부문을 다루었는데 국가와 지방 간 재정 문제, 중앙부처나 국회에서 벌어지는 예산 정치가 지역에서도 비슷하게 나타난다는 점, 주민에게 부과되는 각종 지방세의 항목이 다양하고 민감한 문제라는 것을 재차 인식할 수 있었다.

제10장 지방교육자치는 교육청을 중심으로 지방자치단체의 지원 사항을 검토했는데 무상급식과 무상교육 확대 등은 지방자치단체의 역할이 크며 교육의 민주성을 확보하려는 노력이 꾸준하면서도 다양하다는 점을 정리했다. 결국, 영유아를 비롯해서 학부모까지 지방교육자치의 대상이므로 이 분야를 지방자치와 행정에서 간과해서는 안 된다.

제11장 자치경찰과 소방본부는 국가경찰과 국가소방과 연결해서 정리했는데 지방자치단체의 일부 재원이 이에 투입되며 경찰서와 소방서 단위에서 지방자치단체와 협력이 필요하다는 것을 알 수 있다. 특히, 경찰서와 소방서의 설치 등은 지역 주민의 여론과 상권을 고려해야 하므로 앞으로 지방자치와 행정에서 잘 다루어야 한다.

제12장 주민자치에서는 주민의 권리와 의무, 역할과 한계를 논의하면서 참여예산과 주민자치(위원)회의 활동이 어떤 것인지 대략적으로 알 수 있었다. 아직까지도 법률적으로나 실질적으로 보완할 점이 있지만 자원봉사와 애향심(愛鄕心)을 가진 주민 덕분에 주민자치 발전에 기여하고 있다.

제13장 거버넌스는 지방 거버넌스의 개념화와 등장 배경을 비롯해 민관 협력, 협치, 공론장이라는 실질적인 의미를 알아보았고 뚜렷한 공동의 목표를 가지고 여러 주체가 협력하는 사례인 지역 축제를 중심으로 발전 방향을 제시할 수 있었다. 지역 축제는 일반 국민이 언제라도 접근하기 쉬운 주제라는 점에서 거버넌스의 좋은 사례가 될 수 있다.

물론 이 책이 쉽게 접근하기 어려운 분야도 존재한다. 아무래도 행정법(공법 영역)의 내용과 불가분의 관계이므로 법령에 관련된 판례 등을 언급해야 하지만 범위가 매우 넓어지기에 적정한 수준에서 언급했다. 특히, 「국토기본법」, 「수도권정비계획법」, 「개발제한구역의 지정 및 관리에 관한 특별조치법」, 「국토의 계획 및 이용에 관한 법률」, 「도시 및 주거환경정비법」 등과 같이 국민이 지대한 관심을 가지고 있는 법률을 설명하지 못했다는 점에서 지방자치와 행정이 매우 복잡하다는 사실을 알 수 있었다. 특히, 국민의 재산권에 관련된 사항이 "지방" 그리고 "부동산"과 직결되며 이는 "세금"으로 이어지기에 모든 부문을 아울러 서술하기 어려웠다. 이러한 주제는 "시류(時流)"에 편승하는 주제일 때가 많아서 교과서에서 다루기가 쉽지 않다.

대한민국은 역사적으로 정치적으로나 행정적으로 강력한 중앙집권이 정착되어왔고 일제강점기와 미 군정 시기를 거치면서 시행착오를 겪었으며 역대 정부마다 지방자치와 지방행정을 추구하는데 어려움이 많았다. 그렇지만 1990년대를 지나면서 거시적인 흐름이 달라지고 국민의 의식도 높아지면서 지방분권과 지방이양 등이 거론된 이래 지방자치와 지방행정은 아직도 부족하지만 많은 발전을 이루었다. 앞으로도 자신의 삶에 직결되는 지방에 많은 관심을 가지고 어떤 방식으로든지 참여한다면 실질적인 발전에 기여할 수 있을 것이다.

지방자치와 행정

참고 문헌

강상원 · 한태식(2018). 『지방의회, 아는 만큼 잘 할 수 있다!』. 알파미디어.
국토교통부(2020). 「도로현황조서」.
국토교통부(2020). 「업무계획」.
김영재 · 김정기(2012). "서울시 정책의 변천에 관한 연구". 「한국행정사학지」 30.
김영재 · 정상완(2013). "학교폭력 거버넌스 분석에 관한 연구". 「위기관리 이론과 실천」 9(6).
김영재(2014). "서울시 주민참여예산 거버넌스에 관한 논의". 「정책과학연구」 23(2).
김영재(2021). "주민자치위원회와 주민자치회에 관한 소고". 「한국지방자치학회 동계학술대회 발표논문집」.
김주원 · 곽현근 · 김병국 · 김순은 · 김중석 · 김찬동 · 김필두 · 박철 · 신윤창 · 전용태(2019). 『한국주민자치 이론과 실제』. 대영문화사.
김태룡(2014). 『행정이론』. 대영문화사.
대한민국정부(2020). 「제3차 저출산 · 고령사회기본계획 2020년도 시행계획」.
대한민국정부(2020). 「제3차 저출산 · 고령사회기본계획 2020년도 시행계획(총괄)」.
류지성 · 김영재(2010). "한국 역대 정부의 거버넌스 유형 분석에 관한 연구". 「한국행정사학지」 27.
류지성(2019). 『정책학』. 대영문화사.
보건복지부(2020). 「업무계획」.
서울시의회(2020). 「차세대 스타트업 노동 관련 대응 전략(창업 관련)」.
손희준(2019). 『새 지방재정학』. 대영문화사.
이종수 · 김경은 · 김영재 · 김지원 · 장석준 · 탁현우(2018). 『한국 행정의 이해』. 대영문화사.
이종수 · 윤영진 · 곽채기 · 이재원(2020). 『새 행정학2.0』. 대영문화사.
이재원(2019). 『지방재정론』. 윤성사.
임승빈(2020). 『지방자치론』. 법문사.
정현주(2019). 『지방자치는 우리의 삶을 어떻게 바꾸는가』. 정한책방.
주운현 · 김형수 · 임정빈 · 정원희 · 최유진 · 이동규(2021). 『쉽게 쓴 행정학』. 윤성사.
하상군 · 장문학(2013). 『지방자치행정론』. 대영문화사.
하상군(2014). "공공 갈등의 합리적 관리를 위한 방안 연구". 「사회과학연구」 21(2).
하상군(2014). "한국 경찰사의 변천에 관한 연구 : 치안, 민주성, 봉사를 중심으로". 「한국행정사학지」 34.
하상군(2014). "경찰공무원의 동기요인에 대한 인식이 직무열의에 미치는 영향". 「사회과학연구」 21(3).
하상군(2015). 『인사행정론』. 대영문화사.
하상군(2019). "해양주권수호와 해양경찰의 역할 재정립 검토". 「한국테러학회보」 12(1).
장문학 · 하상군 · 이호조(2010). 『지방행정론』. 대영문화사.
중소기업벤처부(2020). 「업무보고」.
한국일보사 · 한국지방자치학회(2020). 『전국 지방자치단체 평가』. 윤성사.
한국해양수산개발원(2019). 「KMI Annual Report」.
한국행정학회 신진학자연구회(2020). 『정책사례연구』. 윤성사.

행정안전부(2018). 「2018년 기준 자전거 이용 현황」. 행정안전부 생활공간정책과.
행정안전부(2019). 「2019년 전국 지역안전지수 공개」. 행정안전부 예방안전과.
행정안전부(2019). 「한국도시통계」. 행정안전부 지역일자리경제과.
행정안전부(2019). 「지방자치단체의 재의 제소 조례 모음집」.
행정안전부(2020). 「제16회 대한민국 지방자치경영대전 우수사례집」.
행정안전부(2020). 「지방의회 백서」.

경인일보(2015.12.02). "지방자치단체장의 리더십".
국제신문(2021.02.16). "부울경 메가시티, 외국사례에서 배워야".
뉴시스(2019.04.16). "국민주권시민연합, 기초단체장·의원 정당공천제 폐지 주장".
르몽드디플로마티크(2009.12.03). "영국 신공공관리론의 함정".
머니투데이(2021.02.21). "'10%의 땅에 50%가 사는' 대한민국…지방이 소멸된다".
메디컬투데이(2021.01.29). "중앙-지방 협력 거버넌스 구축해 공공의료체계 강화 추진".
세계일보(2021.02.18). "개정 '지방자치법' 아쉬움 속 희망 본다".
세계일보(2021.02.16). "지방자치 부활 30년과 보궐선거".
아시아경제(2020.12.09). "'지방자치법' 32년만에 전면 개정 … 지방의회 권한·책임 강화".
연합뉴스(2018.10.07). ""지역경제 차지 비중 30% 지방대 살리자"…지자체 상생 모색".
중도일보(2021.02.23). "자치경찰제, 첫 단추 잘 꿰어야 한다".
중앙일보(2021.02.23). "주민자치 패러다임 전환으로 마을 단위 공화국 실현".
파이낸셜뉴스(2020.12.24). "국가철도공단, KT와 철도교통 빅데이터활용 협약".
파이낸셜뉴스(2020.12.28). "소방교부세 9000억 투입..'소방 고가사다리차' 확충".
파이낸셜뉴스(2020.11.10). "지방서 수도권으로 재입사… 공기업 '중고신입' 늘었다".
파이낸셜뉴스(2021.01.27). ""지방재정 투명성↑"..차세대 시스템 '1017억' 투입".
한국일보(2017.02.15). "지방자치 22년, 1등 지자체 핵심 요소는 재정력".
MBC뉴스(2019.04.09). "올해 2학기 고3부터 단계적 무상교육".

공공기관 알리오플러스 www.alioplus.go.kr
공공기관 채용정보시스템 https://job.alio.go.kr
광화문1번가 www.gwanghwamoon1st.go.kr
국가교통DB www.ktdb.go.kr
국가기록원 www.archives.go.kr
국가대중교통정보센터 www.tago.go.kr
국가도서관통계시스템 www.libsta.go.kr
국가법령정보센터 www.law.go.kr

국가평생교육진흥원 www.nile.or.kr
국민참여예산 www.mybudget.go.kr
국민신문고 www.epeople.go.kr
국토교통부 통계누리 https://stat.molit.go.kr
규제정보포털 www.better.go.kr
국회법률정보시스템 http://likms.assembly.go.kr
국회지방의회 의정정보시스템 https://clik.nanet.go.kr
교육부 www.moe.go.kr
교육부 블로그 https://blog.naver.com/moeblog
교육부 조직연혁정보 http://history.moe.go.kr
경찰청 www.police.go.kr
내고장알리미 www.laiis.go.kr
대통령소속 자치분권위원회 www.pcad.go.kr
대통령직속 저출산고령사회위원회 www.betterfuture.go.kr
대통령직속 4차산업혁명위원회 www.4th-ir.go.kr
대한민국 구석구석 https://korean.visitkorea.or.kr
대한민국시도지사협의회 www.gaok.or.kr
로드플러스(한국도로공사 교통안내) ww.roadplus.co.kr
문화체육관광부(지역축제) www.mcst.go.kr
미국 통계조사국 www.census.gov
보건복지부(중앙사고수습본부) www.mohw.go.kr
서울특별시교육청 www.sen.go.kr
소방청 www.nfa.go.kr
스마트시티 종합포털 https://smartcity.go.kr
열린재정 www.openfiscaldata.go.kr
위택스 www.wetax.go.kr
인사혁신처 www.mpm.go.kr
지방공공기관 통합채용정보공개시스템 https://job.cleaneye.go.kr
자치법규정보시스템 www.elis.go.kr
자치분권대학 www.autonomyacademy.com
전국시군자치구의회의장협의회 www.ncac.or.kr
전국시도의회의장협의회 http://ampcc.go.kr
전국시장군수구청장협의회 www.namk.or.kr
전국주민자치박람회 https://juminexpo.kr

주대한민국일본국대사관 www.kr.emb-japan.go.jp
주민참여조례 www.ejorye.go.kr
주영국대한민국대사관 http://overseas.mofa.go.kr
주한미국대사관 https://kr.usembassy.gov
중앙선거관리위원회 www.nec.go.kr
중앙선거관리위원회 정책공약알리미 http://policy.nec.go.kr
중앙재난대책안전본부 www.mois.go.kr
자치법규정보시스템 www.elis.go.kr
전국지방의료원연합회 www.medios.or.kr
정부혁신지방분권위원회 http://innovation.pa.go.kr
정책공약 알리미 http://policy.nec.go.kr
지리산권관광개발조합 www.jirisantour.go.kr
지방교육재정알리미 https://eduinfo.go.kr
지방자치단체 인터넷원서접수센터 https://local.gosi.go.kr
지방재정365 https://lofin.mois.go.kr
코로나바이러스감염증-19 http://ncov.mohw.go.kr
학교알리미 www.schoolinfo.go.kr
학구도안내서비스 https://schoolzone.emac.kr
한국관광 데이터랩 https://datalab.visitkorea.or.kr
한국문화원연합회 https://kccf.or.kr
한국매니페스토실천본부 http://manifesto.or.kr
한국재정정보원 www.kpfis.or.kr
행정공제회 www.poba.or.kr
행정안전부 www.mois.go.kr
행정안전부 블로그 ttps://blog.naver.com/mopaspr
KTV 대한늬우스(유튜브에서 대한뉴스로 검색 가능) www.ehistory.go.kr
e-나라지표 www.index.go.kr

e-GOVポータル www.e-gov.go.jp
GOV.UK www.gov.uk
USA gov www.usa.gov

지방자치와 행정

찾아보기

[ㄱ]

가외성(중복성)	19
감염병	35
개발제한구역의 지정 및 관리에 관한 특별조치법	265
개별적 수권형	68
개별적 지정 방식	138
갯벌법	82
경제안정 기능	178
경찰청	212
고속철도	28
고유권설	66
공공기관	164
공기업	164
공익	18
공직선거법	103
공항소음방지법	83
과세표준	192
광역 행정	80
교부	183
교육부	202
교육자치	201
교육지원	202
구역 개편	77
국가공무원법	216
국가통합교통체계효율화법	26
국고보조율	183
국군	219
국세	180
국토기본법	265
국토의 계획 및 이용에 관한 법률	265
권한대행	146
규칙안	124
기관대립형	69
기관위임사무	137
기관통합형	68

기준재정수요	182
기준재정수입	182
기타공공기관	164

[ㄴ]

농어촌복지법	82
뉴노멀	37
님비 현상	246

[ㄷ]

다층제	136
단체위임사무	137
단층제	70, 136
담배소비세	189
당파적 상호조정	197
대마도의 날 지정	92
대통령소속 자치분권위원회	60
대표제	104
대한민국시도지사협의회	90
대한지방행정공제회	171
댐건설법	83
도서관	202
도시 및 주거환경정비법	265
동의권	117
동의발의권	118
등록면허세	189

[ㅁ]

매니페스토	108
메신저	113
명목 참여 단계	226
문교부	202
민관 협력	248
민방위	219

민원	244	세종특별자치시	84
민주성	18	소득분배 기능	178
		소방안전교부세	191
[ㅂ]		송전설비주변법	83
		수계법	83
반(半) 자치	17	수도권정비계획법	265
발언권	118	수탁권설	66
발전소주변지역법	83	스마트도시	33
범용기술	32	승인권	117
법제심사	127	시범학교	20
보조금	188	시차이론	75
보증채무부담행위	184	신공공관리론	71
보통교부세	191	신공공서비스론	71
보통지방공공단체	51		
복합재난	212	**[ㅇ]**	
본회의 결정주의	105		
부동산	192	아키텍처	27
부동산교부세	191	언택트	37
부동산 취득세	189	여객연안선	29
분권	67	여객운송사업	28
분담금	189	연방공화국	47
분쟁조정위원회	87	완전 관치(官治)	17
분절적 의사결정	197	완전 자치	17
비대면	37	요구(청구)권	118
비제도적 주민참여	227	워라밸	38
비참여 단계	226	위원회 중심주의	105
		의결권	117
[ㅅ]		의무교육	207
		의무 참여	227
사무재분배	137	의안발의권	118
산학관 협력	253	의용소방대원	218
생활행정(Living administration)	22	의원내각제	49
선거구제	104	의정활동비	113
선거구획정	77	일선(Street-Level) 행정	22
선거권	117, 118	임용권	156
선거참여	227		
세외수입	180		

[ㅈ]

자원배분 기능	178
자원봉사자	246
자원봉사활동	248
자유	18
자율권	117
자전거도로	29
자치경찰사무	215
자치법규	122
자치분권대학	209
재선	152
재임	152
재정력지수	182
재정자립도	182
재정자주도	182
저출산 고령화	38
전국시군자치구의회의장협의회	90
전국시도의회의장협의회	90
전국시장군수구청장협의회	90
절충형	68
점증주의	197
접경지역법	84
정당	104
정당공천제	108
정부 간 관계	72
정치성	197
제1급감염병 신종감염병증후군	34
제1회 전국동시지방선거	101
제2국무회의	92
제도적 보장설	66
제도적 주민참여	227
제주특별자치도	84
주민관여	227
주민 권력 단계	227
주민세	189
주민자치센터	238
주민자치위원회	238
주민투표소환사무	230
주민행동	227
준정부기관	164
중앙재난안전대책본부	219
중앙지방협력회의	92
지능형 교통 체계	27
지리산권관광개발조합	89
지방 거버넌스	251
지방대학	173
지방문화원	173
지방비부담률	183
지방세	180, 189
지방세징수법	192
지방소멸위	150
지방의료원	169
지방의회	115
지방의회의원 행동강령	121
지방자치단체	136
지방자치단체조합	89
지방자치법	52
지방재정영향평가	188
지방채	183
지역안전지수	212
지원금	188
지표	20
집권	67

[ㅊ]

참사회·이사회 유형	69
참여예산	236
채권	183
책임성	19
책임운영기관	164
청원	235
청원 수리 처리권	118

총체주의	197
최적정부규모론	74
축제	255

[ㅋ]

코로나19 바이러스	34
클라우스 슈	31

[ㅌ]

투표제	104
특별교부	191
특별재난지역	220
특별지방자치단체	51
티부 가설	73

[ㅍ]

팬데믹	34
평생학습관	202
평화헌법	51
포괄적 수권형	68
포괄적 위탁 방식	138
표결권	118
풀뿌리 민주주의	20
플랫폼 근로자	37

핌피 현상	246

[ㅎ]

학교급식	206
학원	204
한국관광공사	256
한국지방재정공제회	171
한국지방행정연구원	171
합리성	19
합법성	18
해양경찰	212
행사	255
행정 구역	77
행정사무감사 조사권	117
행정중심복합도시	84
행정협의회	88
형사 소송	233
홍보	159
화재경계지구	217
효과성	19
효율성	19

BANANA	246
4차 산업혁명	31

저자 소개

하상군

[약력]

동국대학교 대학원 졸업(경찰학 박사)
단국대학교 대학원 졸업(행정학 박사)
부산대학교 지역개발연구소 전임연구원
(사)한국지방자치발전연구원 학술분과 전문위원
부산대, 전남대, 충북대, 대전대, 강원대 특강교수
경기경찰청 지방학교 교수
대전경찰청 시민감찰위원
한국경찰학회 기획이사
한국보훈학회 편집위원
현) 한양여자대학교 행정실무과 교수

[주요저서 및 논문]

『인사행정론』(대영문화사, 2015)
『행정학』(대영문화사, 2013)
『지방자치행정론』(대영문화사, 2013)
『경찰학개론』(대영문화사, 2013)
『행정학개론』(고시계사, 2013)
「초국가적 안보위해범죄에 대한 대응법제 비교연구」(한국테러학회보, 2020)
「해양주권수호와 해양경찰의 역할 재정립을 위한 전문가 인식연구」(한국테러학회보, 2019)
「정보주도형 대테러활동의 사전예방적 기능과 역할」(한국테러학회보, 2018)
「경찰공무원의 동기요인에 대한 인식이 직무열의에 미치는 영향」(사회과학연구, 2014)
「한국 경찰사의 변천에 관한 연구」(한국행정사학지, 2014)
「경찰 사회자본과 개인 및 조직성과와의 관계에 관한 지역별 차이검증」(경찰학논총, 2013)

hahaha100@hywoman.ac.kr

주운현

[약력]

건국대학교 대학원 졸업(행정학 박사)
한국지방자치학회 운영위원회이사
(사)국가위기관리학회 운영위원회이사
세종특별자치시재정공시심의위원
대전광역시보조금심의위원회 심의위원
충남연구원공기업 평가위원
건양대학교 교무처장
현) 행정안전부 재정분석 및 진단 위원
현) 충청남도 충남개발공사평가위원
현) 건양대학교 국방경찰행정학부 교수

[주요저서 및 논문]

『쉽게 쓴 정책학』(윤성사, 2019)
『쉽게 쓴 행정학』(윤성사, 2021)
「지방자치단체 사업예산 성과관리 실태분석」(한국지방행정학보, 2017)
「기초자치단체 민간보조금의 전략적 운영방안에 관한 연구」(국정관리연구, 2017)
「국고보조 사업 기준보조율의 법정화에 관한 연구」(국가정책연구, 2016)
「사회복지지출 영향요인에 관한 연구」(한국지방재정논집, 2016)
「지방자치단체 세외수입 확충을 위한 요율 현실화 방안에 관한 연구」(한국지방행정학보, 2016)

joowh@konyang.ac.kr

저자 소개

김영재

[약력]
단국대학교 대학원 졸업(행정학 박사)
한국행정사학회 간사
한국행정학회 · 한국정책개발학회 평생회원
현) 단국대학교 행정학과 초빙교수

[주요저서 및 논문]
『인권이야기』(윤성사, 2020)
『토착화 사례연구』(대영문화사, 2020)
『한국의 사회 문제』(윤성사, 2019)
『한국의 사회문화』(윤성사, 2018)
「조선조 역병과 코로나19바이러스에 대한 정부의 대응에 관한 소고」(한국행정사학지, 2020)
「한국 정부의 고용 정책 변천에 관한 소고」(한국행정사학지, 2018)

koreafmkyj@hanmail.net